隧道工程智能建造关键技术丛书

罕见复杂工程环境
特长单线铁路隧道关键施工技术
——以大瑞铁路杉阳隧道为例

中铁二十三局集团有限公司 著

西南交通大学出版社
·成 都·

内容提要

大瑞铁路杉阳隧道总长 13 390 m，穿越横断山区滇西纵谷地段，位于澜沧江大断裂东侧深大活动断裂影响带，岩性主要以薄层状页岩、泥岩夹砂岩为主，地应力高；受构造动力影响，围岩破碎，自稳性差，局部富水。隧道施工中掌子面失稳溜坍、涌泥、大变形、高地温等问题十分突出，施工难度极大，国内外罕见。基于以上背景，编委会对建设过程中取得的成果进行了归纳、总结和提炼，形成本书。全书共分为 9 章，内容包括：大瑞铁路杉阳隧道工程概况、高地应力软岩隧道变形机理及施工控制技术、断裂夹持带隧道掌子面溜坍及突涌施工控制技术、高地温环境特长单线铁路隧道施工技术、特长单线铁路隧道综合通风施工技术、特长单线铁路隧道施工阶段排水技术、特长单线铁路隧道物流信息化管理技术、特长单线铁路隧道测量控制技术、特长单线铁路隧道无砟轨道施工技术。

本书适合从事隧道与地下工程科研、设计、施工、监理的技术人员与管理人员阅读，也可供相关专业高等院校师生参考。

图书在版编目（CIP）数据

罕见复杂工程环境特长单线铁路隧道关键施工技术：以大瑞铁路杉阳隧道为例 / 中铁二十三局集团有限公司著. —成都：西南交通大学出版社，2024.4
ISBN 978-7-5643-9811-8

Ⅰ.①罕… Ⅱ.①中… Ⅲ.①复杂地层 – 单线铁路 – 铁路隧道 – 特长隧道 – 隧道施工 – 云南 Ⅳ.①U459.1

中国国家版本馆 CIP 数据核字（2024）第 090543 号

Hanjian Fuza Gongcheng Huanjing Techang Danxian Tielu Suidao Guanjian Shigong Jishu

罕见复杂工程环境特长单线铁路隧道关键施工技术
——以大瑞铁路杉阳隧道为例

中铁二十三局集团有限公司 / 著	责任编辑 / 韩洪黎
	封面设计 / GT 工作室

西南交通大学出版社出版发行
（四川省成都市金牛区二环路北一段 111 号西南交通大学创新大厦 21 楼　610031）
发行部电话：028-87600564　028-87600533
网址：http://www.xnjdcbs.com
印刷：四川煤田地质制图印务有限责任公司

成品尺寸　185 mm × 260 mm
印张　13.75　　字数　333 千
版次　2024 年 4 月第 1 版　　印次　2024 年 4 月第 1 次
书号　ISBN 978-7-5643-9811-8
定价　68.00 元

图书如有印装质量问题　本社负责退换
版权所有　盗版必究　举报电话：028-87600562

本书编委会

组织委员会

主　　任	肖红武　王政松
副 主 任	田宝华　王义春　李洁勇　安茂平　董　煊
委　　员	王忠勋　刘顾集　赵永明　刘延龙　姜　彬
	程　楠　张圣强　叶建兴　陈智勇　张　彪
	徐仁华　奚　成　陆清元　李昊轩　李　鹏

编写委员会

主　　编	姚夫森　张　星
副 主 编	张纪强　吴行州　丁　磊　安佰强　路兆印
编　　委	孙希华　高　嵩　张炳杰　马洪明　李　进
	刘相贞　武玉海　宋国永　安　垒　郭　涵
	郑子豪　刘守广　聂健行　周学志　田玉旺
	张超其　姜宗杉　张玉华　管西金　颜志坚
	李世伟
审　　稿	张俊儒
主编单位	中铁二十三局集团有限公司
参编单位	中铁二十三局集团第一工程有限公司
	西南交通大学

前 言 PREFACE

  大瑞铁路是泛亚铁路西线和中缅国际大通道的重要组成部分，为设计速度140 km/h的客货共线单线电气化铁路，是我国面向南亚、东南亚辐射中心和云南"八出省五出境"铁路网的重要通道，东起云南省大理市，西至与缅甸接壤的瑞丽市，全长330 km，分大理至保山、保山至瑞丽两段建设。大瑞铁路的建成将大大改变云南西部的交通运输格局，结束云南西部少数民族地区不通火车的历史；对促进沿线地区社会经济发展，提升云南对外开放水平，推动我国与东南亚、南亚国家的交流与合作，将产生重大而深远的影响。

  大瑞铁路杉阳隧道位于永平车站与杉阳车站之间，全长13 390 m，洞身段最大埋深约1 015 m，设计以"一斜一平"作为正洞施工辅助坑道，正洞与平行导坑间设横通道连通。杉阳隧道穿越横断山区滇西纵谷地段，位于澜沧江大断裂东侧深大活动断裂影响带，岩性主要以薄层状页岩、泥岩夹砂岩为主，地应力高；受构造动力影响，围岩破碎，自稳性差，局部富水。隧道施工中掌子面失稳溜坍、涌泥、大变形、高地温等问题十分突出，施工难度极大，国内外罕见。在此背景下，参建各方联合攻关，迎难而上，群策群力，历时14年时间完成建设任务，隧道于2022年7月22日通车。编委会将建设过程中取得的成果进行归纳、总结和提炼，形成本书，希望能给国内同行提供参考。

  本书以大瑞铁路杉阳隧道为例，详细阐述了罕见复杂工程环境特长单线铁路隧道关键施工技术。全书主要内容包括：大瑞铁路杉阳隧道工程概况、高地应力软岩隧道变形机理及施工控制技术、断裂夹持带隧道掌子面溜坍及突涌施工控制技术、高地温环境特长单线铁路隧道施工技术、特长单线铁路隧道综合通风施工技术、特长单线铁路隧道施工阶段排水技术、特长单线铁路隧道物流信息化管理技术、特长单线铁路隧道测量控制技术、特长单线铁路隧道无砟轨道施工技术。

书中针对罕见的Ⅵ级围岩隧道富水溜坍、大变形、高地温及特长单线铁路隧道施工组织等工程难题，研发了集超前智能探水、纵向分台阶帷幕注浆、横向-环向临时支撑结构、浅层围岩修复注浆等于一体的富水Ⅵ级围岩隧道掌子面防溜坍施工技术，解决了活动断裂影响带富水软岩隧道掌子面稳定问题；提出了超前密排中管棚＋小导管小孔径管幕支护、组合机械微台阶开挖、双层支护、初期支护背后充填注浆等单线铁路隧道Ⅵ级围岩变形控制施工技术，攻克了活动断裂影响带富水软岩隧道支护变形控制难题；研发了智能反坡排水及高地温隧道通风降温等技术，提升了施工安全条件，改善了隧道施工作业环境；建立了基于物流运输智能管理技术的特长单线铁路隧道物联网调度系统，提升了隧道施工效率。上述研究成果直接指导了杉阳隧道的成功修建。

书中参考或引用了部分国内外专著、论文及规范，在此向其作者及相关人士表示感谢；特别感谢云桂铁路云南有限责任公司、中铁二院工程集团有限责任公司、中铁二十三局集团有限公司、中铁二十三局集团第一工程有限公司、西南交通大学等单位对本书内容所涉及研究项目的支持与协助。

鉴于编写组认知水平及经验的局限，书中疏漏不足之处在所难免，敬请读者批评指正。

本书编委会

2023 年 12 月

目 录 PREFACE

第 1 章 大瑞铁路杉阳隧道工程概述 ⋯⋯⋯⋯⋯⋯⋯⋯⋯⋯⋯⋯⋯⋯ 1

1.1 工程概况 ⋯⋯⋯⋯⋯⋯⋯⋯⋯⋯⋯⋯⋯⋯⋯⋯⋯⋯⋯⋯⋯⋯⋯ 1
1.2 地形地貌 ⋯⋯⋯⋯⋯⋯⋯⋯⋯⋯⋯⋯⋯⋯⋯⋯⋯⋯⋯⋯⋯⋯⋯ 2
1.3 工程地质及水文地质 ⋯⋯⋯⋯⋯⋯⋯⋯⋯⋯⋯⋯⋯⋯⋯⋯⋯⋯ 3
1.4 不良地质及特殊岩土 ⋯⋯⋯⋯⋯⋯⋯⋯⋯⋯⋯⋯⋯⋯⋯⋯⋯⋯ 10
1.5 设计概况及施工组织 ⋯⋯⋯⋯⋯⋯⋯⋯⋯⋯⋯⋯⋯⋯⋯⋯⋯⋯ 11
1.6 杉阳隧道施工面临的主要问题 ⋯⋯⋯⋯⋯⋯⋯⋯⋯⋯⋯⋯⋯⋯ 17

第 2 章 高地应力软岩隧道变形机理及施工控制技术 ⋯⋯⋯⋯⋯⋯ 22

2.1 软岩大变形现象及变形特征分析 ⋯⋯⋯⋯⋯⋯⋯⋯⋯⋯⋯⋯⋯ 22
2.2 Ⅵ级围岩变形机理及变形控制计算分析 ⋯⋯⋯⋯⋯⋯⋯⋯⋯⋯ 25
2.3 Ⅵ级围岩变形控制施工关键技术 ⋯⋯⋯⋯⋯⋯⋯⋯⋯⋯⋯⋯⋯ 30
2.4 Ⅵ级围岩试验段结构受力特征监测分析 ⋯⋯⋯⋯⋯⋯⋯⋯⋯⋯ 47

第 3 章 断裂夹持带隧道掌子面溜坍及突涌施工控制技术 ⋯⋯⋯⋯ 60

3.1 杉阳隧道溜坍、突涌现象及特征分析 ⋯⋯⋯⋯⋯⋯⋯⋯⋯⋯⋯ 60
3.2 溜坍、突涌预控施工关键技术 ⋯⋯⋯⋯⋯⋯⋯⋯⋯⋯⋯⋯⋯⋯ 63

第 4 章 高地温环境特长单线铁路隧道施工技术 ⋯⋯⋯⋯⋯⋯⋯⋯ 78

4.1 杉阳隧道高地温成因及其不利影响 ⋯⋯⋯⋯⋯⋯⋯⋯⋯⋯⋯⋯ 78
4.2 隧道开挖对地层温度场的影响分析 ⋯⋯⋯⋯⋯⋯⋯⋯⋯⋯⋯⋯ 79
4.3 高地温隧道降温技术方案研究及优化分析 ⋯⋯⋯⋯⋯⋯⋯⋯⋯ 87
4.4 杉阳隧道高地温段降温施工技术及施工管理 ⋯⋯⋯⋯⋯⋯⋯⋯ 107

第 5 章　特长单线铁路隧道综合通风施工技术 ……………… 116
5.1　特长单线铁路施工通风研究内容及重难点分析 ………… 116
5.2　特长单线隧道不同施工阶段通风方案研究 ……………… 118
5.3　不同通风模式隧道风流场分布规律及其通风效果研究 … 123
5.4　特长单线铁路隧道通风设备配套及智能控制技术 ……… 138

第 6 章　特长单线铁路隧道施工阶段排水技术 ………………… 145
6.1　杉阳隧道涌水量预测研究 …………………………………… 145
6.2　杉阳隧道排水方案 …………………………………………… 150
6.3　排水设备选型及排水系统布置 ……………………………… 154

第 7 章　特长单线铁路隧道物流信息化管理技术 ……………… 160
7.1　物流运输 4G 移动信号全覆盖技术 ………………………… 160
7.2　物流运输调度指挥关键技术 ………………………………… 164

第 8 章　特长单线铁路隧道测量控制技术 ……………………… 170
8.1　特长单线铁路隧道测量误差控制技术 ……………………… 170
8.2　三维激光扫描隧道超欠挖控制技术 ………………………… 181
8.3　特长隧道贯通测量技术及误差分析 ………………………… 188

第 9 章　特长单线铁路隧道无砟轨道施工技术 ………………… 193
9.1　杉阳隧道无砟轨道结构 ……………………………………… 193
9.2　无砟轨道施工测量关键技术 ………………………………… 195
9.3　无砟轨道施工工艺流程及质量控制技术 …………………… 198

参考文献 …………………………………………………………… 210

第 1 章

大瑞铁路杉阳隧道工程概述

1.1 工程概况

大瑞铁路（Dali-Ruili Railway）是泛亚铁路西线和中缅国际大通道的重要组成部分，是我国面向南亚、东南亚辐射中心和云南"八出省五出境"铁路网的重要通道，东起云南省大理市，西至中缅边境城市云南省瑞丽市，全长 330 km，分大理至保山、保山至瑞丽两段建设，其地理位置如图 1.1-1 所示。它向东连接昆（明）广（通）大（理）铁路老线及昆（明）楚（雄）大（理）铁路，向北连接大（理）丽（江）香（格里拉）铁路，向南连接大（理）临（沧）普（洱）铁路，向东北连接规划中的攀（枝花）大（理）铁路以及保山至腾冲铁路，云南延边铁路也接入其中，向西连接中缅孟印铁路，同时与广大线、广昆线共同构成云南向西的国际铁路通道。作为我国第一条穿越横断山脉的铁路，大瑞铁路大保段 133 km 中，隧道总长就达到了 103 km，桥隧占比高达 87%，被称为"建在地下面的铁路"，更因横穿地质活动断裂带，施工难度极大，地质极端复杂活跃，施工难度国内外罕见，建设历时 14 年之久，又被誉为"最难修建的铁路"。

图 1.1-1 大瑞铁路线路地理位置示意图

杉阳隧道位于永平车站与杉阳车站之间，为设计速度 140 km/h 的客货共线单线电气化铁路隧道，隧道前接上村大桥，后接杉阳 1 号大桥，洞身段最大埋深约 1 015 m，最小埋深约 160 m。设计以"一斜一平"作为正洞施工辅助坑道，正洞与平行导坑间设横通道连通，为标段内最长隧道，其总体平面如图 1.1-2 所示。正洞进口里程 DK90 + 140，出口里程 D1K103 + 530，长度 13 390 m，开挖断面面积 50.1 ~ 55.6 m²，衬砌断面面积 46.1 m²；全隧设计为"人"字坡，坡度依次为 3‰、-9‰、-20.4‰、-18‰。平行导坑与正洞平行设置，起止里程为 PDK90 + 115 ~ PDK103 + 522.78，开挖断面面积 27 ~ 34.5 m²，与正洞轴线间距 30 m，长度 13 407.78 m，洞内设计为小人字坡；PDK90 + 115 ~ + 125 段逐渐靠近线路，PDK90 + 125 ~ PDK103 + 185 段与线路中线平行。斜井位于线路前进方向左侧，与平行导坑的交点里程为 PDK95 + 130.52，长度 571 m，与线路平面交角 57°，纵坡 33.3%。平行导坑与正洞之间设置横通道 42 处，除 2#、40# 横通道与线路垂直外，其余横通道与线路交角 40°，间距 400 ~ 500 m 不等。本隧道工程地质复杂，施工周期长，施工难度大，安全风险高，是大瑞线控制性工程之一。

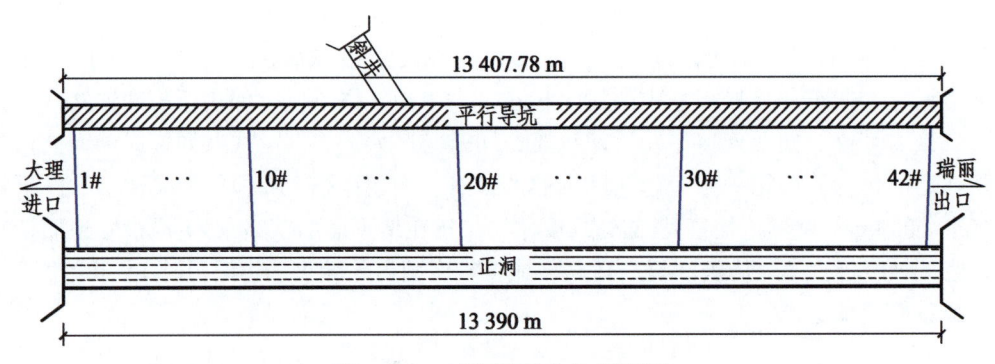

图 1.1-2 杉阳隧道总体平面图

杉阳隧道于 2008 年 8 月开工，2022 年 3 月正洞贯通，2022 年 7 月 22 日通车。

1.2 地形地貌

杉阳隧道地处横断山区西南纵谷地带，属高中山剥蚀地貌，地形起伏大，高程 1 447 ~ 2 537 m，相对高差约 1 090 m。线路进口沟底地面高程约 1 660 m，出口沟底地面高程约 1 445 m。地面多被第四系土层覆盖，仅沟槽、陡壁、部分山脊处有零星基岩出露。地表多分布松林或杂木，局部平缓处被垦为旱地。自然坡度 15° ~ 50°，局部为陡壁，植被十分发育。山坡平缓处有村民居住，隧道进出口均有土质便道，交通方便。洞身地段分布芭蕉箐、棕坡、背阴坡、大坟山、山背后、上寨、张村、米家村等村落。隧道出口段地形地貌如图 1.2-1 所示。

第1章 大瑞铁路杉阳隧道工程概述

图 1.2-1 隧道出口段地形地貌

1.3 工程地质及水文地质

1.3.1 工程地质

1. 地层岩性

测区地表上覆第四系全新统滑坡堆积（Q_4^{del}）碎石土，泥石流堆积（O_4^{sef}）粗圆砾土，冲洪积（Q_4^{al+pl}）粉质黏土、卵石土，坡洪积（Q_4^{dl+pl}）碎石土、粉质黏土，坡残积（Q_4^{dl+el}）粉质黏土、粗角砾土及块石土；第四系上更新统坡洪积（Q_3^{dl+pl}）碎石土。下伏白垩系下统南新组（K_1n）砂岩、石英砂岩夹砾岩，景星组下段（K_1j^1）石英砂岩、砂岩夹泥岩；侏罗系上统坝注路组（J_3b）泥岩夹砂岩，中统花开左组（J_2h）泥岩、砂岩夹石英砂岩、板岩及泥灰岩；局部有断层角砾（Fbr）。地层岩性分述如下：

<2-3>碎石土（Q_4^{del}）：灰黄、褐黄、紫红色，中密，潮湿~稍湿状；碎石约占60%，ϕ 60~180 mm，块石、角砾约占20%，石质主要为砂岩质及泥岩，其余为黏性土充填；主要分布于DK89+470右侧400 m以外、DK100+230中心至左侧154 m以内，厚2~15 m、10~35 m；属Ⅲ级硬土。

<4-11>卵石土（Q_4^{al+p}）：灰、灰黄色，松散，潮湿~饱和状；以卵石为主，局部为圆砾土，卵石约占55%，ϕ 100~200 mm，粗圆砾土、角砾土约占25%，石质为砂岩、泥岩，其余为黏性土及砂充填；局部表层分布0~2 m厚粉质黏土；主要分布于隧道洞身沟槽地段，厚2~6 m；属Ⅲ级硬土。

003

<4-14>粗圆砾土（Q_4^{sef}）：灰、灰黄色，稍密~中密，潮湿~饱和状；以卵石为主，局部为卵石土，卵石约占50%，ϕ20~60 mm（个别大于200 mm），石质为砂岩、泥岩，其余为黏性土及砂充填；局部表层分布0~2 m厚粉质黏土；主要分布于隧道出口端及右侧沟槽，厚0~15 m；属Ⅲ级硬土。

<4-15>粉质黏土（Q_4^{al+pl}）：褐黄、黄夹棕黄色，硬塑状，含少量泥岩、砂岩质碎石、角砾；分布于隧道出口附近，厚5~30 m，局部较薄；属Ⅱ级普通土。

<7-4>粉质黏土（Q_4^{dl+el}）：紫红、棕红、褐黄色，硬塑状，含泥岩、砂岩质碎石、角砾；洞身地表多有分布，厚0~2 m，2~6 m不等，局部稍厚；属Ⅱ级普通土。

<7-6>粗角砾土（Q_4^{dL+el}）：紫褐、褐灰色，稍密；角砾主要由强风化泥质粉砂岩组成，棱角状，ϕ20~50 mm，含量55%~65%，其余为黏性土及砂充填；局部表层分布0~2 m厚粉质黏土；主要分布于隧道进出口端，厚0~2 m，局部地段厚度偏大；属Ⅲ级硬土。

<7-8>块石土（Q_4^{dL+el}）：黄灰夹深灰色，干燥、密实；块石含量约65%，碎石含量约35%，其余为粉黏粒，块石ϕ200~270 mm，碎石ϕ5~6 cm，石质成分以强风化的砂岩为主，次为泥岩；主要分布于隧道出口段洞身上，厚度大于20 m；属Ⅱ级普通土。

<8-10>碎石土（Q_3^{dl+pl}）：灰黄、褐黄、紫红色，中密，潮湿~稍湿状；碎石约占60%，ϕ60~100 mm，其中卵石约占20%，石质主要为砂岩质及泥岩，其余为黏性土充填；主要分布于出口DK102+357~隧道出口段，厚10~40 m；属Ⅲ级硬土。

<12-2>石英砂岩夹砂岩、砾岩及泥岩（K_1n）：淡紫红色，厚~巨厚层状，细~中粒结构；石质坚硬、硅质、钙质胶结；下部间夹两层紫色含长石砂砾岩，砾石成分为脉石英及岩屑，粒径2~10 mm；节理裂隙较发育，强风化层厚度一般大于15 m，局部稍厚，其中强风化属Ⅳ级次坚石，弱风化属Ⅴ级次坚石；经钻孔统计，砂岩占50%，泥岩及泥质砂岩占50%。

<12-3>泥岩夹砂岩（K_1j^2）：紫红色，泥岩与细砂岩不等厚互层，二者之比约为3:1，局部夹粉砂质泥岩；厚~中厚层状，泥质胶结，节理裂隙发育，岩质较软，表层全风化带厚0~4 m，属Ⅲ级硬土；强风化带厚5~15 m，局部稍厚；强~弱风化带属Ⅳ级软石；砂岩、泥岩各占50%。

<12-4>砂岩、石英砂岩夹泥岩（K_1j^1）：灰绿、黄绿等色砂岩与紫红色泥岩不等厚互层；砂岩主要为中细粒结构，厚~巨厚层构造，钙质、泥质胶结，并夹石英砂岩层，岩质较硬；泥岩为泥质结构，薄~中厚层层状构造，岩质软，节理裂隙发育，岩体破碎，节理间距10~40 cm；表层全风化，厚0~5 m，属Ⅲ级硬土；强风化带厚5~15 m，局部稍厚；强~弱风化带属Ⅳ级软石；砂岩占70%，泥岩占30%。

<13-1>泥岩夹砂岩（J_3b）：以紫红色泥岩、粉砂质泥岩为主；泥质、粉砂泥质结构，中厚~厚层构造，岩质软；粉砂岩、砂岩主要为粉细粒结构，钙质、泥质胶结，岩质较硬，局部为组粒石英砂岩及钙质细砾岩；节理裂隙发育，岩体破碎，节理间距10~40 cm；表层全风化，厚0~3 m，属Ⅲ级硬土；强风化层一般厚0~15 m，局部稍厚；强~弱风化带属Ⅳ级软石；经钻孔统计，砂岩占30%，泥岩占70%。

<13-2>泥岩、砂岩夹石英砂岩、泥灰岩（J_2h）：黄绿、灰绿色中厚层泥岩、钙质泥岩及

板岩不等厚互层，夹粉砂岩，偶夹石膏；泥岩为泥质结构，砂岩为粉细粒结构。表层全风化，厚 0~4 m，属Ⅲ级硬土；强风化带 5~15 m，局部稍厚；强~弱风化带属Ⅳ级软石；经钻孔统计，砂岩占 30%，泥岩占 70%。

<24-3>断层角砾(Fbr)：主要分布于 DK92+190~DK92+258、DK92+607~DK92+689、DK97+287~DK97+432、DK100+100~DK100+150 段；为褐黄、灰、深灰夹暗紫色，稍密~中密，潮湿~饱和，胶结差；分别为小罗冲 1#、小罗冲 2#性质不明断层、上大地逆断层及水井—功果桥断裂带；主要由砂岩及泥岩角砾组成；属Ⅲ级硬土。

隧道穿越地层主要为"滇西红层"泥岩、页岩、砂岩，薄层~中厚层状，岩质软，具有遇水易软化、泥化、膨胀等特征，且受构造影响，围岩挤压破碎，挠曲发育，围岩完整性差，部分开挖揭示掌子面地质情况如图 1.3-1 所示。其中，正洞里程 DK96+681.7~DK96+914 与平行导坑里程 PDK96+663~PDK96+920 段埋深 350~430 m，具有Ⅱ级大变形、溜坍高风险和涌泥高风险、施工难度极大的工程特点，国内外罕见，经 2021 年 10 月设计变更，将施工图的Ⅲ、Ⅳ级围岩变更为Ⅵ级围岩。地质纵断面如图 1.3-2 所示。

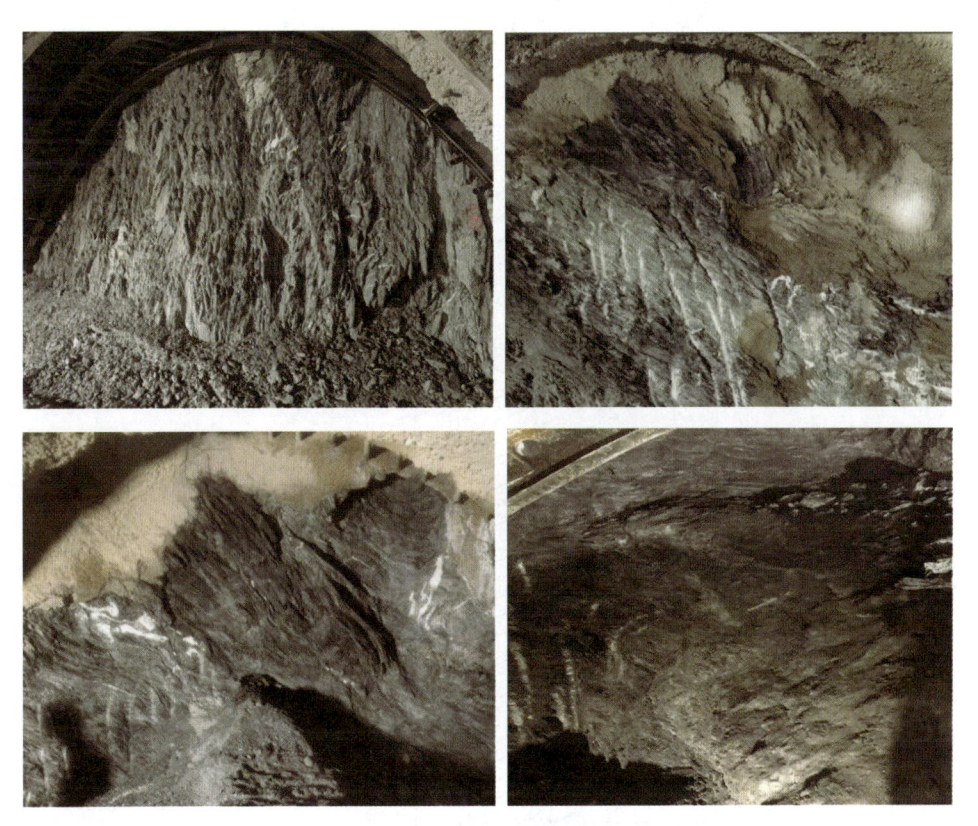

图 1.3-1 掌子面地质情况

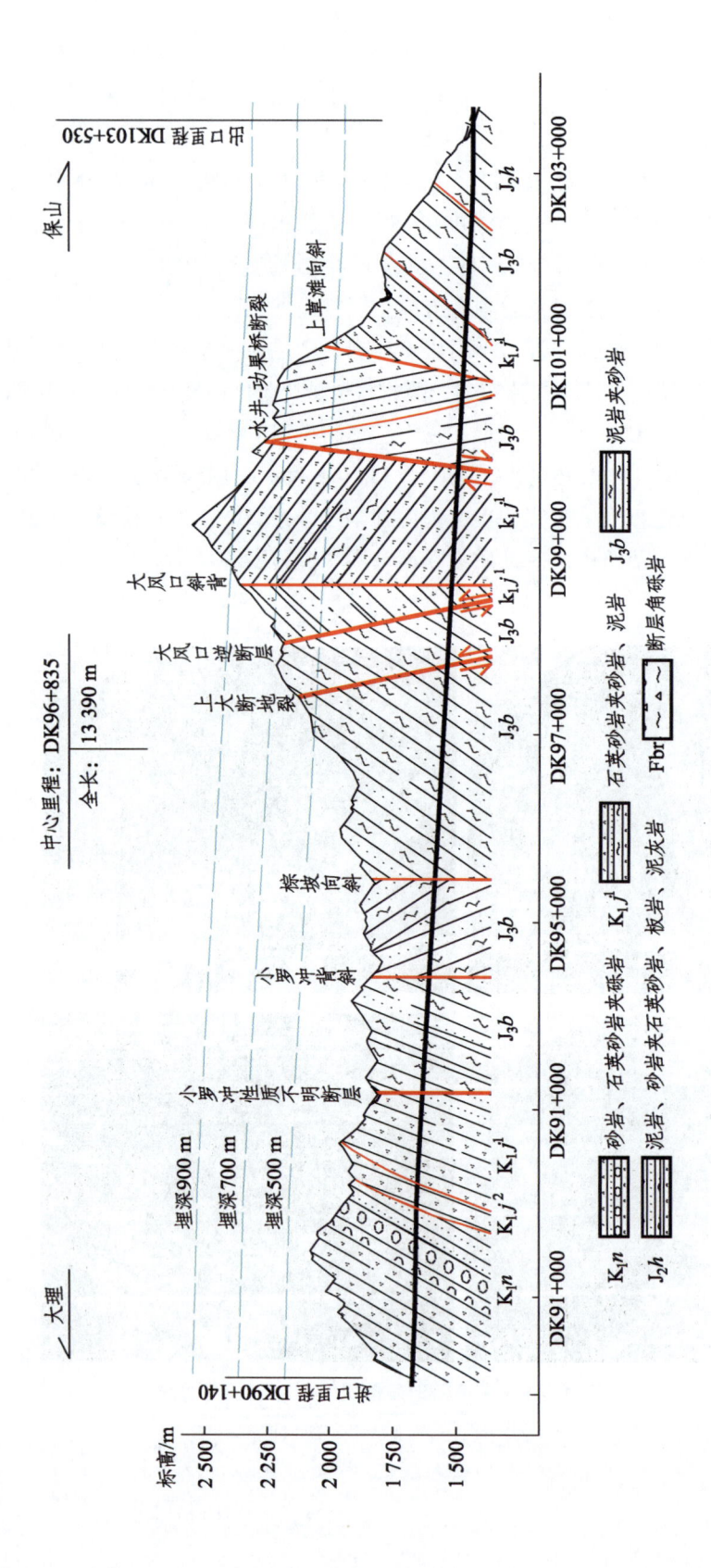

图 1.3-2 地质纵断面

2. 地质构造及地震

（1）地质构造。

新建大瑞铁路地处印度板块与欧亚板块相碰撞缝合带附近之扬子亚板块、印支亚板块、滇缅泰亚板块，三大亚板块以金沙江-红河断裂带和澜沧江深大断裂为分界，陆缘拗褶带、印支亚板块之兰坪-思茅拗陷与滇缅泰亚板块之保山褶皱带。

杉阳隧道位于澜沧江活动断裂带东侧，受区域大构造影响，区内次级断层较发育，岩层节理、裂隙发育，岩体较破碎。隧道主要穿越 5 条褶皱、6 条断裂。地质构造分布如图 1.3-3 所示。区内地质构造如表 1.3-1 所示。

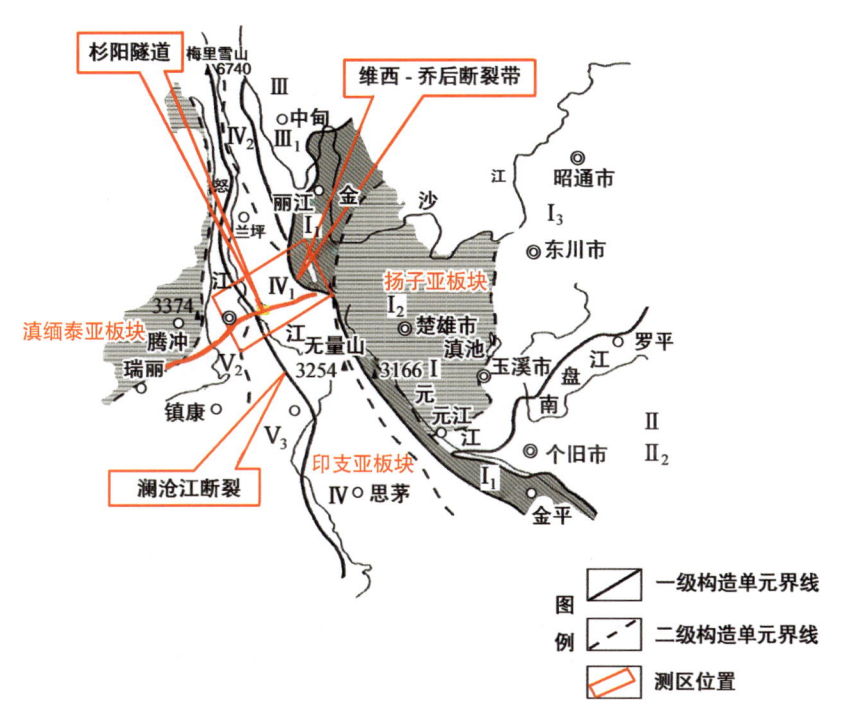

图 1.3-3 地质构造分布

表 1.3-1 区域地质构造

名称	位置	主要特征	对工程影响评价
干沟边向斜	DK91+550	向斜与线路呈 62°斜交。轴向 N6°E，横贯测区。两翼地层均为紫红色的砂岩夹泥岩（K_1n）。东翼产状为 N43°E/40°NW，西翼产状为 N4°W/41°NE	该向斜大角度斜交线路，对线路工程影响大
小罗冲 1#性质不明断层	DK92+230	断层与中线近垂直相交。断层产状 N20°W，倾角不明。钻孔 DZ-2 孔揭示断层破碎带宽约 80 m，呈砾状。断层附近岩层产状紊乱。东盘岩层为的砂岩夹泥岩（K_1n）等，西盘岩层为泥岩夹砂岩（K_1j^2），东盘岩层产状为 N47°W/41°NE，西盘岩层产状为 N10°W/41°NE	该断层大角度斜交线路，对线路工程影响大

续表

名称	位置	主要特征	对工程影响评价
小罗冲背斜	DK94+435	背斜轴与线位相交，交角约84°，轴向N40°W，横贯测区；两翼地层均为泥岩夹砂岩（J_3b），NE翼产状为N36°W/22°SE，SW翼产状为N11°W/40°SW	该背斜大角度斜交线路，对线路工程影响大
棕坡向斜	DK95+559	向斜轴与线位相交，交角约83°，轴向N45°W，横贯测区；两翼地层均为泥岩夹砂岩（J_3b），NE翼产状为N35°E/54°NW，SW翼产状为N49°W/17°NE	该向斜大角度斜交线路，对线路工程影响大
上大地逆断层	DK97+365	断层与中线以78°角相交；断层产状N22°W/60°SW，横贯测区，为逆断层；断层破碎带宽约60 m，呈碎石角砾状；断层附近岩层产状紊乱，牵引褶曲、小断裂极发育；两盘岩层均为泥岩夹砂岩（J_3b），NE盘岩层产状为N8°W/34°NE，SW产状为N7°E/55°NW	该断层大角度斜交线路，对线路工程影响大
大风口逆断层	DK98+022	断层与中线以55°角相交，断层产状N68°W/60°SW，横贯测区，为逆断层；断层破碎带宽约100 m，呈碎石角砾状；断层附近岩层产状紊乱，牵引褶曲、小断裂极发育；上盘为砂岩（K_1j^1）、石英砂岩夹泥岩，产状为N9°E/28°SE，下盘为泥岩夹砂岩（J_3b），岩层产状为N20°E/18°NW	该断层大角度斜交线路，对线路工程影响大
大风口背斜	DK98+600	背斜轴与线位相交，交角约87°，轴向N35°W，横贯测区；两翼地层均为砂岩（K_1j^1）、石英砂岩夹泥岩；NE翼产状为N16°E/47°SE，SW翼产状为N67°E/54°SE	该背斜大角度斜交线路，对线路工程影响大
水井-功课桥断层	DK100+114	断层与中线相交，交角约82°；断层产状N23°W/70°NE，横贯测区，为逆断层。断层破碎带宽约80 m，呈碎石角砾状；断层附近岩层产状紊乱，牵引褶曲、小断裂极发育；北东盘岩层砂岩（K_1j^1）、石英砂岩夹泥岩，南西盘岩性为泥岩夹砂岩（J_3b），砂岩（K_1j^1）、石英砂岩夹泥岩；NE盘产状为N7°W/36°SW，SW盘产状为N62°W/42°SW	该断层大角度斜交线路，对线路工程影响大
上草滩向斜	DK101+130	向斜轴与线位相交，交角约87°。轴向N37°W，横贯测区；两翼地层均为砂岩（K_1j^1）、石英砂岩夹泥岩；NE翼产状为N60°W/68°SW，SW翼产状为SN/17°E	该向斜大角度斜交线路，对线路工程影响大

（2）地震。

根据《中国地震动参数区划图》（GB 18306—2015）及《大理—瑞丽铁路线工程场地活动断层鉴定及地震安全性评价报告》（2006年）划分：测区地震动峰值加速度为0.2g，地震动反应谱特征周期为0.45 s。

1.3.2 水文地质

1. 地表水及地下水

区内地表水较发育，主要为隧道进出口、洞身处之沟水，常年有水，流量随季节及降雨量而变，受大气降雨补给，部分补给地下水。

地下水以土层空隙潜水、基岩裂隙水和构造裂隙水为主。土层空隙潜水主要赋存于沟槽内土体中，水量不大。段内基岩为砂岩和泥岩，岩层富水性和透水性较差，地下水不丰富，主要接受大气降水补给。泥岩含水及透水性差，基岩裂隙水贫乏，含量甚微；砂岩含水及透水性相对较好，基岩裂隙水相对较丰富。测区断层破碎带以砂岩、泥岩质碎石角砾为主，含水相对丰富，地下水流向以大风口梁子为分水岭，向东西两侧分流。

2. 隧道涌水量预测

根据含水岩组的特征，结合地形、构造及深孔抽水试验等，按不同地段水文地质特征，选取不同的水文地质经验参数，将隧道分段涌水量预测如下：

（1）DK90+145～DK92+240：该段为K_1n、K_1j^2、K_1j^1砂岩、石英砂岩夹泥岩，发育干沟边向斜，地下水水位埋深较大，含一定基岩裂隙水。预计涌水量为 1 354 m^3/d。

（2）DK92+200～DK94+000：该段为J_3b泥岩夹砂岩，发育小罗冲1#、2#断层，岩石节理裂隙较发育，泥岩为相对隔水层，故基岩裂隙水贫乏，属弱富水层。预计涌水量为 2 718 m^3/d。

（3）DK94+000～DK95+200：该段为J_3b、J_2h泥岩夹砂岩，发育小罗冲背斜，含一定基岩裂隙水。预计涌水量为 909 m^3/d。

（4）DK95+200～DK97+500：该段为J_3b、J_2h泥岩夹砂岩，发育棕坡向斜，泥岩为相对隔水层，基岩裂隙水贫乏，属弱富水层。预计涌水量为 2 111 m^3/d。

（5）DK97+500～DK98+400：该段为J_2h泥岩夹砂岩，发育上大地、大风口断层，岩石节理裂隙较发育，基岩裂隙水、构造裂隙水丰富。预计涌水量为 5 986 m^3/d。

（6）DK98+400～DK99+600：该段为K_1j砂岩夹泥岩、J_3b泥岩夹砂岩，发育大风口背斜。预计涌水量为 3 254 m^3/d。

（7）DK99+600～DK100+500：该段为J_3b、J_2h泥岩夹砂岩，发育水井-功果桥断层，岩石节理裂隙较发育，基岩裂隙水、构造裂隙水丰富。预计涌水量为 5 583 m^3/d。

（8）DK1080+500～DK101+500：该段为K_1j砂岩夹泥岩，发育上草滩向斜。预计涌水量为 2 731 m^3/d。

（9）DK101+500～D1K103+560：该段为J_3b、J_2h泥岩夹砂岩，水位埋深较大，含基岩裂隙水一般。预计涌水量为 2 511 m^3/d。

$Q_{[涌]} = Q(1) + Q(2) + Q(3) + Q(4) + Q(5) + Q(6) + Q(7) + Q(8) + Q(9) = 27\ 157\ m^3/d$

据隧道整体水文地质条件，预计本隧道一般涌水量为 $2.715\ 7×10^4\ m^3/d$，雨季最大涌水量乘1.2倍系数，约为 $3.3×10^4\ m^3/d$。

1.4 不良地质及特殊岩土

杉阳隧道主要不良地质为滑坡、泥石流、顺层、断层破碎带、高地应力，特殊岩土为石膏、膨胀岩土。

1.4.1 不良地质

（1）滑坡：两个滑坡位置分别处于：DK96+620~DK96+760右侧5~90 m内，滑体厚3~9 m，属表层滑坡；DK10+230左侧158 m以内，滑体厚10~35 m。以上两滑坡位于隧道洞身，由于隧道埋藏较深，对工程无影响。隧道进口渣场位于滑坡附近，滑坡轴向S15°E，长50 m，宽约110 m，主要物质为粗角砾土，厚2~15 m，墙趾位于滑坡前缘。隧道斜井渣场坝趾位于滑坡附近，滑坡轴向S47°W，长84 m，宽约80 m，主要物质为粗角砾土，厚2~15 m，墙趾位于滑坡前缘。

（2）泥石流：分布于DK101+700至隧道出口段右侧沟槽，一般厚5~30 m，局部厚达40 m，位于隧道洞身左侧之泥石流对工程无影响。

（3）顺层：进口段岩层为砂岩夹泥岩，层间有软弱面，岩层倾角40°，与线路夹角约16°，横断面换算角度为39°。

（4）断层破碎带：测段断裂构造发育，多条区域性断层与线路相交，同进发育出多次级小裂隙，破碎带宽10~100 m，多为断层角砾、碎石土，无胶结或胶结差。

（5）高地应力：据3孔深孔25组地应力测试结果，隧道洞身附近的最大水平主应力为12~20 MPa，最小水平主应力8~14 MPa，垂直主应力为13~20 MPa，洞身附近三向主应力值的主要关系为垂直主应力>最大水平主应力>最小水平主应力，最大水平主应力优势方向为N52°E。地应力特征主要以自重应力为主，地应力值随深度增加而增大。围岩强度应力比低，Ⅰ级软岩大变形岩体强度应力比为0.312，Ⅱ级软岩大变形岩体强度应力比为0.16~0.22。对于单线铁路，如隧道开挖后洞壁的塑性变形量超过25 cm（不包括因围岩破碎、松动压力大引起的支护变形），即认为隧道已出现软岩大变形病害。本隧道最大埋深约1 015 m，用上覆岩层容重（2.5 g/cm³）估算的垂直主应力 $S_V \approx 25$ MPa，洞室附近侧压力系数 $\lambda = 0.7~1.09$。围岩大变形采用应力比临界值法，侧压力系数=1，临界应力比=3，单轴抗压强度 $R_a = 25/3 \approx 8.3$ MPa，埋深1 015 m处围岩单轴抗压强度低于8.3 MPa时软岩有可能发生大变形。

1.4.2 特殊岩土

（1）石膏：据区域地质报告，侏罗系中统花开左组（J_2h）地层偶含石膏，该套含石膏地层岩体疏松、软硬不均、强度低，具有膨胀性和一定侵蚀性，环境作用等级为H1。该地层分布于洞身DK94+170~DK94+923、DK96+416~DK98+368、DK99+667~DK99+993、DK102+600~DK103+380段。

（2）膨胀岩：侏罗系上统坝注路组（J_3b）泥岩夹砂岩，根据试验资料，自由膨胀率 $F_s = 1\%~$

41%，膨胀力 P_p = 2 ~ 35 kPa，饱和吸水率 W_{sa} = 13% ~ 61%，属于弱膨胀岩。该地层分布于隧道洞身 DK92 + 290 ~ DK94 + 170、DK94 + 923 ~ DK96 + 416、DK98 + 368 ~ DK99 + 256、DK99 + 993 ~ DK100 + 500、DK101 + 490 ~ DK102 + 600 段。

1.5 设计概况及施工组织

1.5.1 设计概况

杉阳隧道正洞全长 13 390 m，现场实际揭示围岩级别为Ⅲ、Ⅳ、Ⅴ及罕见Ⅵ级围岩，其中Ⅲ级围岩长度约占 2.35%、Ⅳ级围岩长度约占 12.51%、Ⅴ级围岩长度约占 83.47%、Ⅵ级围岩长度约占 1.67%。全隧均采用曲墙复合式衬砌，此处主要介绍施工图预测大变形或变形严重段落及Ⅵ级围岩的支护设计情况。

1. 施工图预测变形段 DK97 + 200 ~ DK101 + 200 设计

DK97 + 200 ~ DK101 + 200 段 4 000 m 埋深大于 500 m，地应力较高，为确保结构安全，该段施工图设计阶段各级围岩均采用了受力条件适应性更强的蛋形衬砌断面，如图 1.5-1 所示。

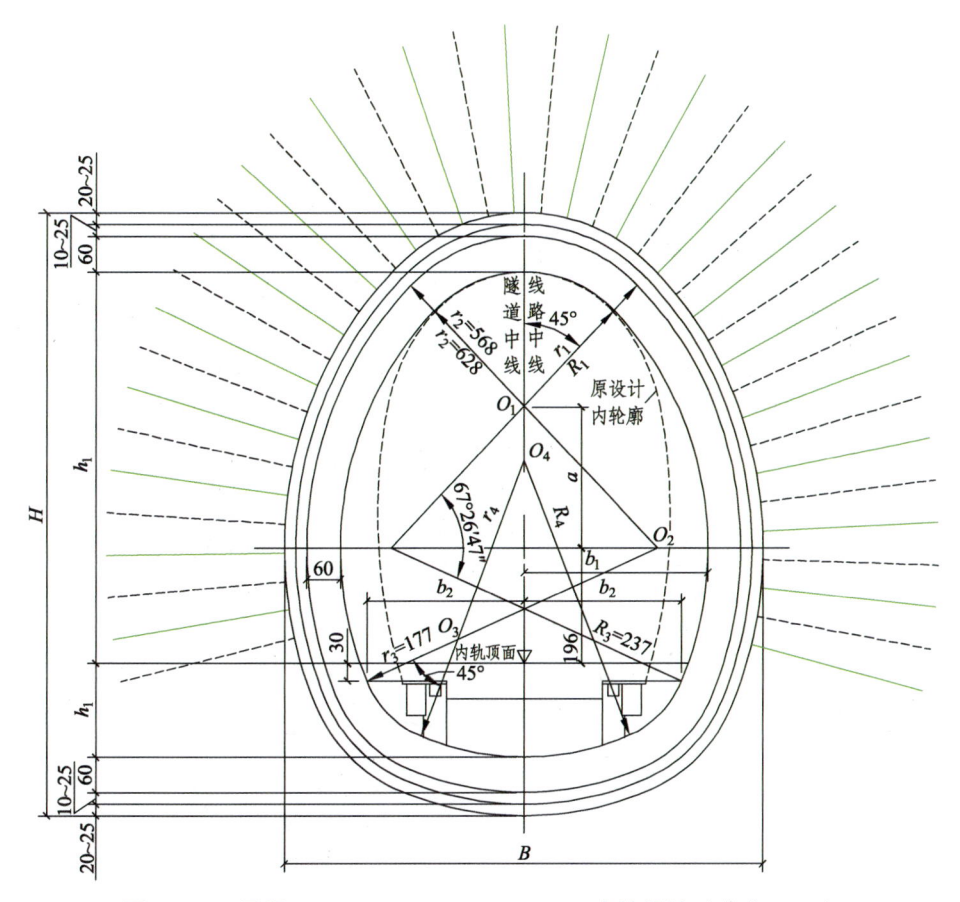

图 1.5-1 里程 DK97+200 ~ DK101+200 支护设计（单位：cm）

2. 轻微大变形和中等大变形设计

轻微大变形：泥岩夹砂岩，泥岩为主，中厚层，强度应力比 0.315，开挖轮廓"蛋形"，拱部中空锚杆长 3 m、边墙砂浆锚杆长 4 m，全环采用 I20b@1 m 钢架，预留变形量 25 cm，二次衬砌采用厚度 40 cm 的钢筋混凝土，初期支护完成后采用 3 排 ϕ42 钢花管径向注浆。

中等大变形：泥岩页岩为主，严重破碎或薄层，强度应力比 0.16～0.20，开挖轮廓"蛋形"，拱部中空锚杆长 3 m、边墙砂浆锚杆和自进式锚杆长 6 m，全环采用 HW175@0.8～1 m 钢架，预留变形量 35 cm，二次衬砌采用厚度 45 cm 的钢筋混凝土，初期支护完成后采用 3 排 ϕ42 钢花管径向注浆。

3. Ⅵ级围岩段设计

正洞 DK96+681.7～+914 段采用双层初期支护，外层喷射混凝土厚 24 cm，内层喷射混凝土厚 20 cm，设置双层全环 HW175 钢架，纵向间距 0.6～0.8 m/榀；外层钢架设 6 组 ϕ42 锁脚锚管，内层钢架设 4 组 ϕ42 锁脚锚管，每组 2 根，长 4 m/根。二次衬砌采用蛋形断面、厚度 60 cm 的钢筋混凝土，主筋 ϕ22@167 双面布设。预留变形量按 40 cm 设计。正洞Ⅵ级围岩一般地段衬砌断面如图 1.5-2 和图 1.5-3 所示。

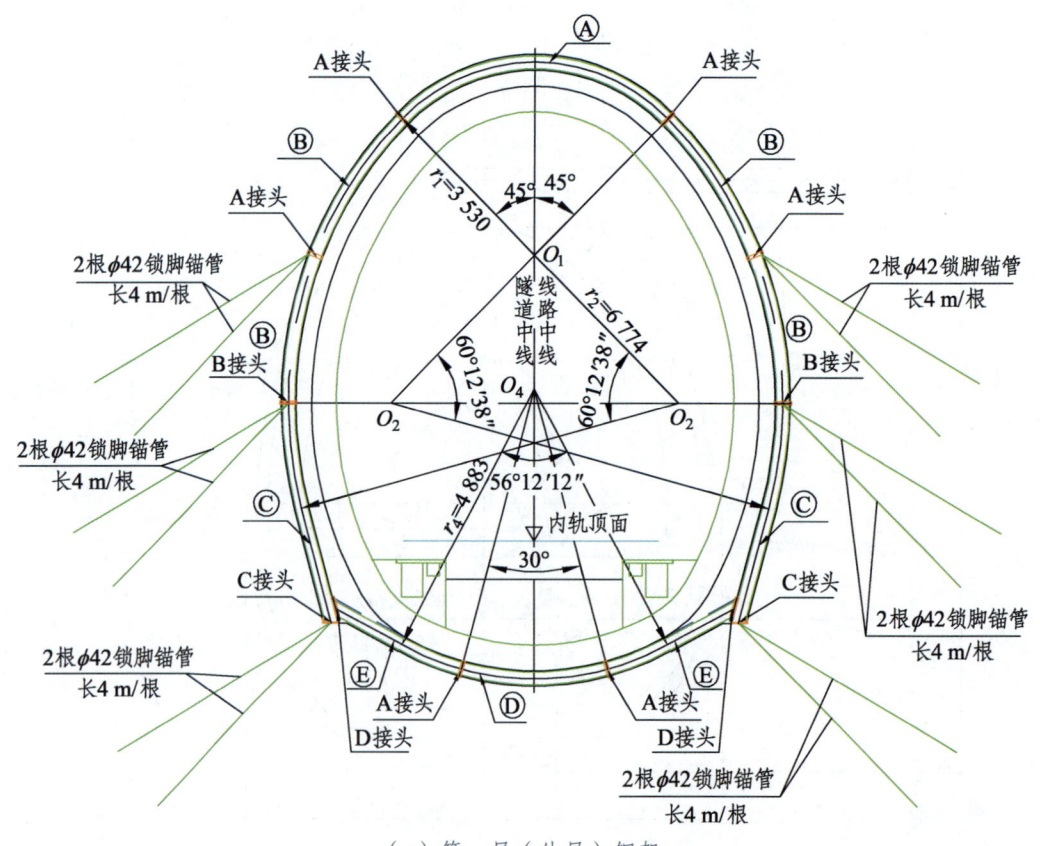

（a）第一层（外层）钢架

（b）第二层（内层）钢架

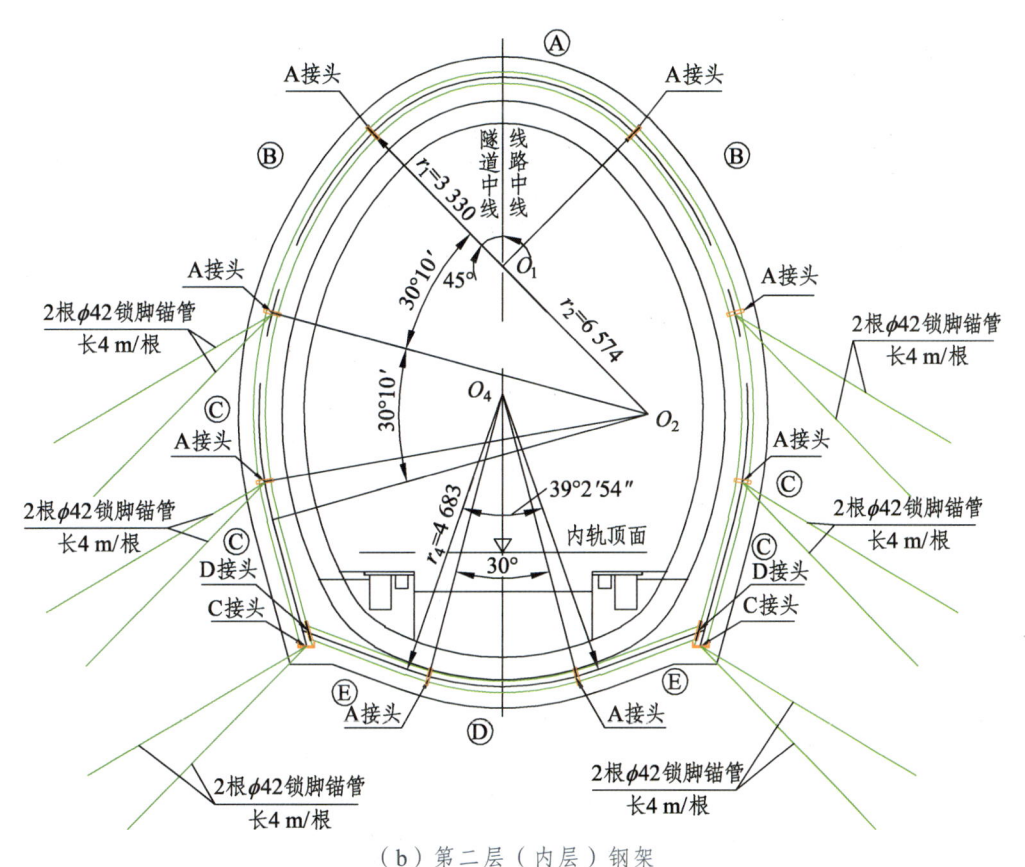

图 1.5-2　正洞双层钢架设计（单位：mm）

平行导坑 PDK96+663～+920 段采用单层初期支护，设置全环 HW175 钢架，纵向间距 0.6～0.8 m/榀，每榀设 4 组 ϕ42 锁脚锚管，每组 2 根，长 4 m/根，第一层初期支护喷射混凝土厚 24 cm；预留第二层初期支护条件，当监控量测数据显示累计变形达 10 cm 时，立即增设第二层初期支护，第二层设置全环 HW175 钢架，纵向间距 0.6～0.8 m/榀，每榀设 2 组 ϕ42 锁脚锚管，每组 2 根，长 4 m/根，喷射混凝土厚 20 cm。二次衬砌采用 60 cm 厚钢筋混凝土，主筋 ϕ22@167 双面布设。平行导坑Ⅵ级围岩衬砌断面如图 1.5-4 和图 1.5-5 所示。

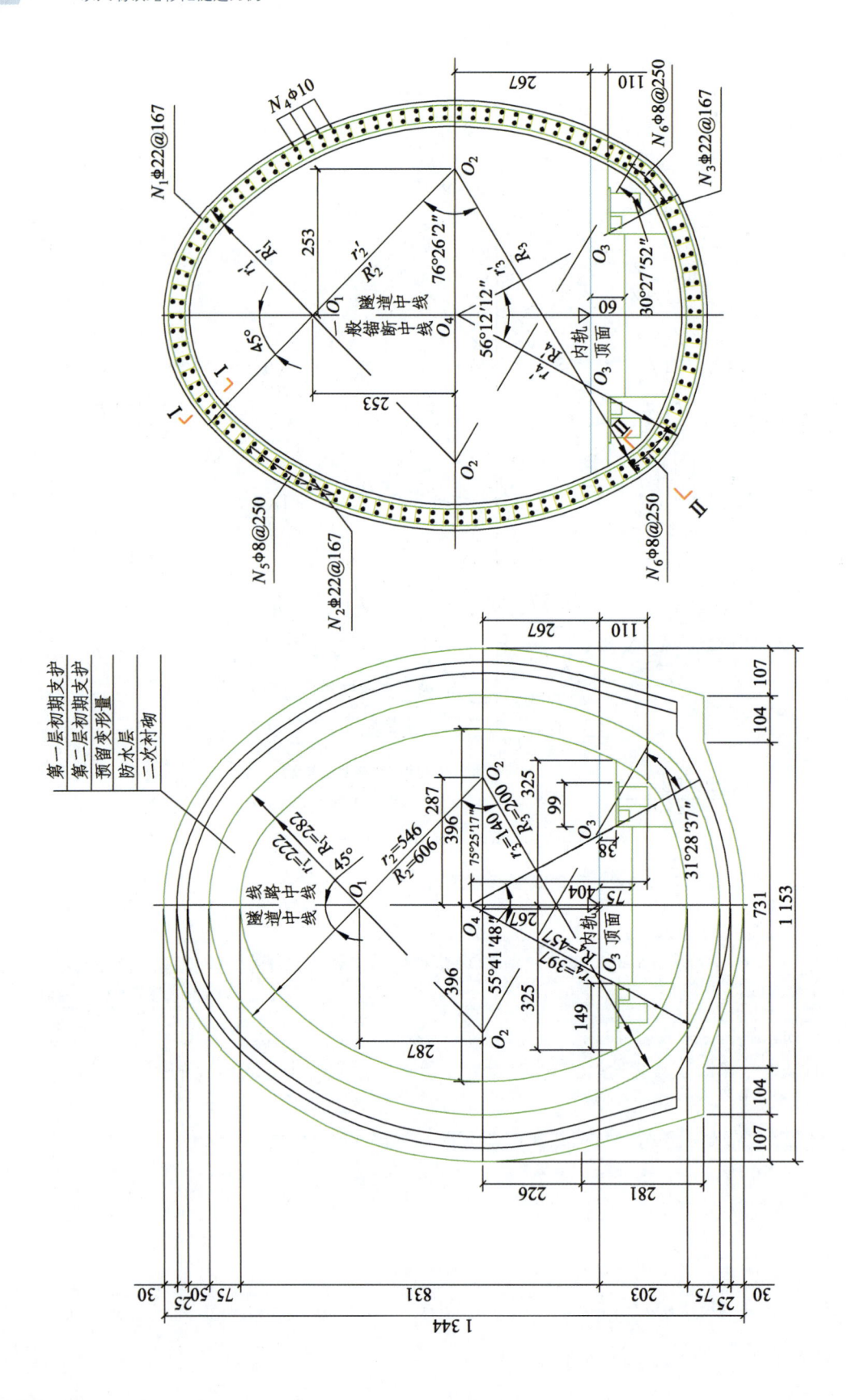

图 1.5-3　正洞Ⅵ级围岩一般地段衬砌图（单位：cm）

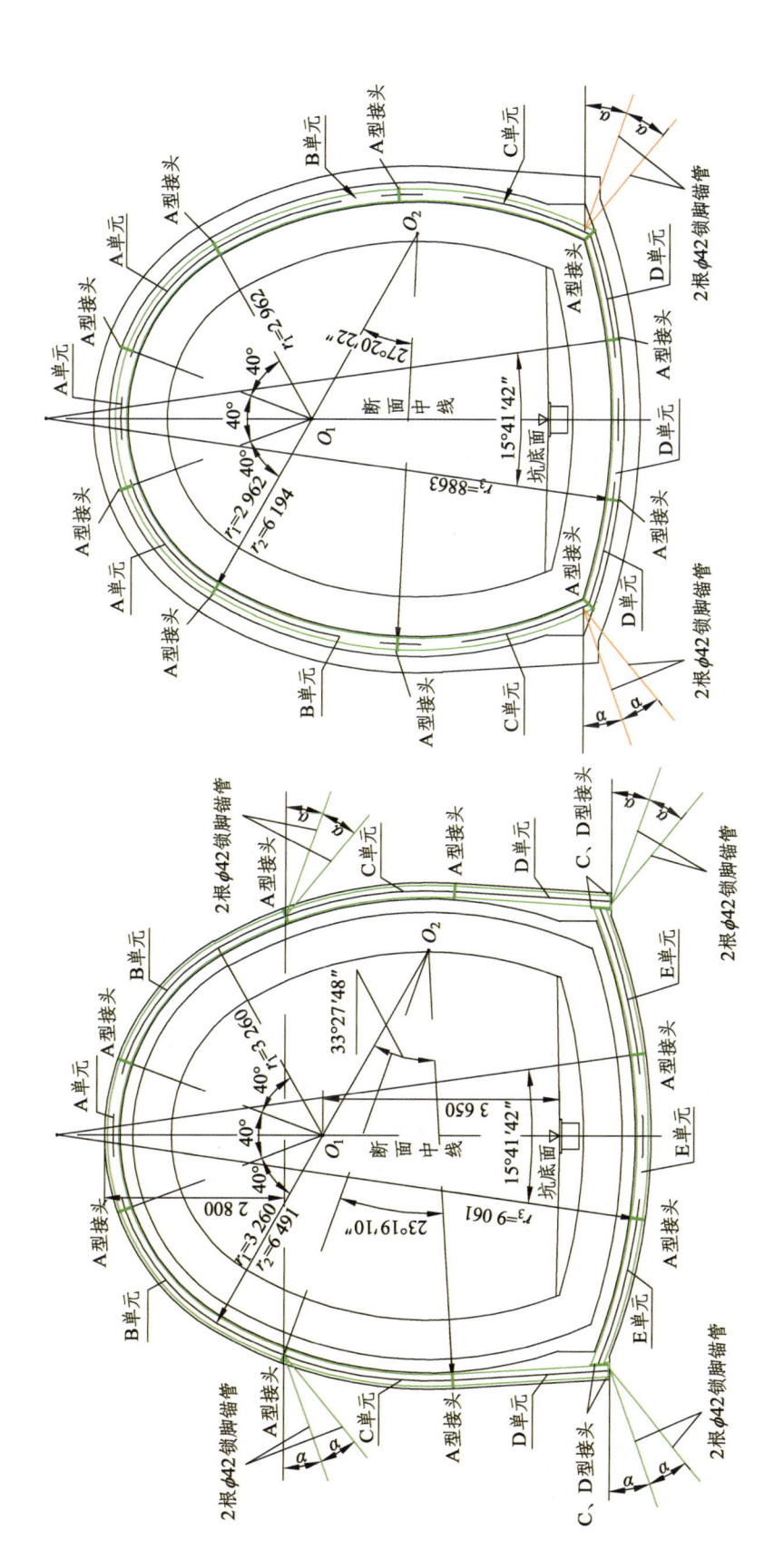

(a) 第一层（外层）钢架　　(b) 第二层（内层）钢架

图 1.5-4　平行导坑双层钢架设计（单位：mm）

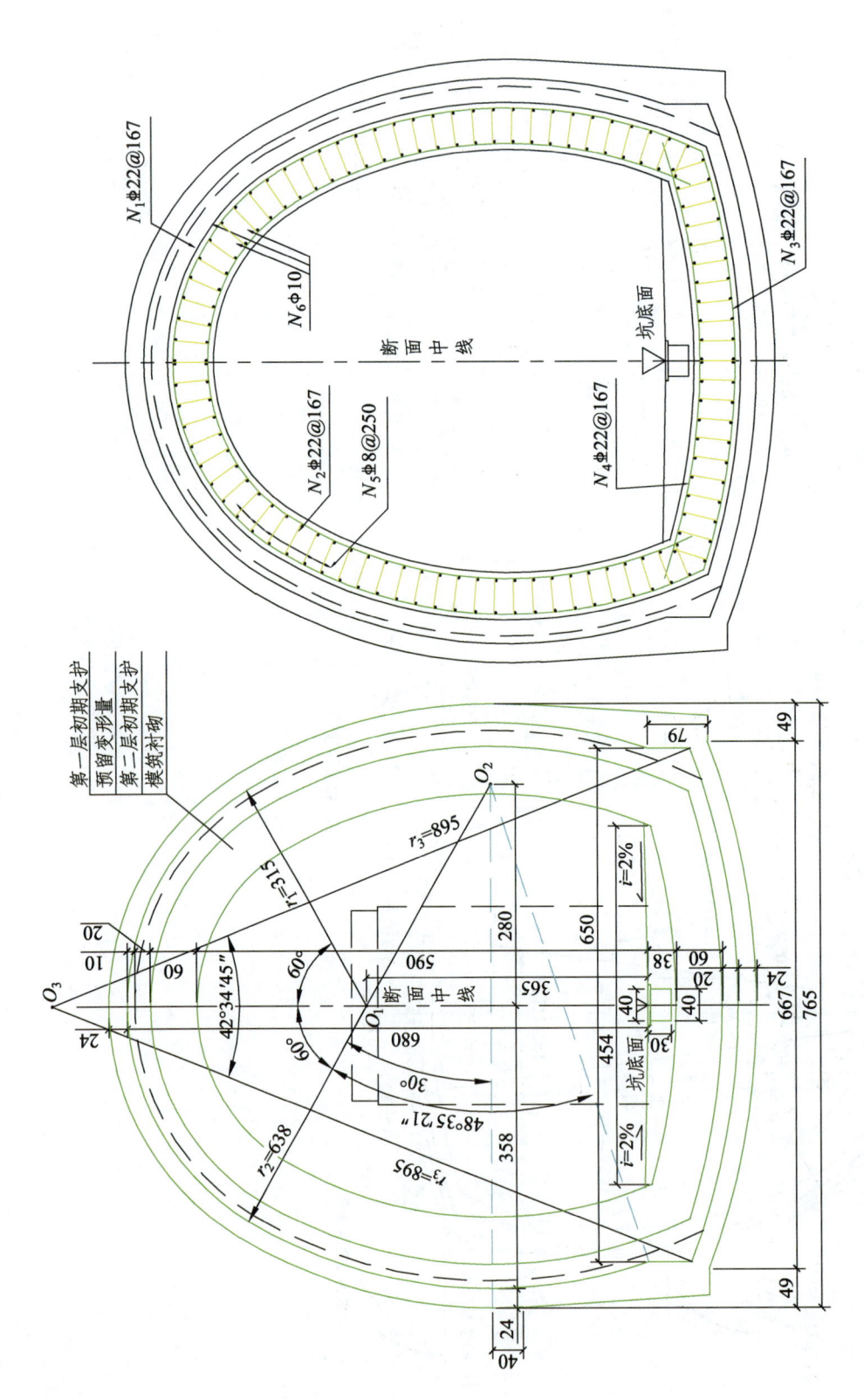

图 1.5-5 平导无轨运输Ⅵ级围岩衬砌断面（单位：cm）

1.5.2 施工组织

本隧采用"贯通平行导坑+中部斜井"辅助坑道模式,于线路左侧 30 m 处预留Ⅱ线位置设具有地质超前探测、通风、排水、增加工作面及运营期间排水、消防、救援、人员疏散等多功能的贯通平行导坑;为加快隧道施工进度,满足施工通风及弃渣要求,于线路前进方向左侧设置一座有轨双车道斜井,并在平行导坑与正洞之间设置42处横通道,用于出渣、通风、物料运输等。根据现场工程地质条件及辅助坑道设置情况,本隧共分进口、斜井、出口三个工区。进口工区承担正洞施工长度 2 987 m、平行导坑施工长度 2 885 m;斜井工区承担正洞施工长度 3 627 m、平行导坑施工长度 3 194 m;出口工区承担正洞施工长度 3 515 m、平行导坑施工长度 3 153 m。

1.6 杉阳隧道施工面临的主要问题

杉阳隧道由于其所处的工程赋存环境及设计特点,软岩大变形、掌子面失稳、涌水突泥、高地温等问题突出,同时特长单线铁路隧道存在通风、排水、测量、物流组织等技术难题,给实际工程施工过程带来极大困扰。

1. 软岩大变形及初期支护结构破坏

施工期间软岩大变形引起的典型边墙内挤如图 1.6-1 所示。例如:2018 年 12 月,杉阳隧道进口 DK93+910~DK94+015 段 105 m 多次发生初期支护变形开裂、鼓起掉块、侵限等现象,尤其边墙钢架连接板位置内挤鼓包;2017 年 5 月,DK100+110~DK100+095 段拱架侵限变形、初期支护混凝土出现多处纵向及环向裂纹;2021 年 2—3 月,DK96+170~+060 段初期支护出现鼓包现象、初期支护混凝土出现大面积开裂现象,变形速率未见收敛趋势,上、下台阶钢架连接板位置钢架扭曲变形严重,甚至折断,DK96+170~+190 段拱墙已基本侵限。对于平行导坑,也常出现初期支护侵限情况,如 2021 年 6 月 PDK95+635~+665 段两侧 B、C 单元连接板上下 1.0 m 范围内出现鼓包、初期支护混凝土持续大面积开裂,变形速率不收敛。B、C 单元连接板位置钢架扭曲变形严重,部分已折断失效。根据断面扫描结果,本段净空尺寸在增设套拱后将小于 3.8 m,不满足正常施工行车要求。针对初期支护侵限的段落,不得不采取换拱措施(图 1.6-2),拆换施工明显增加施工成本及工期,严重影响施工进度。

图 1.6-1　典型边墙内鼓破坏

图 1.6-2　初期支护换拱施工

2. 掌子面溜坍、突涌灾害

杉阳隧道地质差、围岩变化频繁,围岩先后揭示多条层间软弱带,宽度 20~100 m。由于围岩过于破碎,且有水的存在,杉阳隧道在施工过程中出现了严重的掌子面溜坍、突泥涌水等不良地质灾害(图 1.6-3),发生坍方及溜坍达 130 多次,多发生在拱顶及左右侧,如 DK95＋753.6 发生溜坍、DK96＋689～＋705 段平行导坑转正洞发生溜坍、突涌,这些地质灾害处理时间长、处理难度大,给掘进施工带来了极大的阻力。

图 1.6-3 典型溜坍、突涌

3. 高地温问题

根据 DZ-杉阳-07、08、09 钻孔测试分析，DZ-杉阳-07、08 孔底温度超过 28 ℃，隧道洞身地段 DK98+100～DK101+000 洞内温度超过 28 ℃，属高地温区。温度超过 28 ℃ 后，隧道内环境恶劣，人员、机械设备在洞内施工困难，施工效率降低，同时对施工人员健康不利。现场实际揭示高地温情况见表 1.6-1，实测岩温如图 1.6-4 所示，部分段落温度高达 40 ℃，对施工人员及设备造成严重影响。

表 1.6-1 现场揭示高地温情况

工区	高地温范围	长度/m	高地温等级
杉阳隧道进口正洞	DK95+880～DK96+770	890	中高温
杉阳隧道出口正洞	DK96+770～DK97+569	799	中高温
	DK97+569～DK100+316	2 747	Ⅲ级高温
	DK100+316～DK101+175	859	Ⅱ级高温

图 1.6-4 实测岩温

4. 杉阳隧道通风、排水、物流组织以及测量等问题

（1）通风。钻爆法施工过程中，主要有害物质以爆破烟尘为主，粉尘随气流在隧道中扩散，使隧道环境受到污染影响视线；同时粉尘还会威胁作业人员身体健康，对施工设备造成磨损。杉阳隧道为特长单线铁路隧道，施工掌子面众多，通风降尘设计与施工掌子面匹配困难，通风时间增加影响施工进度，因此在保证通风效果的同时还要提高通风效率技术难度高。

（2）排水。杉阳隧道频繁穿越复杂地层和富水地段，隧道具有涌水量大、地下水影响范围广的特点。其中，平行导坑 PDK91+350～PDK97+055 段 5 705 m、正洞 DK91+350～DK97+072 段 5 722 m 为反坡施工，其坡度由 -9‰ 递增为 -20.4‰，反坡坡度逐渐增大，存在反坡排水问题，如何顺利将隧道开挖后涌水及施工期地下水排出是控制施工进度的关键。此外，隧道还穿越干沟边向斜（DK91+550）、小罗冲 1# 性质不明断层（DK92+230）、小罗冲 2# 性质不明断层（DK92+650）及小罗冲背斜（DK94+435）四个破碎带，施工期间涌水量较大，给施工排水带来极大的困难。

（3）物流组织、测量等。杉阳隧道施工掌子面多、断面小、横通道多、车辆交换频繁，物流交换的效率对施工进度有很大影响，在特长单线铁路隧道物流信息化管理中，需要保证对洞内情况的实时监测、控制中心与洞内各单位间的交流沟通，如何实现信号覆盖及高效的运输指挥调度成为杉阳隧道的工程难点之一。同时，隧道内的测量误差控制、隧道断面超欠挖高效识别分析以及单线铁路隧道内无砟轨道的高效精准铺设也是杉阳隧道所面临的主要工程问题。

综上所述，杉阳隧道位于澜沧江大断裂东侧深大活动断裂影响带，部分段落为侏罗系中下统薄层状页岩、泥岩夹砂岩，地应力高，围岩破碎，局部富水，部分施工段为罕见Ⅵ级围岩地质，同时隧道具有长度长（13 余千米）、埋深大（千米级）、地温高等特点，使得隧道施工期间产生软岩大变形、掌子面溜坍突涌、高地温、通风、排水、物流组织等综合问题，严重影响隧道的施工安全和施工进度。

杉阳隧道穿越罕见复杂工程环境修建技术是一个系统性的工程，基于此背景，本书从杉阳隧道施工面临的主要问题入手，主要对以下几方面内容进行分析总结，并提炼其中的关键技术：①通过对高地应力软岩大变形特征及机理进行分析，结合现场试验总结出Ⅵ级围岩"超前密排中管棚及小导管注浆加固技术、三台阶机械组合开挖+双层支护快速施工技术、初期支护背后空洞充填注浆及浅层围岩修复注浆综合技术"的软岩大变形施工控制技术；②针对杉阳隧道面临的掌子面灾害问题，总结分析了其灾害特征，通过现场处治措施经验分析凝练出"智能超前探水-风险预测一体化、超前组合加固、防溜坍开挖等"溜坍、突涌控制的施工关键技术；③针对局部高地温施工问题，在对杉阳隧道开挖温度场演变及降温技术比选理论分析的基础上，形成杉阳隧道现场高地温段降温控制及管理技术；④针对特长单线铁路隧道综合通风问题，利用巷道式通风原理对不同施工阶段通风进行设计及设备选型，并对不同模式下通风进行数值模拟分析，并总结出一套适用于杉阳隧道的通风系统及施工管理技术；⑤针对杉阳隧道局部富水、涌水量大、反坡排水问题，通过采用多种涌水量预测方法对关键段落涌水进行预测，提出了杉阳隧道反坡排水方案，并在施工中运用排水设备自动启停装置和排水设备自动切换装置达到自动停止工作的目的；⑥利用定位芯片及洞内布设的 UWB（超

宽带）信号基站实现洞内人员及车辆装备定位信号全覆盖，并基于洞内移动信号全覆盖技术建立了洞内物流运输调度指挥体系；⑦针对杉阳隧道控制测量具有跨越地区范围大、地带狭长的特点，提出特长单线铁路误差控制技术，将三维激光扫描技术应用于隧道超欠挖分析；⑧在综合应用物流信息化管理技术及轨道施工测量技术的基础上，总结出无砟轨道施工工艺流程及质量控制技术，提出基于物流信息化的长大单线铁路隧道无砟轨道高效精准铺设的施工技术。

在工程建设中，我们将科学修建思想与理论分析、工程实践联系起来，运用力学、数值模拟、现场试验等手段，最终形成一套完整的罕见复杂工程环境特长单线铁路隧道关键施工技术体系，服务于工程建设的同时为今后类似工程修建提供借鉴。

第 2 章 高地应力软岩隧道变形机理及施工控制技术

2.1 软岩大变形现象及变形特征分析

近年来，出现严重大变形的典型隧道主要有成兰铁路杨家坪隧道、兰渝铁路木寨岭隧道、吉图铁路小盘岭1#隧道、兰新铁路大梁隧道、国道317鹧鸪山特长隧道及香丽高速海巴洛隧道，具体如表2.1-1所示。

表 2.1-1 大变形隧道工程案例

序号	隧道名	地层描述	病害描述	施工方法及支护参数
1	成兰铁路杨家坪隧道	以千枚岩、绿泥千枚岩为主，夹炭质板岩、泥质灰岩，石质软弱，倾角接近垂直	中下台阶连接处混凝土开裂，型钢拱架连接板破坏	拱部6 m中空锚杆加边墙8 m自进式锚索，钢架采用HW175型钢，间距0.8 m，变形严重段采用长锚杆补强
2	兰渝铁路木寨岭隧道	以炭质板岩为主，围岩平均强度1.9 MPa，竖向地应力约为12 MPa，水平应力24.9~27.2 MPa	拱顶累计沉降最大超过300 cm，边墙累计收敛值最大超过150 cm	超前导洞释放地应力并扩挖成形，采用四层支护形式，其中初期支护三层，分别施作锚喷、网喷及钢架。第四层为二次衬砌
3	吉图铁路小盘岭1#隧道	含炭泥板岩，薄~中厚层，岩质较软弱、揉皱、摩擦镜面发育，层面光滑，围岩极其破碎	拱顶以小规模或者规模较大的塌方为主，少数出现拱顶掉块，钢架变形；拱脚处多发生侵陷、掉块，侧壁出现开裂现象	将原有的I20a改为I22b工字钢，设置临时仰拱，加强锁脚锚杆
4	兰新铁路大梁隧道	岩层有挠曲现象，薄层状分布，节理很发育，岩质软弱，岩体呈碎块状压碎结构，掌子面有渗水	初砌失效，部分围岩掉落、垮塌，围岩侵入隧道设计净空	布设范围拱部120°，型号42 mm的中空注浆锚杆，长度3.5 m，环向间距40 cm。H175型钢，纵向60 cm，钢架之间通过型钢连接。强度等级C30早强混凝土，厚度26 cm，8 mm钢筋网，网格间距20 mm×20 mm
5	国道317鹧鸪山特长隧道	含变质砂岩、板岩、千枚岩，具有遇水易软化、泥化、强度降低等特征	施工开挖过程中出现较大渗漏水，最大收敛值为37.6 cm，主要表现为周边收敛>拱顶沉降	采用51 mm自进式锚杆含水地层压注水泥-水玻璃双液浆，采用I20b型钢，间距50 cm，仰拱初期支护及时封闭成环
6	香丽高速海巴洛隧道	覆盖层主要分布第四系残坡积层砾粉质黏土、碎石土夹板岩碎石；下部基岩主要分布三叠系下统灰色、褐色炭质板岩	隧洞开挖过程中多次出现初期支护大变形，已施作初期支护出现严重开裂、喷射混凝土剥落、钢拱架扭曲等病害	超前支护采用φ42无缝钢管，长度4.5 m；钢架采用I20a工字钢，间距60 cm；系统锚杆采用φ42注浆小导管

目前的大变形隧道尚无非常明确的支护措施，往往是出现大变形后进行二次返工以达到稳定效果。本节在分析杉阳隧道软岩大变形现象基础上，总结得到其具有变形量值大、变形速率快、变形持续时间长、不收敛等变形特征。

2.1.1 大变形现象

杉阳隧道大变形段掌子面以中厚~厚层状砂岩为主的围岩，初期支护异常变形相对较少；薄~中厚层状泥岩、砂岩夹杂出现的围岩，异常变形情况明显增多；Ⅴ级围岩段正洞及平行导坑施工中共发生 2 578.7 m 软岩大变形，异常变形段初期支护典型破坏如图 2.1-1 所示。该隧道总体上表现为边墙初期支护开裂，拱部喷射混凝土起皮掉块，尤其在上、下台阶处钢架连接板位置出现外鼓，直至钢架扭曲变形失效初期支护侵限，部分段落边墙内挤以及仰拱隆起等变形现象。

（a）平行导坑 PDK94+215~+275 段接头断裂　（b）平行导坑 PDK97+310~+320 段底板隆起

（c）DK97+462~+472 段喷射混凝土剥落　（d）DK97+083.6~+080 段钢架扭曲

图 2.1-1　杉阳隧道初期支护典型破坏

其中，大变形严重段 DK96+920、DK96+915、DK96+910 三个监测断面的拱顶沉降、拱腰收敛累计变形数据整理如图 2.1-2～图 2.1-4 所示，拱腰收敛最大累计变形为 670～820 mm，拱顶沉降最大累计变形为 710～750 mm，变形稳定时间长，部分侵限段在换拱时仍未达到收敛。

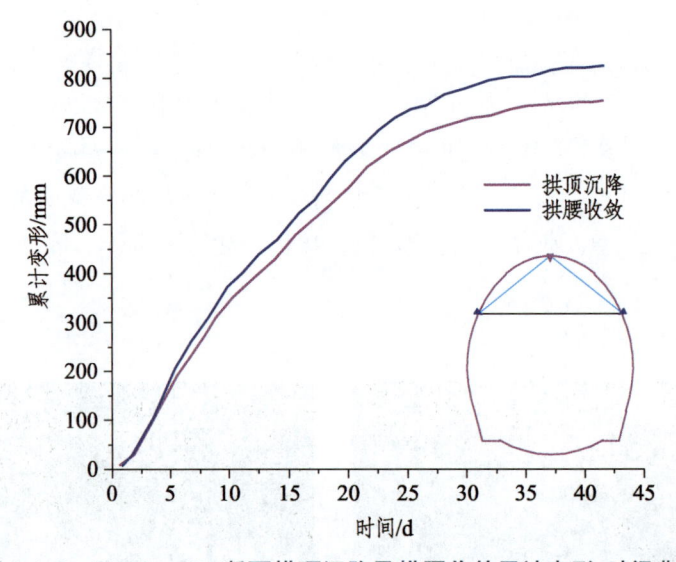

图 2.1-2　DK96+920 断面拱顶沉降及拱腰收敛累计变形-时间曲线

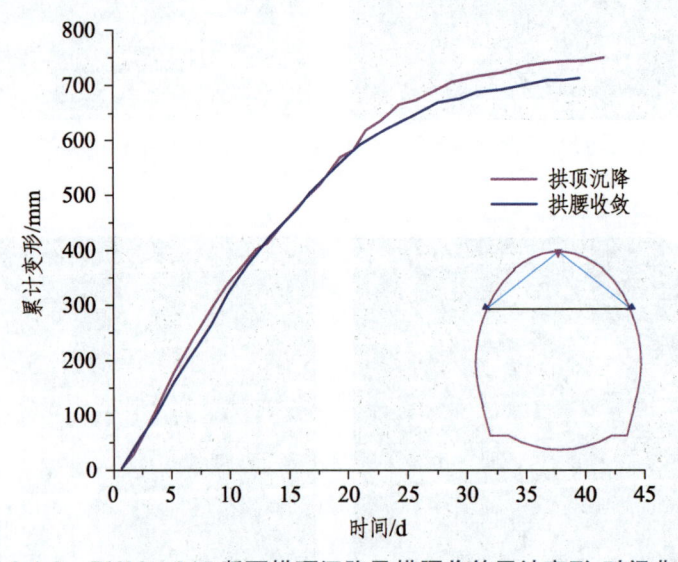

图 2.1-3　DK96+915 断面拱顶沉降及拱腰收敛累计变形-时间曲线

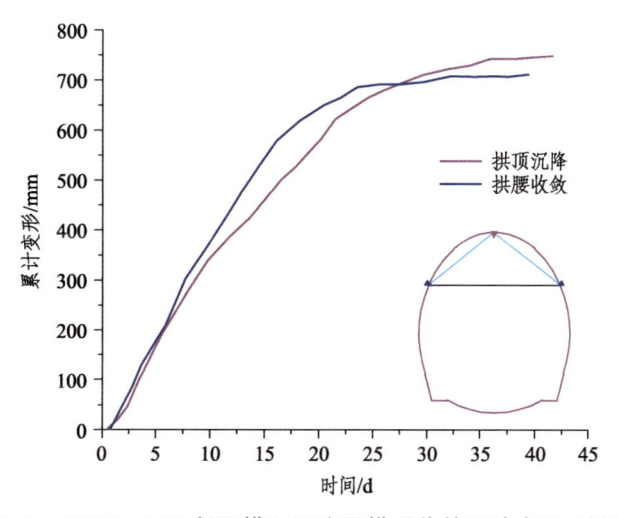

图 2.1-4　DK96+910 断面拱顶沉降及拱腰收敛累计变形-时间曲线

2.1.2　杉阳隧道变形特征

通过对杉阳隧道Ⅴ级围岩大变形段变形现象及变形数据的分析，总结出杉阳隧道总体表现为变形量值大、变形速率快、变形持续时间长、不收敛等变形特征。发生初期支护侵限变形段落无论是拱顶沉降还是拱腰收敛均非常大，拱顶沉降在 660~750 mm 之间，拱腰收敛在 700~820 mm 之间。总体上拱腰收敛大于拱顶沉降，而单线铁路隧道边墙较窄，拱腰收敛约占 10%，部分断面最大收敛值达 800~1 000 mm（个别断面最大收敛值达 1 200 m）。通过对Ⅴ级围岩异常变形段变形特征的分析，为Ⅵ级围岩的变形控制技术的实施提供数据支撑。

2.2　Ⅵ级围岩变形机理及变形控制计算分析

如前所述，杉阳隧道Ⅴ级围岩大变形段在隧道开挖支护后具有变形量大、变形速度快等特征，为揭示杉阳隧道软岩大变形机理，选取Ⅵ级围岩段作为研究对象，采用有限差分软件建立二维模型计算分析不同支护时机对隧道变形的影响。杉阳隧道Ⅵ级围岩隧道受开挖扰动和围岩较大的强度应力比是隧道发生大变形的主要原因。本章基于控制变量法从超前支护、支护强度以及开挖方法三个角度对隧道变形控制进行计算分析，比选出最优的变形控制方案，为Ⅵ级围岩现场施工变形控制提供理论依据。

2.2.1　计算模型及计算工况

1. 变形机理计算概况

以Ⅵ级围岩断面 DK96+840 为研究对象建立二维计算模型，隧道埋深 403.46 m，计算模拟三台阶开挖。计算模型纵向取 1 m，模型长度、宽度以及边界条件同变形措施对比计算模型。

为研究低强度软岩隧道在不同松弛速度下的变形影响,在数值模拟的过程中,通过调整裸洞开挖后至初期支护之间的计算步数来模拟不同支护时间,即裸洞开挖后迭代计算 200、400、600、800、1 000 步,直至裸洞变形收敛后再进行初期支护。Ⅵ级围岩及支护材料计算参数按照《铁路隧道设计规范》(TB 10003—2016)选取,计算工况如表 2.2-1 所示。

表 2.2-1　计算工况

工况	裸洞开挖至初期支护间计算步数
1	200
2	400
3	600
4	800
5	1 000
6	裸洞计算至围岩变形收敛

2. 变形控制措施对比计算模型及计算工况

通过控制变量法,研究不同超前支护、不同支护方式及不同开挖方法对该边界条件下的变形控制情况。分析思路:首先进行超前支护的分析,选取合适的超前支护方案;其次进行支护方案的分析,选取合适的支护方案;最后进行开挖方法的分析,确定变形控制方案。研究断面同样选取Ⅵ级围岩断面 DK96+840,计算模型采用三维模型,计算参数与之前一致,同时每一施工步骤之间空跑 500 步以模拟必要的支护滞后时间。模型宽 105 m,高 155.75 m,厚 30 m。模型中隧道埋深取 100 m,其余部分围岩作为荷载施加在模型上边界,并对模型左右边界施加 x 方向位移约束、下边界施加 z 方向位移约束、前后边界施加 y 方向位移约束。整体计算模型如图 2.2-1 所示,计算工况如表 2.2-2 所示。

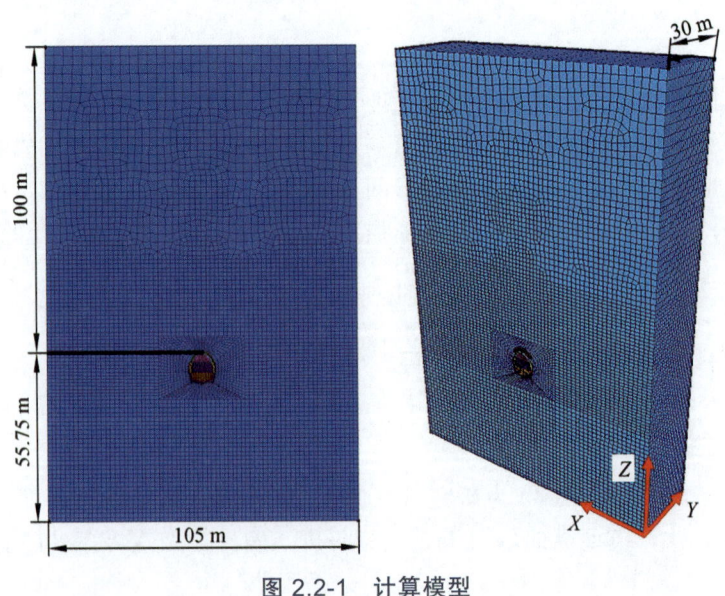

图 2.2-1　计算模型

表 2.2-2 变形控制措施对比计算工况

类型	工况	方案
超前支护	1-1	无超前支护
	1-2	注浆加固
	1-3	超前中管棚
	1-4	注浆加固＋超前中管棚
支护形式	2-1	双层初期支护
	2-2	单层初期支护
开挖方法	3-1	三台阶
	3-2	两台阶

其中，部分不同工况的计算模型如图 2.2-2 和图 2.2-3 所示。

（a）超前小导管注浆层　　　（b）超前中管棚

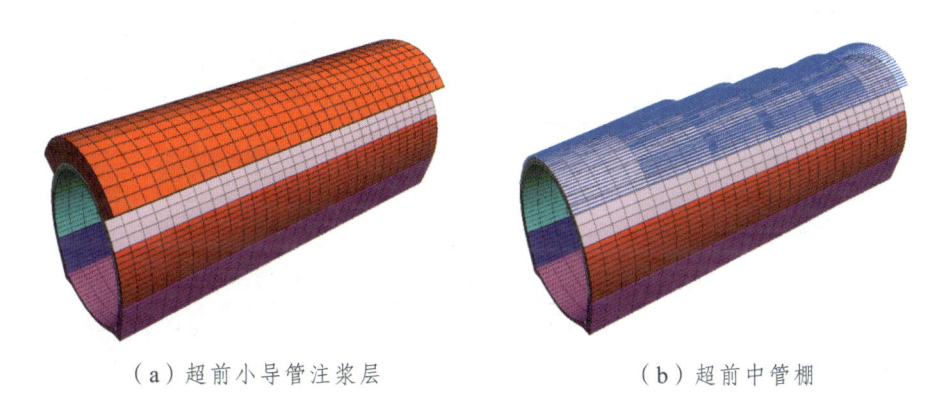

图 2.2-2 超前支护模型示意图

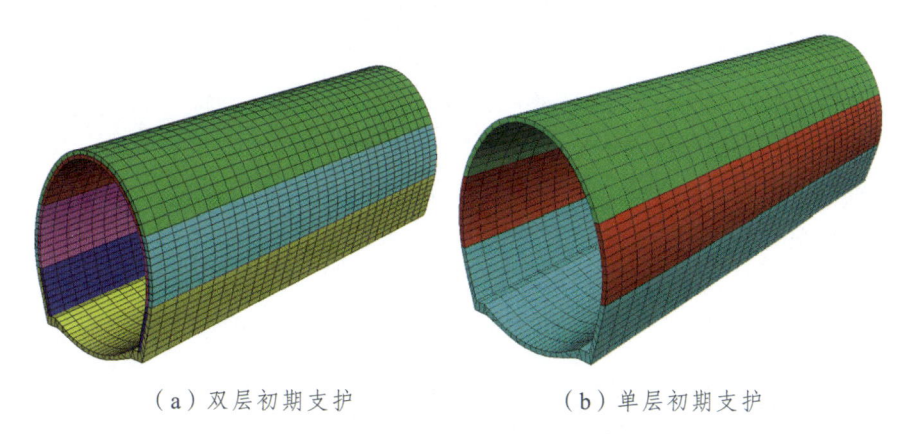

（a）双层初期支护　　　（b）单层初期支护

图 2.2-3 支护方案模型示意图

2.2.2　不同支护时机对围岩变形的影响

通过设置不同计算步进行计算，得到不同工况竖向位移云图如图 2.2-4 所示。

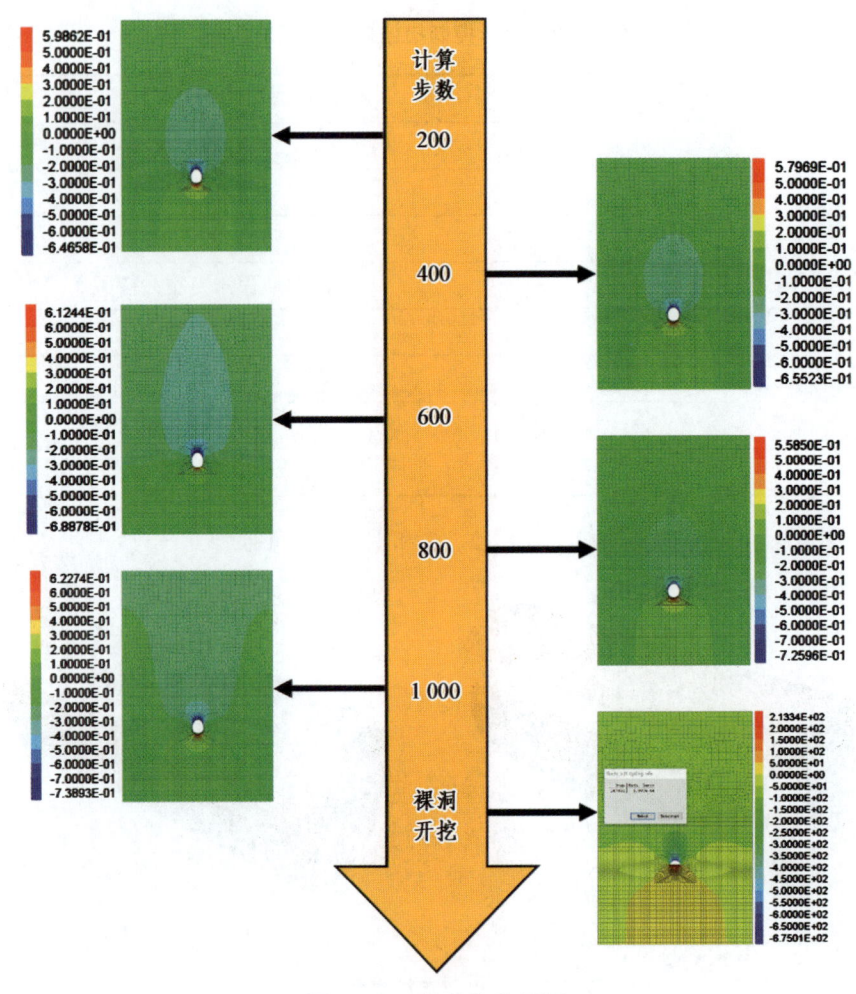

图 2.2-4 竖向位移云图

其中，裸洞条件下，仅仅上台阶开挖后计算不收敛。这说明在杉阳隧道Ⅵ级围岩的边界条件下，隧道上台阶开挖后如不及时支护，无法自稳。在支护条件下，随着支护时间的延长，隧道变形快速增大，且呈非线性增长，隧道具有无法稳定的趋势。因此，在正常的施工步骤下，隧道开挖（爆破或机械施工）后，须有一定的等待时间（出渣、排险）。在这期间，围岩松散破碎的速度对隧道结构的稳定、变形亦影响较大。结合杉阳隧道的地质情况及大变形特征、溜坍现象，在必要的工序衔接时间内，受褶皱、断层、围岩破碎的影响，开挖扰动后的杉阳隧道围岩破碎速度快，在高地应力情况下，是造成杉阳隧道大变形的主要原因。

2.2.3 不同超前支护对围岩变形的影响

根据计算，不同超前支护方案下，工况 1-4 对掌子面挤出变形的控制效果最好。这说明在拱部范围内施作管棚和注浆加固能够起到良好的加固作用，在一定程度上限制了掌子面的变形，但对掌子面的挤出变形控制有限。因此，在实际施工过程中，除了施作超前管棚和注浆，还需对掌子面进行进一步加固，以降低溜坍风险。

2.2.4 不同支护方式对围岩变形的影响

根据计算,得到不同支护方式下围岩的水平位移、竖向位移及塑性区云图如图 2.2-5～图 2.2-7 所示。

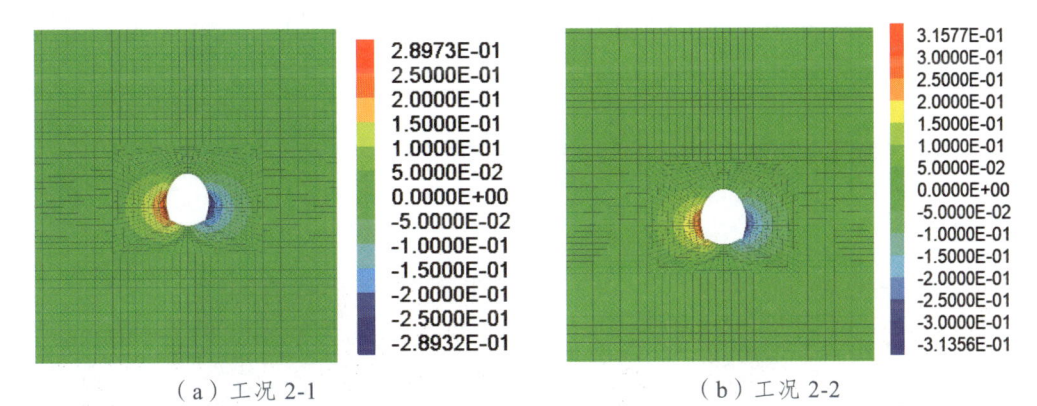

（a）工况 2-1　　　　　　　　　　　（b）工况 2-2

图 2.2-5　不同支护方案水平位移云图（单位：m）

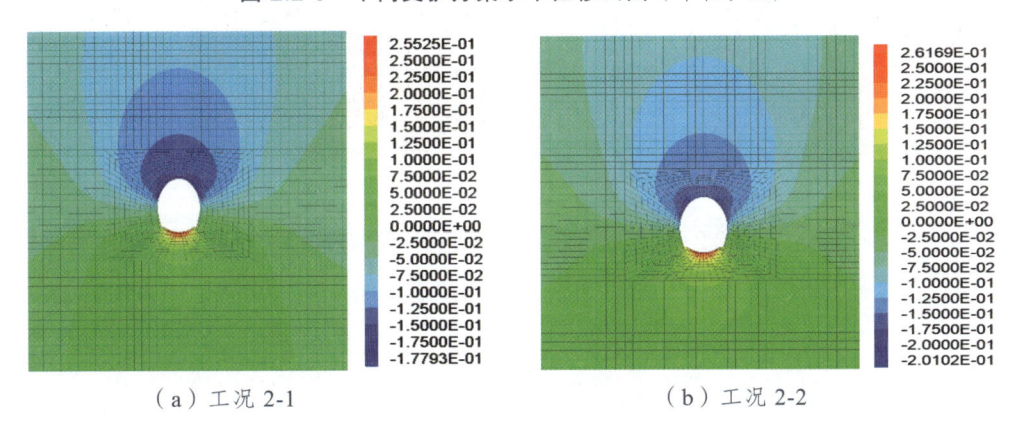

（a）工况 2-1　　　　　　　　　　　（b）工况 2-2

图 2.2-6　不同支护方案竖向位移云图（单位：m）

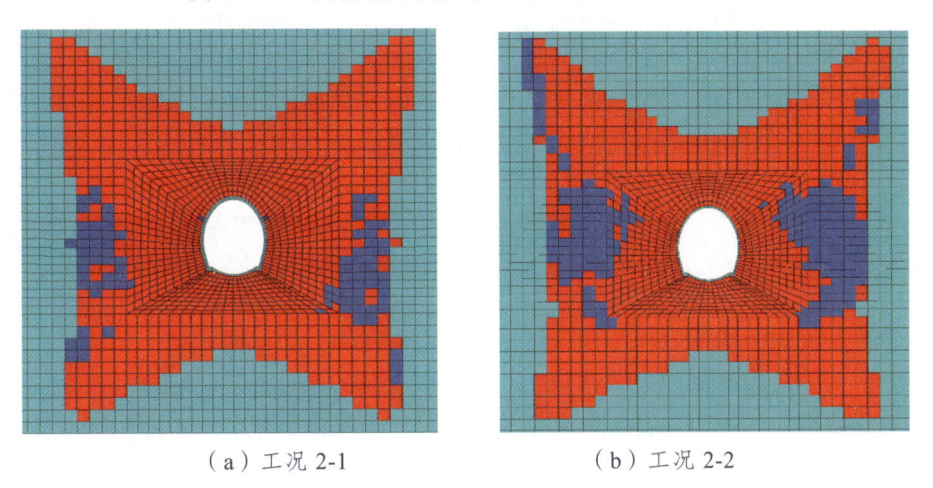

（a）工况 2-1　　　　　　　　　　　（b）工况 2-2

图 2.2-7　不同支护方案塑性区云图

初期支护方案对围岩稳定性的影响较大，当初期支护从双层减到单层时，工况 1-2 结构最大水平位移增加约 8.4%、拱顶最大沉降均增加约 12.92%，双层初期支护具有更好围岩变形控制效果，因此针对杉阳隧道Ⅵ级围岩采用双层初期支护是十分必要的。同时，双层初期支护围岩塑性区范围更小，说明双层初期支护相较单层初期支护可以有效限制围岩松动进一步发展，支护结构在一定范围内利用率更高，承担更多的松动压力，从而限制隧道整体的变形。

2.2.5 不同开挖方法对围岩变形的影响

根据计算，得到三台阶开挖和两台阶开挖两种方法的掌子面挤出变形如图 2.2-8 所示。

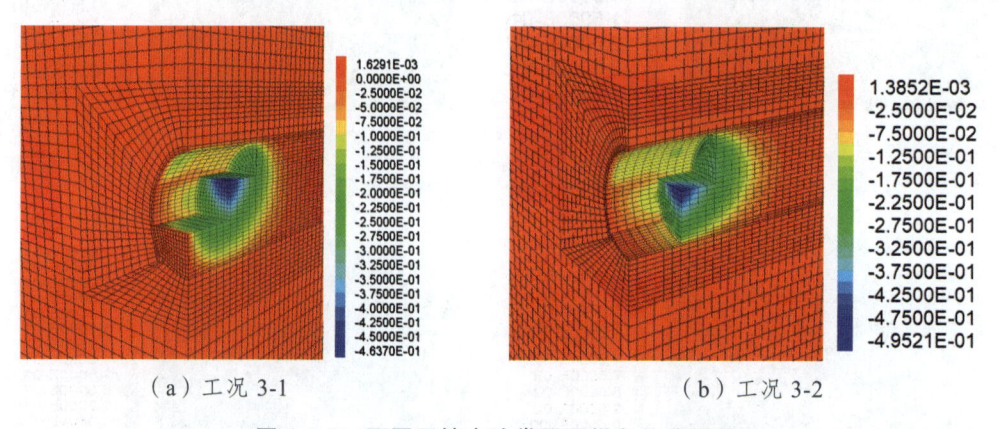

（a）工况 3-1　　　　　　　　　　（b）工况 3-2

图 2.2-8　不同开挖方法掌子面纵向位移云图

由计算结果分析可知，相比工况 3-1 三台阶开挖法，工况 3-2 的掌子面纵向位移增加约 6.79%。不同开挖方法对隧道掌子面变形影响较大，主要原因在于一次开挖扰动范围大小，相比两台阶，三台阶一次开挖范围小，开挖后及时支护起到一定的变形控制作用。因此，杉阳隧道Ⅵ级围岩开挖优先采用三台阶开挖方法。

综上，为控制Ⅵ级围岩的大变形，首先需要采取有效超前支护措施对掌子面前方围岩进行加固；其次结合三台阶开挖方法及时采取双层初期支护措施。同时，考虑到在支护后支护结构背后因溜坍存在空洞及围岩对支护结构的挤压变形作用，在初期支护施作及时进行填充注浆及围岩修复注浆，以提高开挖扰动部分围岩强度。

2.3　Ⅵ级围岩变形控制施工关键技术

通过对杉阳隧道Ⅵ级围岩段控制变形措施的对比计算分析，确定出一套适用于杉阳隧道的Ⅵ级围岩软岩大变形控制施工关键技术。在变形控制施工过程中，坚持"快挖、快支、快封闭"的施工理念，采用超前密排中管棚及小导管注浆加固技术、三台阶机械组合开挖＋双层支护快速施工技术、初期支护背后空洞充填注浆及浅层围岩修复注浆综合技术对围岩变形进行控制，确保施工安全。

2.3.1　Ⅵ级围岩变形控制措施

综合上述研究成果，结合杉阳隧道地质条件、现场施作条件等因素，遵循"宁强勿弱、尽量减少拆换"的原则，对软岩大变形段主要采用超前密排中管棚及小导管小孔径管幕注浆加固、蛋形开挖轮廓、三台阶机械组合开挖及双层初期支护（全环 HW175 钢架）、加强二次衬砌钢筋混凝土结构等工程措施，对地下水发育段施作集水钻孔。支护参数见第 1 章 1.5.1 节Ⅵ级围岩支护设计，拱墙设置大外插角钢花管注浆、初期支护后注浆充填空隙及加固围岩。

杉阳隧道Ⅵ级围岩变形控制施工中，提出结合超前加固、双层初期支护、初期支护背后修复注浆等综合技术措施，以解决上述Ⅵ级围岩变形控制的难题。首先，结合超前地质预报施作超前密排中管棚＋小导管的小孔径管幕，以有效地解决Ⅵ级围岩拱部坍塌问题；在此基础上研发了双层支护快速施工技术和工艺，即采用三台阶法分部开挖隧道，开挖过程紧跟初期支护。其次，待上、中台阶喷射混凝土后对存在空洞的位置及时进行注浆填充；下台阶开挖支护后及时封闭第二层初期支护。最后，观察初期支护的沉降变形速率，若超出规定值，及时开展浅层围岩修复注浆直至变形处于控制值范围内。整个施工过程环环紧扣，施工工序科学合理，有效控制了围岩的过度变形。下面分节介绍各个施工过程关键技术。

2.3.2　超前密排中管棚＋小导管小孔径管幕支护技术

1. 超前地质预报

在施作超前密排中管棚及小导管注浆加固前，先对Ⅵ级围岩进行超前地质预报，预报方法采用了超前探孔法、地震波探测法、瞬变电磁法。Ⅵ级围岩段超前地质预报情况如表 2.3-1 所示（以超前探孔为例）。

表 2.3-1　杉阳隧道Ⅵ级围岩段超前探孔地质预报情况

里程	实施情况	预报结果
DK96＋704.3	施作 7 个超前钻孔，斜向上倾斜打设，孔深 20 m，1#孔仰角 16°，其余 3 个孔仰角为 3°。钻进速度 2～3 min/m，钻孔过程无卡钻现象	超前钻孔揭示岩性为页岩，薄层状，岩体破碎；无塌孔、无水
DK96＋719	施作 4 个超前钻孔，斜向上倾斜打设，孔深 30 m，1#孔仰角 16°，其余 3 个孔仰角为 3°。钻进速度 4～6 min/m，钻机过程无卡钻现象	超前钻孔揭示岩性为页岩，薄层状，岩体破碎；无塌孔、无水
DK96＋740	施作 4 个超前钻孔，斜向上倾斜打设，孔深 30 m，1#孔仰角 16°，其余 3 个孔仰角为 3°。钻进速度 4～6 min/m，钻进过程无卡钻现象	超前钻孔揭示岩性为页岩，薄层状，岩体破碎；无塌孔、无水
DK96＋760.4	施作 4 个超前钻孔，斜向上倾斜打设，孔深 30 m，1#孔仰角 16°，其余 3 个孔仰角为 3°。钻进速度 5～6 min/m，钻孔过程无卡钻现象	超前钻孔揭示岩性为页岩，灰色，深灰色，灰黑色，局部夹灰白色石英条带，泥质结构，薄层状构造；无塌孔、无水
DK96＋898.4	施作 4 个超前钻孔，斜向上倾斜打设，孔深 30 m，1#孔仰角 16°，其余 3 个孔仰角为 3°	4 个孔均无水

续表

里程	实施情况	预报结果
DK96+874.9	施作4个超前钻孔,斜向上倾斜打设,孔深30 m,1#孔仰角16°,其余3个孔仰角为3°	超前钻孔揭示岩性为页岩,薄层状,岩体破碎;其中1#孔水量为0.5 L/min,其余3个孔无水
DK96+856.8	施作4个超前钻孔,斜向上倾斜打设,孔深30 m(4#孔为50 m),1#孔仰角16°,其余3个孔仰角为3°	在0~25 m钻进无卡钻现象,无水;其中1#、4#孔在25~26 m后有地下水流出,水量约2~3 L/min
DK96+835.2	施作4个超前钻孔,斜向上倾斜打设,孔深30 m(4#孔为50 m),1#孔仰角16°,其余3个孔仰角为3°	超前钻孔揭示岩性为页岩,薄层状,岩体破碎;其中4#孔在10 m后有地下水流出,水量2.8 L/min
DK96+814.4	施作4个超前钻孔,斜向上倾斜打设,孔深30 m,1#孔仰角16°,其余3个孔仰角为3°。钻进速度4~8 min/m,钻进过程无卡钻,无塌孔现象	超前钻孔揭示岩性为页岩,薄层状,岩体破碎;其中1#孔在15 m后有地下水流出,水量1.8 L/min
DK96+796.8	施作4个超前钻孔,斜向上倾斜打设,孔深30 m,1#孔仰角16°,其余3个孔仰角为3°。钻进速度4~8 min/m,钻进过程无卡钻现象,无塌孔	超前钻孔揭示岩性为页岩,薄层状,岩体破碎;其中1#孔在12 m后有地下水流出,水量1.2 L/min

2. 超前支护

通过超前地质预报掌握前方围岩情况后,施作中管棚和超前小导管,在Ⅵ级围岩拱部120°范围均采用密排ϕ76中管棚超前支护,环向间距0.2 m,每环45根,长9~15 m/根,搭接长度4~5 m,中管棚偏角3°~5°;中管棚布设范围设置ϕ42小导管,环向间距0.2 m,每环45根,纵向间距为两榀钢架间距每环,长4.5 m/根,小导管偏角30°;边墙小导管外插角45°,环向间距1.0 m,每环12根,纵向间距为两榀钢架间距每环,长4.5 m/根。超前支护设计如图2.3-1所示。

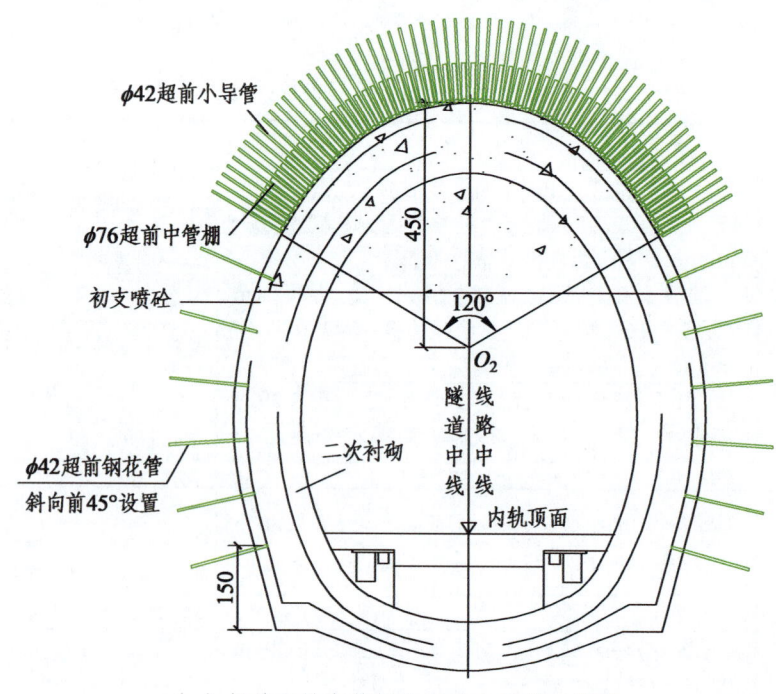

(a)超前密排中管棚及超前小导管正面图

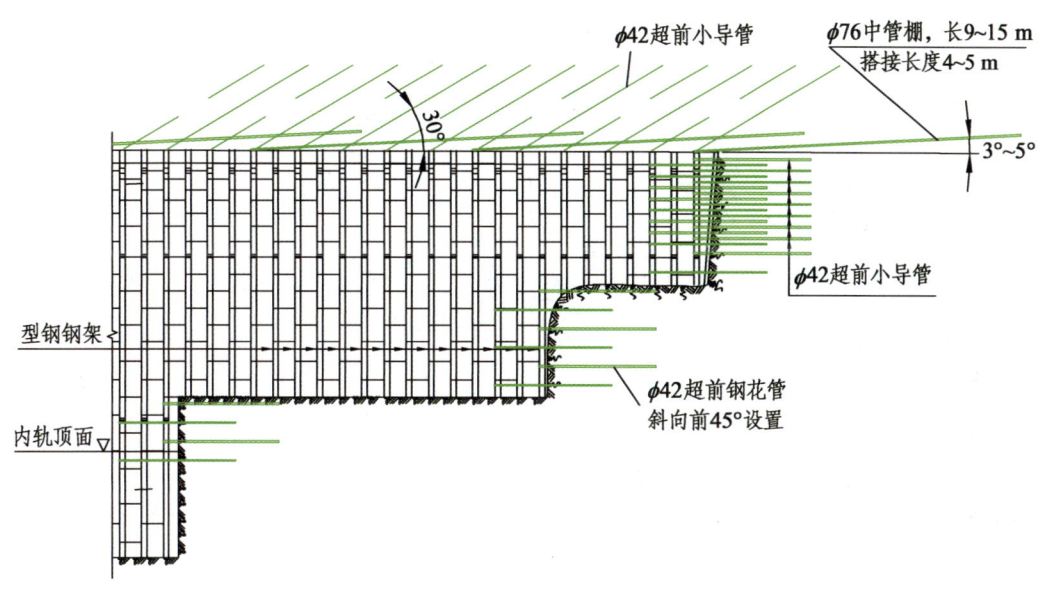

（b）超前密排中管棚及超前小导管纵断面图

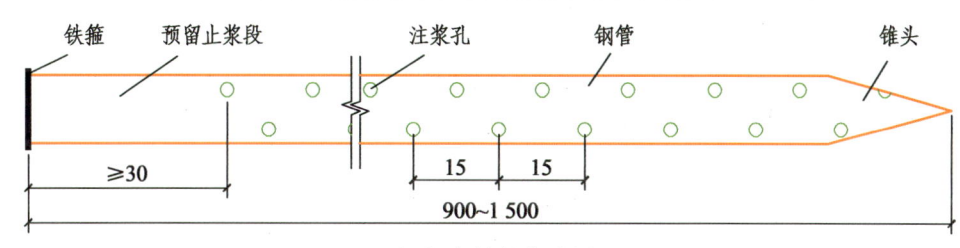

（c）中管棚构造图

图 2.3-1　超前支护设计图（单位：cm）

（1）管棚施作。

① 管棚工作室按原设计标准断面初期支护完成后内轮廓向外扩挖 0.4 m，管棚工作室长 5 m，采用 HW175 钢架加强支护，其断面布置如图 2.3-2 所示，纵向上间距为 0.6 m/榀，每榀钢架底部设一组 ϕ42 锁脚锚管，长 4 m/根，待管棚施作完成后拱部工作室范围恢复钢架及初期支护闭合，并按正常断面施作第二层钢架及初期支护；超挖部分采用 C25 喷射混凝土回填密实。

② 为确保施作管棚安全，施作管棚前对上台阶掌子面采用厚 40 cm 的 C25 喷射混凝土进行封闭。

③ 钢架由 3 个单元组成，施工时可根据实际情况调整各个单元的长度，并相应调整接头的位置。型钢钢架采用 HW175 型钢，钢架各单元在洞外预制，洞内组装；钢架焊接及螺栓连接应符合《钢结构工程施工质量验收标准》（GB 50205—2020）的要求，以保证焊缝及螺栓连接质量。

④ 型钢钢架在开挖初期喷混凝土 4 cm 后架设，并复喷混凝土将钢架覆盖，其保护层厚度不小于 2 cm。

⑤ 钢架间设纵向连接筋，采用 ϕ22 的 HRB400 钢筋，按环向间距 1.0 m 设置，钢架与纵向连接筋尾部采用焊接，焊接接头处焊缝高度 h_f = 10 mm。

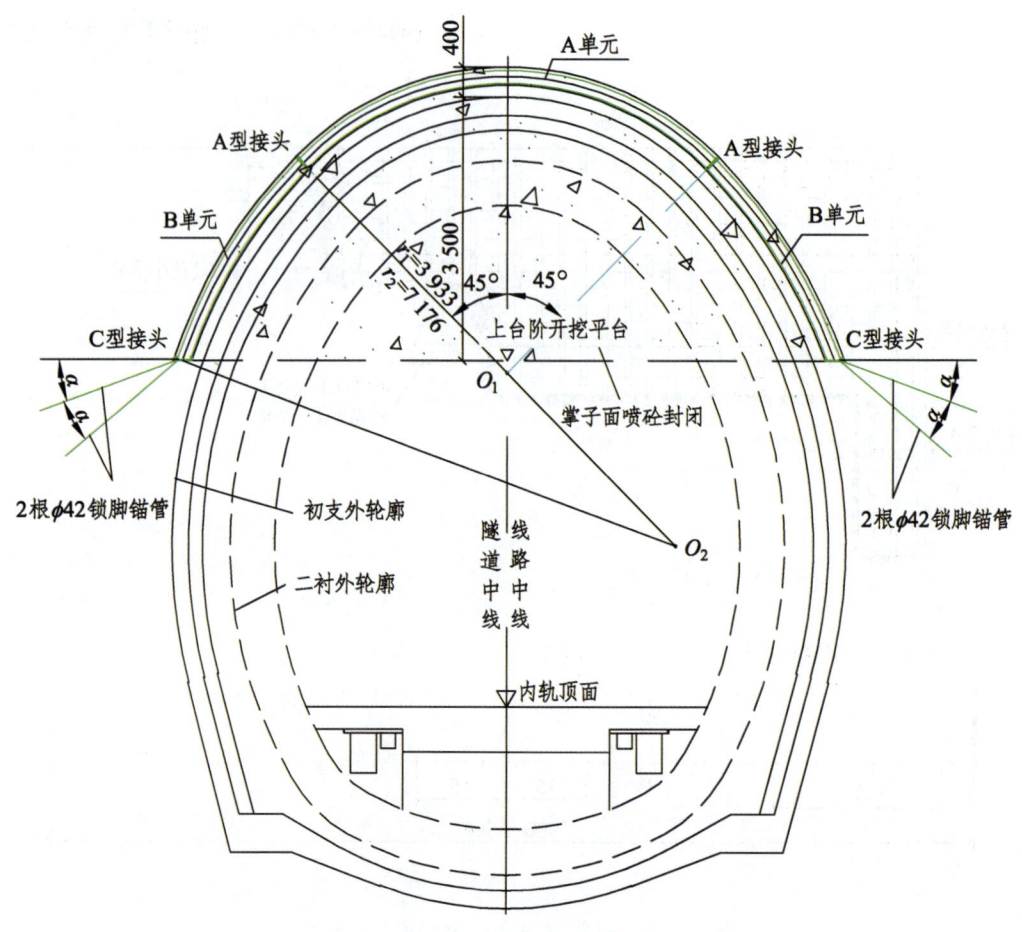

图 2.3-2　管棚工作室断面（单位：mm）

（2）材料要求。

管材均采用热轧无缝钢管制成，ϕ42 小导管壁厚 3.5 mm，ϕ76 中管棚壁厚 5 mm，管壁须钻注浆孔，孔径 8~10 mm，孔间距 10~20 cm，呈梅花形布置，前端加工成锥形，尾部长度不小于 30 cm，作为不钻孔的止浆段。注浆压力一般为 0.5~4.0 MPa，具体浆液配合比和注浆压力由现场试验确定。

（3）注浆要求。

中管棚及小导管需进行注浆，一般段采用水泥单液浆，水灰比 0.5∶1~0.8∶1，根据揭示情况及压浆试验情况相应调整配比。当围岩破碎、地下水发育时，为调凝需要，部分采用水泥-水玻璃双液浆，浆液强度等级不小于 M10。

2.3.3　三台阶机械组合开挖+双层支护快速施工技术

杉阳隧道软岩大变形段部分段落开挖揭示高度挤压地层、轻度挤压薄层页岩以及碎屑状软弱围岩，采用传统钻爆法施工对该类复杂地层扰动影响大，爆破参数难以控制，造成围岩自稳能力进一步降低，增加掉块、掉渣、溜坍等风险；此外，爆破振动影响严重影响该类多变地层初期支护稳定性，增加混凝土开裂、钢架扭曲变形甚至侵限的风险。为此，Ⅵ级围岩采用三台阶机械组合开挖和双层支护快速施工技术，总体思路为：采用玻璃纤维注浆锚杆对上台阶进行加固，在上台阶开挖后立即施作初期支护，中台阶开挖后施作第一层和第二层初期支护，下台阶开挖支护后及时封闭双层初期支护，利用二层初期支护有效抑制围岩拱部变形。

1. 三台阶 + 双层初期支护快速施工方法

三台阶设计参数：上台阶高 2.8 m，长 3~5 m，中台阶高 3.8 m，长 10~15 m，下台阶高 3 m，长 3~5 m。初期支护闭合成环不大于 20 m，仰拱步距不大于 35 m，二次衬砌安全步距不大于 45 m，三台阶开挖如图 2.3-3 所示。

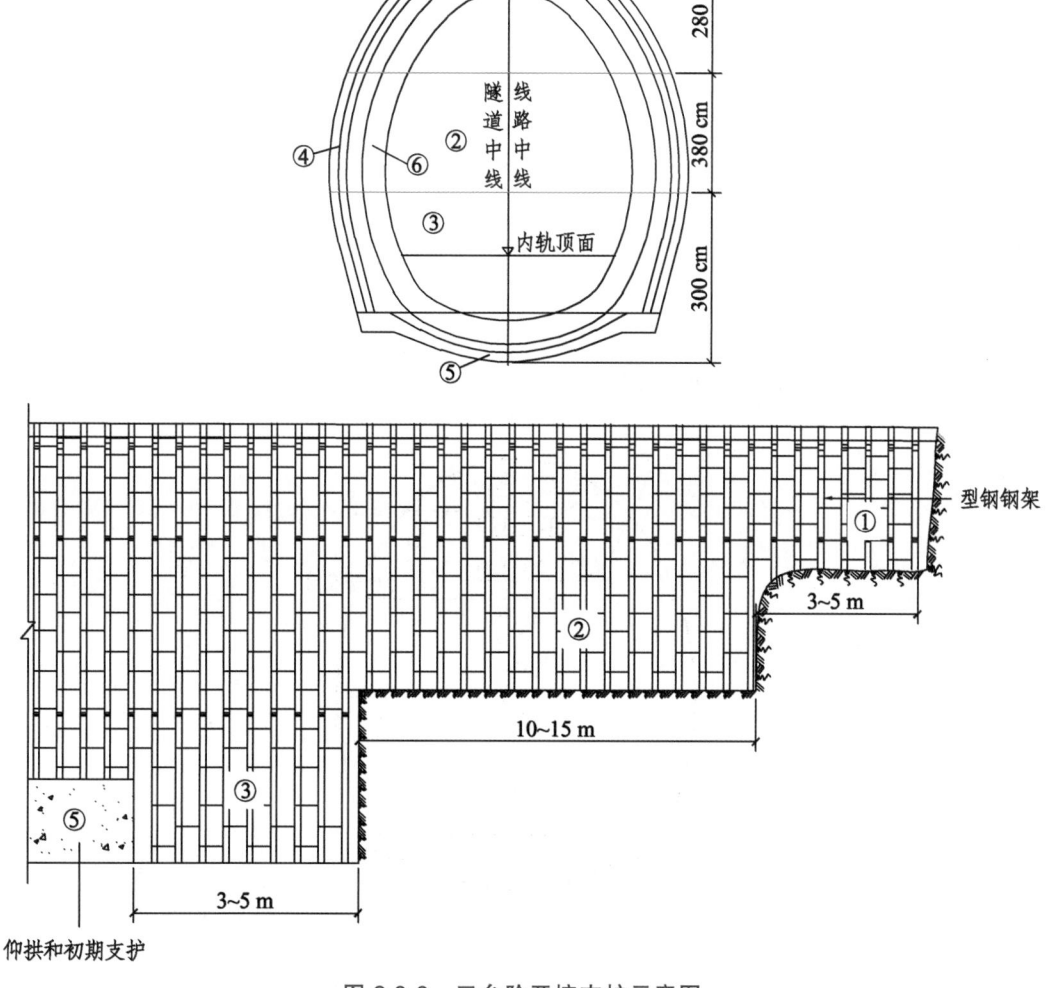

图 2.3-3 三台阶开挖支护示意图

台阶法工艺流程：

（1）上部开挖。在上一循环的超前支护及上台阶玻纤锚杆的防护下，机械开挖①部喷射混凝土封闭掌子面及初喷，施作①部周边的第一层初期支护：架立钢架（底脚设垫板、设锁脚锚管），铺钢筋网，钻设超前支护，复喷混凝土至设计厚度。

（2）左、右侧中台阶开挖。在滞后于①3~5m距离，初期支护背后充填注浆，机械开挖②部（左、右侧台阶错开 2~3m），施作②部第一层初期支护：初喷混凝土，铺钢筋网，架立钢架（底脚设垫板、设锁脚锚管），钻设超前小导管，复喷混凝土至设计厚度；随后施作上、中台阶第二层初期支护，步骤同第一层。

（3）左、右侧下台阶开挖。在滞后于②10~15m距离，机械开挖③部施作③部第一层和第二层初期支护：初喷混凝土，铺钢筋网，架立钢架（底脚设垫板、设锁脚锚管），钻设超前小导管，复喷混凝土至设计厚度。

（4）下台阶落底后，及时架立钢架（底脚设垫板、设锁脚锚管），铺钢筋网，喷混凝土至设计厚度。

（5）隧底开挖。机械开挖⑤部及时施作⑤部仰拱初期支护，即初喷混凝土，安装仰拱钢架，复喷混凝土至设计厚度，使初期支护及时闭合成环。

（6）待仰拱混凝土初凝后，灌筑仰拱填充至设计高度。

（7）施工防排水工程，一次性灌筑拱墙二次衬砌。

2. 上台阶玻璃纤维锚杆加固

除帷幕注浆段外，上台阶采用10cm厚喷射C25混凝土封闭+ϕ25玻璃纤维锚杆锚固。掌子面采用ϕ90钻头钻孔，在钻孔内放入全长黏结型ϕ25玻璃纤维锚杆注浆充填进行地层锚固，间距1.2m×1.2m（横向×纵向），梅花形布置，共8根，长12m/根，搭接长度3m。玻璃纤维锚杆布置及现场施作如图2.3-4和图2.3-5所示。

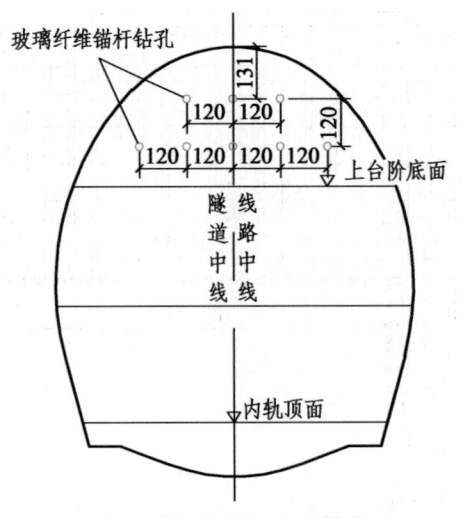

(a) 玻璃纤维锚杆设置横断面

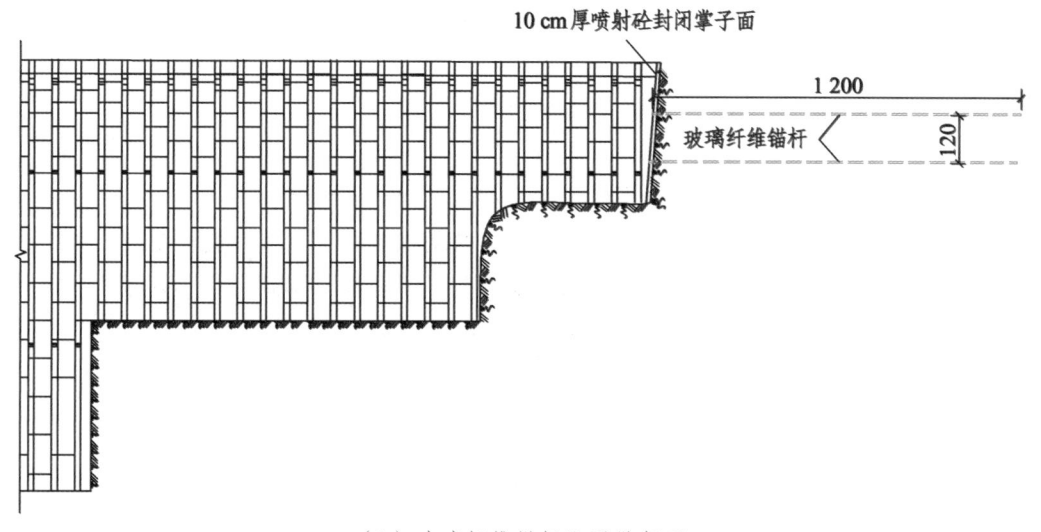

（b）玻璃纤维锚杆设置纵断面

图 2.3-4　玻璃纤维锚杆设置横断面及纵断面（单位：cm）

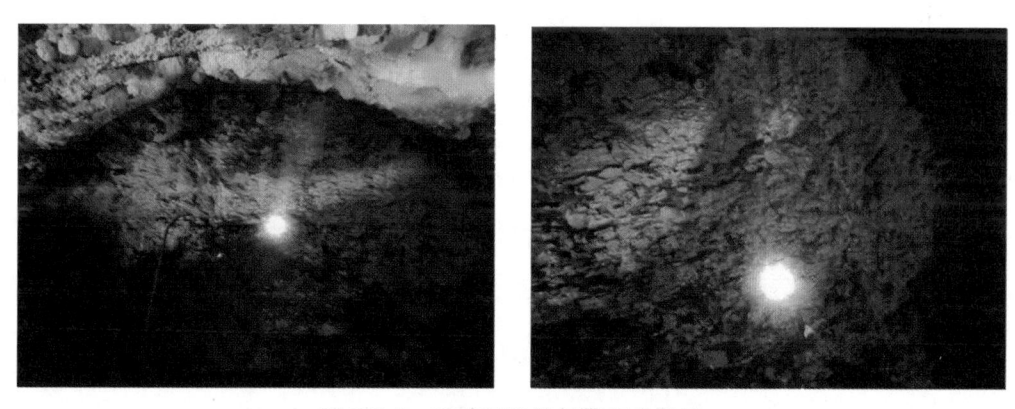

图 2.3-5　玻璃纤维锚杆现场布置图

3. 机械组合开挖方法

（1）机械组合开挖工艺。

机械组合开挖的施工过程主要包括地质调查、机械设备选型及配套、开挖断面控制以及施作初期支护等，具体施工工艺如图 2.3-6 所示。

（2）地层分级预测、机械选型及设备改装。

① 地层分级预测。

杉阳隧道软岩大变形段部分段落开挖揭示高度挤压地层、轻度挤压薄层页岩以及碎屑状软弱围岩，这些段落采用机械进行开挖，为提高机械组合开挖的效率，利用模糊层次分析法对地层适应性进行了分级。通过超前地质预报信息，根据岩石 RQD 值、岩石坚固性系数 f 和开挖的涌水量 3 种因素建立隧道地层分类模糊综合评价指标体系，隧道地层分类与各指标的关系如表 2.3-2 所示，其中 U_1 代表岩石 RQD 值，U_2 代表岩石坚固性系数，U_3 代表开挖的涌水量。

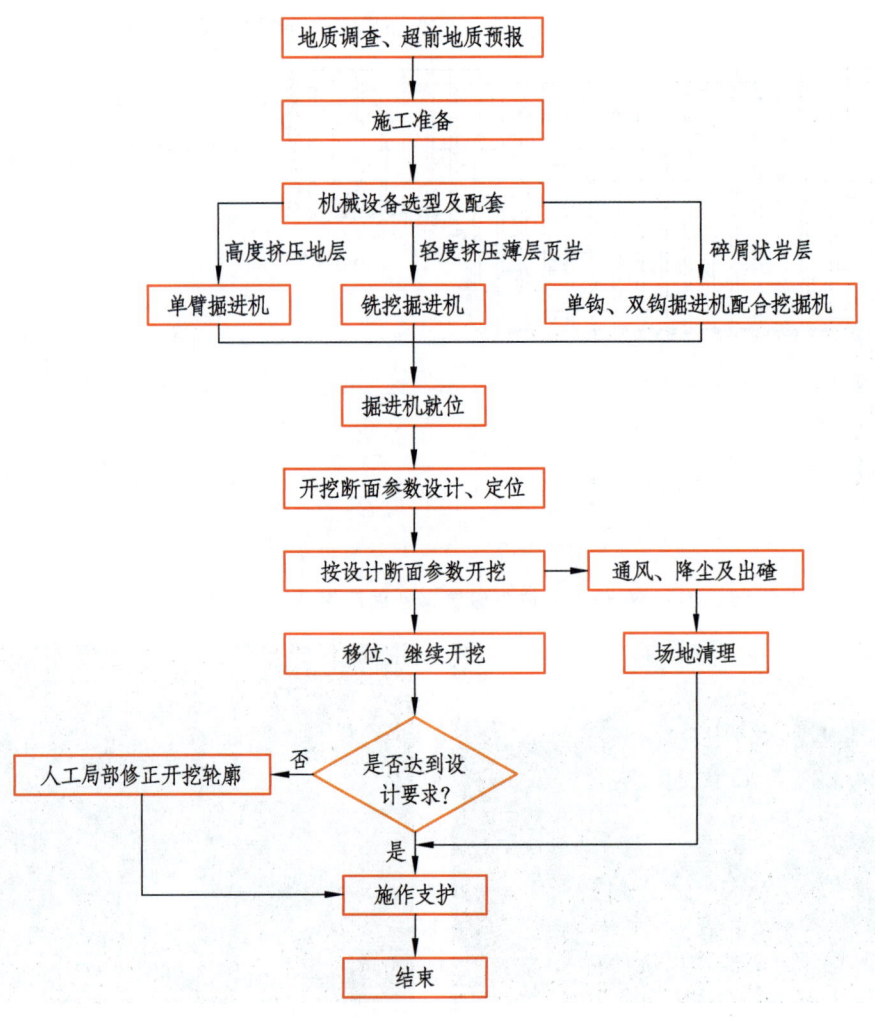

图 2.3-6　复杂多变地层机械组合开挖施工工艺流程

表 2.3-2　隧道地层分类与各指标的关系

地层分类	U_1	U_2	U_3
高度挤压地层	>50%	>2	>0.75
轻度挤压地层	25%~50%	1.5~2	0.3~0.75
碎屑状地层	<25%	<1.5	<0.3

注：根据开挖情况，将隧道涌水量小定义为其值小于 0.3，涌水量中等定义其值为 0.3~0.75，涌水量大定义为其值大于 0.75。

再根据层次分析法对评价指标权重进行确定，表 2.3-3 为根据 1~9 标度评分法确定的评价指标的判断矩阵，根据其矩阵利用求和法可求出指标对应的权重计算结果：$W = \{0.557\ 1, 0.320\ 2, 0.122\ 7\}$，矩阵最大特征值 $\lambda_{max} = 3.018\ 0$，$CI = 0.009$，令平均随机一致性指标为 RI，$RI = 0.58$，$CR = CI/RI = 0.015\ 5 < 0.1$，由此说明通过一致性检验，计算合理。

表 2.3-3　判断矩阵

目标层 D	U_1	U_2	U_3
U_1	1	2	4
U_2	1/2	1	3
U_3	1/4	1/3	1

利用隶属函数计算各指标的隶属度 R_i，隶属函数表征为：当工程中 $U_1 > 50\%$ 时，该指标对高度挤压地层为 1，对轻度挤压地层和碎屑状地层隶属度皆为 0，其他指标计算同理。不同指标组合得到隶属度矩阵 $\boldsymbol{R} = \{R_1, R_2, R_3\}^{\mathrm{T}}$，通过公式 $\boldsymbol{B} = \boldsymbol{W} \cdot \boldsymbol{R}$ 求出该隧道地层分类的总隶属向量，其中 $\boldsymbol{W}$ 为前面所求的指标的权重向量。

定义隧道周围不同地层对应评判值如表 2.3-4 所示。定义公式 $\boldsymbol{D} = \boldsymbol{A} \cdot \boldsymbol{B}$，其中 $\boldsymbol{A} = \{3, 2, 1\}$ 为不同地层评判值的向量表达。利用该公式算出综合评判值 $\boldsymbol{D}$，与表 2.3-4 中不同地层的评判值进行比较，综合评判值距离哪个地层评判值近，则隧道此时所处地层为该类地层。

表 2.3-4　地层分类

地层分类	评判值
高度挤压地层	3
轻度挤压地层	2
碎屑状地层	1

依据地层确定适配的不同机械设备：若地层类型为高度挤压地层则采用单臂掘进机；若地层类型为轻度挤压地层则采用铣挖机；若地层类型为碎屑状地层则采用单钩或双钩掘进机。

② 机械设备选型。

针对高度、轻度、碎屑多变岩层特点，经过现场前期的试验段摸索，主要有如下规律：即使使用单一机械能够减小机械转换的环节，但在应对上述多变岩层时，总体上施工速率降低。

机械组合配置：单臂掘进机和铣挖机分别用纵向铣挖头和横向铣挖头切割岩体，经过现场试验段测试，由于单臂掘进机能够切割强度更高的岩体，故其对高度挤压地层具有较好的适应性；铣挖机对轻度挤压地层具有较好适应性；单钩或双钩掘进机配合挖掘机适应于碎屑状岩层。

③ 设备改装。

单臂掘进机改装：单臂掘进机采用 EBZ200H 型悬臂式掘进机，该设备根据隧道断面尺寸进行专门设计，并在 EBZ200H 型悬臂式掘进机基础上进行了改良，可进一步满足施工需求。

挖掘机改装：由专业技术人员根据挖掘机型号配备液压传动系统，安装快速接头，对铣挖机及单钩、双钩掘进机进行专业改装。铣挖机采用铣挖头对挖掘机进行改装；单钩、双钩掘进机采用单钩或双钩代替挖掘机铲斗进行改装。铣挖机及单钩、双钩掘进机改装完成之后，对设备进行全面检修，若发现问题及时安排人员进行维修调试，确保设备进场前正常。

（3）开挖轮廓线定位。

采用红外线指向仪对开挖轮廓线进行定位。在已施作好底板、初期支护稳定的初期支护内侧按洞身线型布置指向仪，如图 2.3-7 所示，每次在同一断面安装 6 个。安装好后由测量人员对发射出的红外线轮廓进行定位、复核、再定位，每两个循环测量人员进行复核。在施工过程中，测量人员不定期对掌子面进行复核，发现问题立即解决。

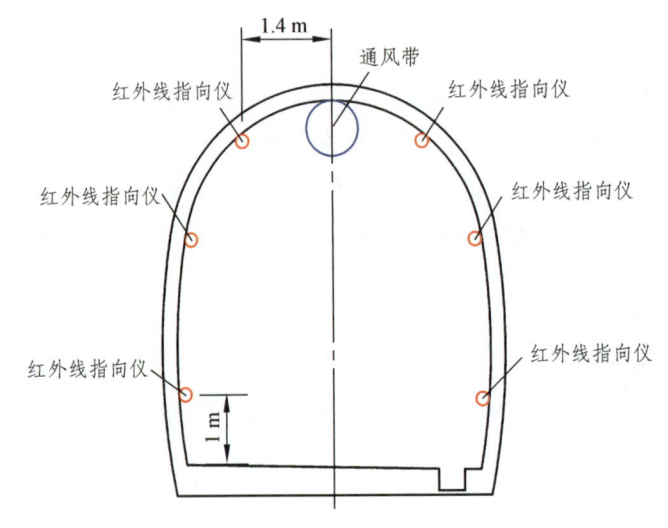

图 2.3-7　红外线指向仪布置图

（4）开挖-出渣-立架支护一体化施工。

① 开挖。

根据单臂掘进机和铣挖掘进机特点，开挖断面设计按分部条块法开挖，横向左右分部，竖向上下分条块。分块高度 0.8～1.2 m，左右每部分块根据开挖宽度分成 8～10 块，每步距开挖深度 0.5 m。分块施工现场如图 2.3-8 所示。

图 2.3-8　分部分块开挖

从工作面中间截面的底部开始截割，截割头钻进 200 mm 进行第一次掏槽，然后截割头分别向外侧摆动 300 mm，完成扩槽运动；截割头再钻进 200 mm 进行第二次掏槽，两个截割头分别向两侧摆动 300 mm，完成第二次扩槽运动；截割头钻进 200 mm 进行第三次掏槽，两个截割头分别向两侧摆动 300 mm，完成第三次扩槽运动，如图 2.3-9 所示。

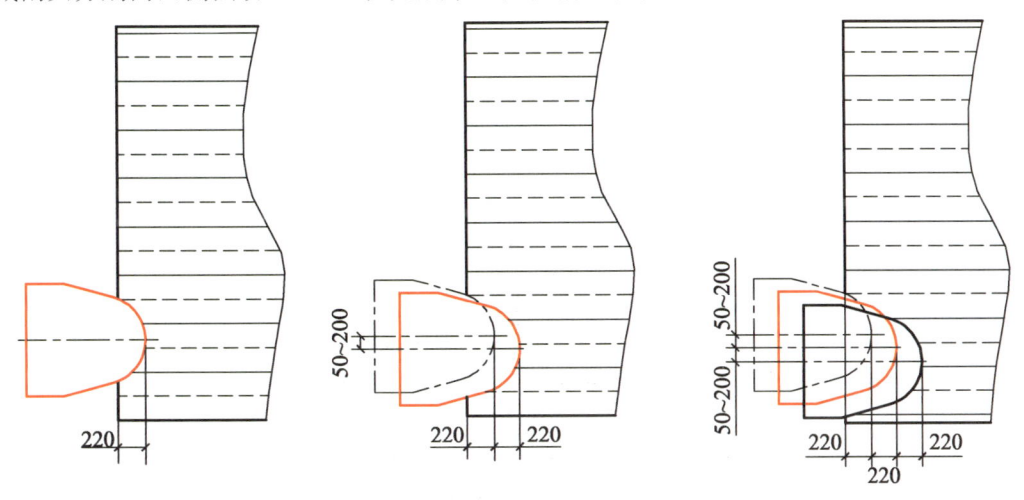

图 2.3-9　三次扩槽（单位：mm）

单臂掘进机和铣挖掘进机施工现场如图 2.3-10 所示。

图 2.3-10　单臂掘进机（左）和铣挖掘进机（右）施工现场

针对碎屑状岩层，按照断面设计利用钩部灵活性"钩割"岩层，配合挖掘机铲斗达到快速施工的目的，现场施工如图 2.3-11 所示。

图 2.3-11　单钩掘进机（左）和挖掘机（右）施工现场

② 出渣。

针对单臂掘进机出渣，配备铲渣运渣系统，截下的出渣由铲板部收集，通过第一运输机连接传输系统到第二运输机上，第二运输机再转送至出渣车运出洞外。出渣时第一辆出渣车停放在悬臂掘进机二运后方，渣车与二运尾端相交约 2.5 m。为满足机械化施工过程中，施工用电及车辆错车需求，增加了错车道，错车道净空与开挖隧道净空一致，错车道平面尺寸如图 2.3-12 所示。

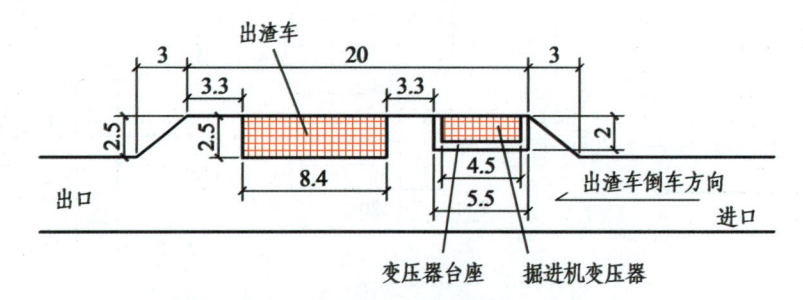

图 2.3-12　错车道平面示意图（单位：m）

第二辆出渣车停在距离掌子面最近的第一个错车道等待出渣。第三辆车停放在距离掌子面第二个错车道。悬臂掘进机掘进施工的同时，采用流水作业，一边开挖，一边通过机械设备配套（配备"二运""三运"设备）实现连续开挖、出渣。

针对铣挖机及单钩或双钩掘进机，采用挖掘机进行装载、运渣车外运，运渣车的行车顺序同单臂掘进机出渣，装载过程如图 2.3-13 所示。

图 2.3-13　出渣施工现场

掌子面通风采用隧道专用风机送新鲜风、后方射流风机送新鲜风、射流风机向洞外排污风等方式综合进行。其中，单臂掘进机自带喷雾系统及除尘系统。

③ 立架支护。

针对单钩或双钩掘进机开挖：出渣后立即组织立架、打锚杆施工工序，焊接简易钢架操作平台，此道工序是将原立架、打锚杆及小导管的两个工序进行合并，立架工人和打锚杆工人同时施工，人数 10 ~ 12 人。

针对悬臂掘进机停止开挖后：立即组织立架、打锚杆施工工序，在掘进机上焊接简易钢筋网片操作平台施作，掘进机司机升降炮头配合立架。

喷射混凝土的喷浆机放置在悬臂掘进机二运下方已施作好底板的地方，距离掌子面 17～25 m。喷浆料由运输车运至喷浆机，由人工倒至喷浆机入料口。掘进机停止作业时，提前开至掘进机二运后方，运输车运输喷浆料进行作业。

施工过程中，每开挖三个循环浇筑一次仰拱（底板）混凝土。由于采用了掘进机进行开挖，开挖时仰拱（底板）的高度会一次到位，掘进机开挖产生的弃渣粉末或者小粒径的石渣，可以人工进行收拢，局部地方可能需要挖掘机挖掘。利用各循环立架过程，清理完虚渣。待第三个循环喷射混凝土施工完成后，施工仰拱（底板）。

2.3.4 初期支护背后填充注浆及浅层围岩修复注浆技术

为解决Ⅵ级围岩与支护不密贴及浅层围岩强度不足的问题，综合采用初期支护背后充填注浆、围岩浅层修复注浆及局部长锚杆补强等技术对开挖支护后的围岩进行修复加固。结合上述的三台阶机械组合开挖＋双层支护快速施工技术，总体思路为：在施工中，首先进行初期支护背后充填注浆，然后基于现场初期支护变形监测数据，分析其安全性，若初期支护变形速率仍大于等于 5 mm/d，需立即采取浅层围岩修复注浆加固措施；若存在支护结构局部变形异常情况，需采取局部长锚杆补强措施；最后对初期支护背后空洞进行检测，满足要求即可。具体的工艺流程如图 2.3-14 所示。

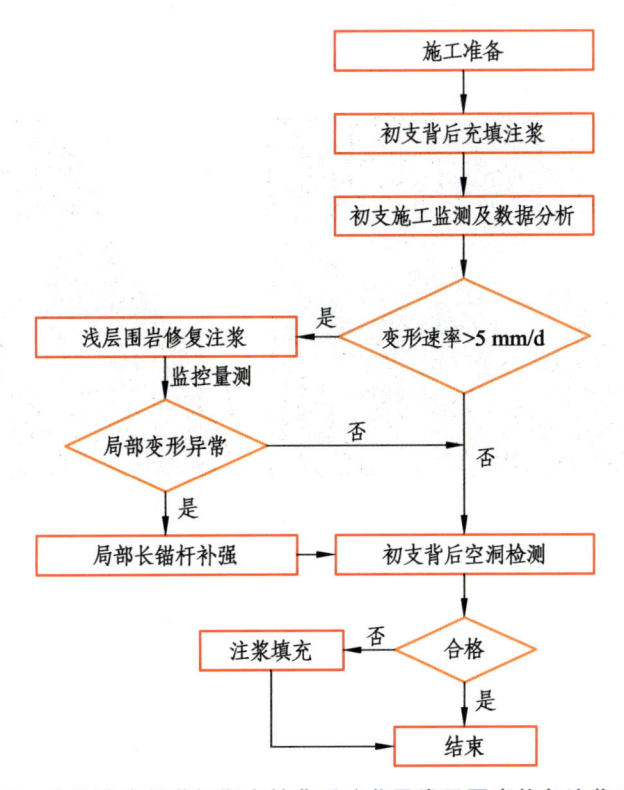

图 2.3-14 单线铁路隧道初期支护背后注浆及浅层围岩修复注浆工艺流程

1. 初期支护背后充填注浆

（1）施做注浆孔。

在初期支护喷射混凝土完成后，及时对空洞部位进行浅表注浆，采用 KBY90-15 型钻机打设注浆孔，注浆孔口尽量紧贴钢架钻孔，环向间距 1.0～1.5 m，纵向间距与钢架间距匹配。利用注浆孔埋设注浆管，每环 7 根、长 0.5 m/根，注浆导管采用 ϕ42 mm、壁厚 3.5 mm 热轧钢管，长度为 50 cm。注浆管埋设布置及现场施作如图 2.3-15 和图 2.3-16 所示。

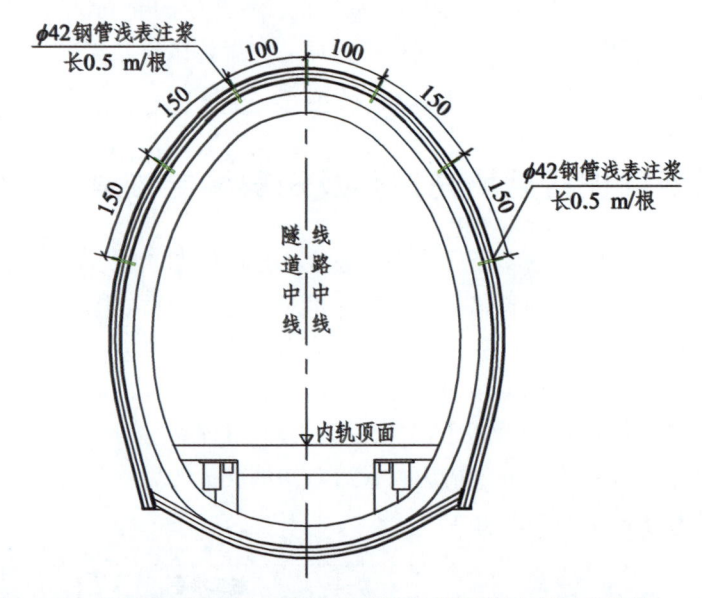

图 2.3-15　初期支护背后填充注浆的注浆管埋设示意图（单位：cm）

图 2.3-16　埋设注浆管现场

（2）注浆作业。

注浆管与注浆机连接好后，排除管内空气，调整好注浆压力，启动注浆机开始注浆，注浆采用 M20 水泥砂浆，水泥浆由普通硅酸盐水泥和水搅拌而成。注浆离掌子面 5 m 外进行，注浆时先注两侧孔，后注拱顶孔。注浆压力一般为 0.3～0.5 MPa，注浆终压力 0.5 MPa。注浆时随时观察压力和流量变化，当压力逐渐上升，流量逐渐减少，注浆压力达到终压时，稳定 2 min，可结束本次注浆。注浆 P-Q-T 曲线如图 2.3-17 所示。

图 2.3-17　P-Q-T 曲线

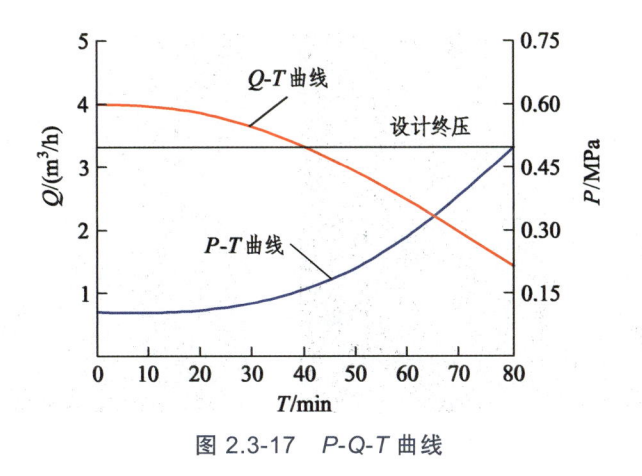

（3）堵孔。

注浆完毕后，用棉纱封堵注浆管，以防止浆液从管内溢出。

2. 浅层围岩修复注浆

通过对初期支护进行现场监测，得到其变形数据，若其变形速率大于 5 mm/d，需立即采取浅层围岩修复注浆加固措施。浅层围岩修复注浆如图 2.3-18 所示。注浆孔开孔直径 75 mm，终孔直径不小于 42 mm，再埋入孔口管，每环 6 根。孔口管采用 ϕ42 mm、壁厚 3.5 mm 的钢花管，孔口管应埋设牢固，并应有良好的止浆措施。

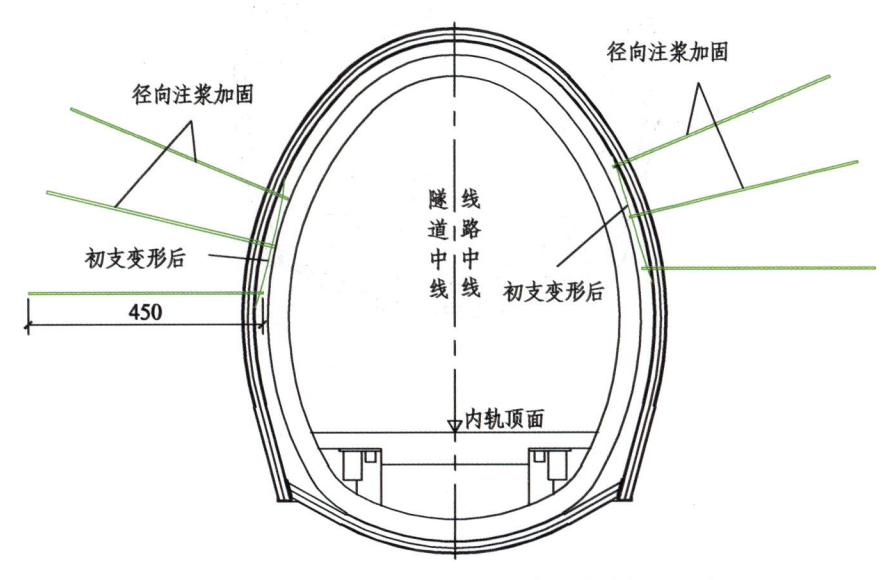

图 2.3-18　浅层围岩修复注浆示意图（单位：cm）

注浆材料采用 1∶1 水泥浆液。注浆压力控制在 0.5～1.0 MPa。其浆液配合比、注浆压力根据现场具体情况调整。注浆现场施工如图 2.3-19 所示。

图 2.3-19　浅层围岩修复注浆现场

3. 局部长锚杆补强加固

完成浅层围岩修复注浆作业后,加大对其变形监测力度,当初期支护出现局部变形异常时,则应立即对该部位采取局部长锚杆补强加固措施,如图 2.3-20 所示。

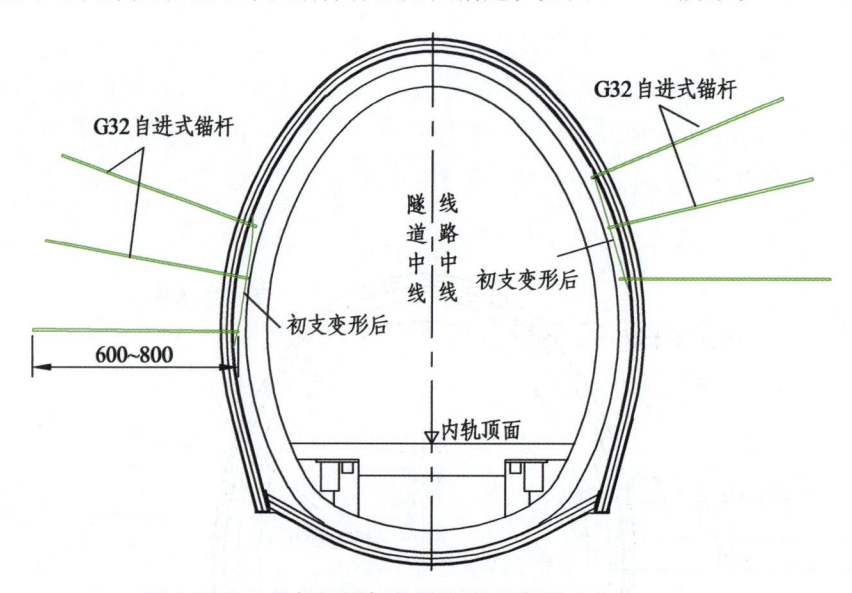

图 2.3-20　局部长锚杆补强加固示意图(单位:cm)

局部自进式长锚杆施作步骤:

(1)钻机就位。

测量班放线完毕后,将潜孔钻车开至工作位,根据设计锚杆的位置角度,调节桅杆角度,使之与锚杆设计的角度一致。

(2)钻孔。

当钻孔角度与设计角度一致后,开始钻孔,钻孔过程中不断接长钻杆(1 m/节),使钻孔深度达到设计深度;当钻至设计深度后退出钻杆,退出过程中每 3 m 拆除一次钻杆。钻孔过程中做好钻孔记录。锚杆孔深度应大于锚杆设计长度 10 cm。

(3)安装锚杆。

锚杆采用 G32 自进式锚杆，长度根据变形程度而定，具体为轻微大变形时锚杆长度 6 m，中等大变形时锚杆长度 8 m。

(4)浆液配置。

长锚杆注浆使用水泥浆液，配置过程中，使用水泥浆液制备搅拌桶，先加水，后加入水泥，按水灰比 1:0.8 配制水泥浆液，拌制浆液应连续均匀，搅拌时间不少于 2 min。

(5)注浆。

利用专用注浆设备沿中空锚杆体进行注浆，当孔口回浆时停止注浆，注浆过程中详细记录每孔注浆量。每班作业完成后，要及时彻底清洗管道及注浆泵，防止水泥浆堆积固结，影响注浆泵使用效果或者堵塞注浆管。

2.4 Ⅵ级围岩试验段结构受力特征监测分析

为了验证Ⅵ级围岩变形控制技术的控制效果，选取 DK96+827~DK96+850 里程段共计 6 个断面开展现场支护结构的变形受力监测，监测内容包括初期支护钢架应力、围岩与支护、初期支护与二次衬砌之间接触压力、二次衬砌受力，以及试验段的沉降收敛，掌握支护结构的变形受力状态，对其安全性进行判定。

2.4.1 监测方案

1. 量测项目及测试断面

监测断面布置：结合地层岩性、地质构造等因素，对杉阳隧道选取 6 个监测断面，即 DK96+850、DK96+847、DK96+840、DK96+837、DK96+830、DK96+827。其中，DK96+850 和 DK96+847 为第一组断面，DK96+840 和 DK96+837 为第二组断面，DK96+830 和 DK96+827 为第三组断面，对三组断面的围岩压力、初期支护钢架应力及二次衬砌应力进行监测。量测断面及量测项目见表 2.4-1。

表 2.4-1 量测断面及量测项目

断面里程	组别	围岩级别	量测项目	测试元件
DK96+850	第一组	Ⅵ	围岩压力、双层初期支护钢架应力、支护层之间接触压力、二次衬砌应力	压力盒、钢架应变计、钢筋计和混凝土应变计
DK96+847				
DK96+840	第二组		围岩压力、双层初期支护钢架应力、支护层之间接触压力、二次衬砌应力	压力盒、钢架应变计、钢筋计和混凝土应变计
DK96+837				
DK96+830	第三组		第二层初期支护与二次衬砌接触压力、二次衬砌应力	压力盒、钢筋计和混凝土应变计
DK96+827				

每组断面均布置 6 个监测点，分别为拱顶、左拱脚、右拱脚、左边墙、右边墙和仰拱，测点布置如图 2.4-1 所示。

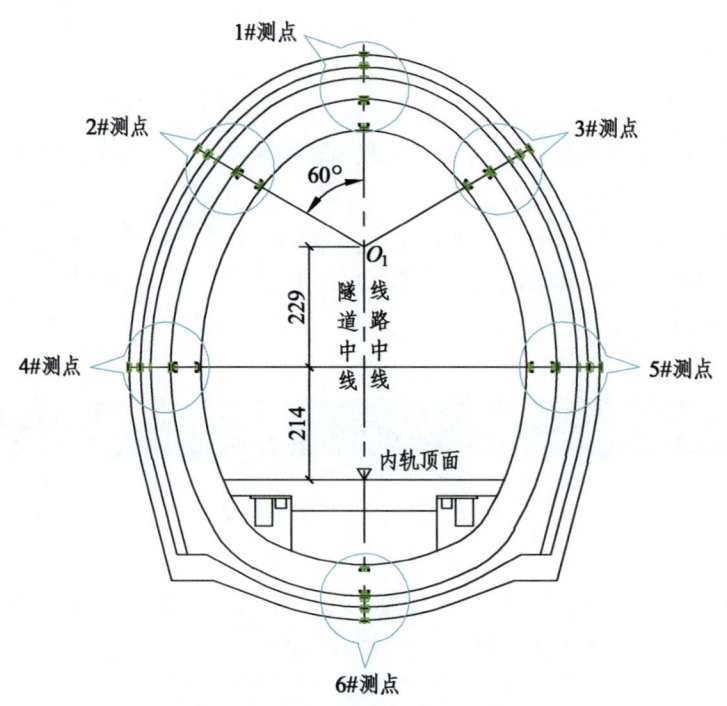

（a）第一、二组断面测点布置图

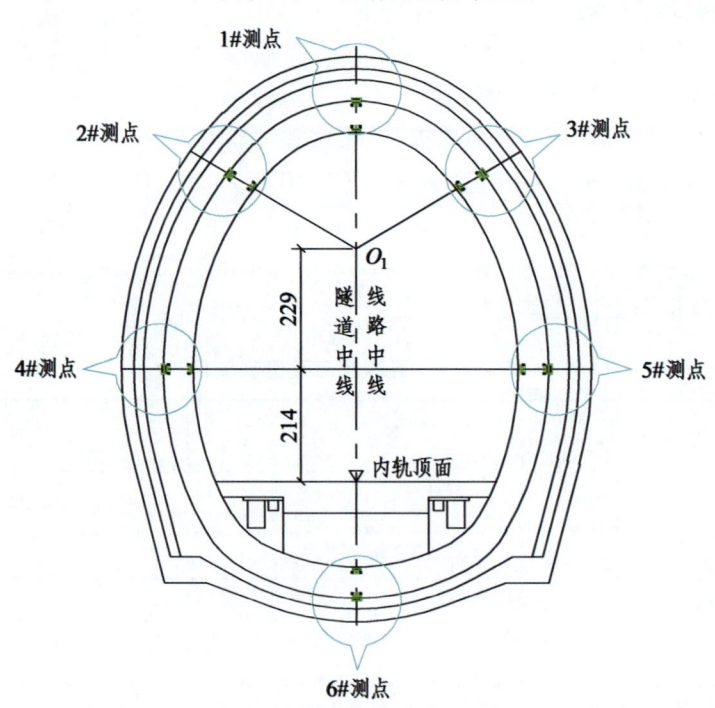

（b）第三组断面测点布置图

图 2.4-1　监测点布置（单位：cm）

2. 现场测试元件埋设

围岩压力采用振弦式土压力盒进行量测,具体将压力盒置于围岩与初期支护之间、第一层初期支护与第二层初期支护之间、第二层初期支护与二次衬砌之间;钢架表面应变计应对称焊接在钢架两翼缘上,现场压力盒和钢架应变计的埋设如图 2.4-2 所示。

图 2.4-2 压力盒与钢架应变计现场埋设

二次衬砌混凝土应力监测采用混凝土应变计,将混凝土应变计绑扎在内外层钢筋;二次衬砌钢筋轴力监测采用钢筋应变计,将钢筋应变计焊接在环向受力筋上。测试元器件现场埋设如图 2.4-3 所示。

图 2.4-3 钢筋计与混凝土应变计现场埋设

3. 监测控制标准

监测段隧道初期支护采用的钢拱架材质为 Q235 钢,二次衬砌混凝土采用 C30 模筑混凝土,根据《碳素结构钢》(GB/T 700—2006)、《铁路隧道设计规范》(TB 10003—2016)、《混凝土结构设计规范》(GB 50010—2010)得到钢拱架屈服强度与抗拉强度极限值、混凝土抗拉强度和抗压强度极限值,见表 2.4-2 所示。

表 2.4-2 钢拱架及混凝土强度   单位：MPa

材料	强度	
Q235 钢材	屈服强度	抗拉强度极限值
	235	370~500
C30 混凝土	抗压强度设计值	抗压强度极限值
	14.3	22.5
	抗拉强度设计值	抗拉强度极限值
	1.43	2.2

2.4.2 监测数据分析

考虑到监测数据量大，此处仅展示 DK96+837 断面时程曲线，其他监测断面与该断面变化规律类似，并给出所有断面的最终监测结果。监测过程中，由于少量位置传感器损坏，未测得数据，但大部分能够反映实际情况。

1. 围岩压力

DK96+837 断面围岩压力时程曲线如图 2.4-4 所示。从围岩压力监测结果可知，仰拱处围岩压力远大于其余部位，最大围岩压力为 429.91 kPa；右拱脚处围岩压力最小，最大围岩压力为 62.15 kPa。随着监测时间的增加，在二层初期支护施作后各监测位置围岩压力趋于稳定。

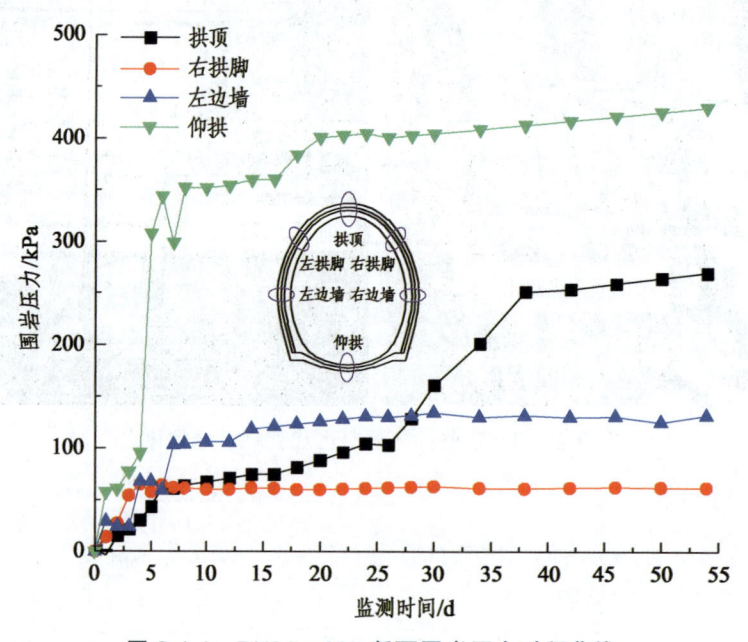

图 2.4-4 DK96+837 断面围岩压力时程曲线

试验段围岩压力最终结果如表 2.4-3 所示。

表 2.4-3　试验段围岩压力最终结果

里程	位置	围岩压力/kPa
DK96+837	拱顶	269.86
	右拱脚	62.15
	左边墙	131.88
	仰拱	429.91
DK96+840	左拱脚	303.05
	右拱脚	277.96
	左边墙	30.71
	右边墙	55.27
	仰拱	255.48
DK96+847	拱顶	156.24
	左拱脚	52.48
	右拱脚	182.23
	左边墙	276.55
	右边墙	300.13
DK96+850	拱顶	307.65
	左拱脚	317.12
	右拱脚	83.11
	左边墙	72.18
	右边墙	36.14

2. 第一层初期支护钢架应力

DK96+837 断面第一层初期支护钢架应力时程曲线如图 2.4-5 所示。随着监测时间的延长，各位置钢架应力都趋于平稳，最大拉应力出现在拱顶内侧，为 193.67 MPa；最大压应力出现在仰拱外侧，为 -193.31 MPa，未超过钢架屈服强度，但钢架受力较大。

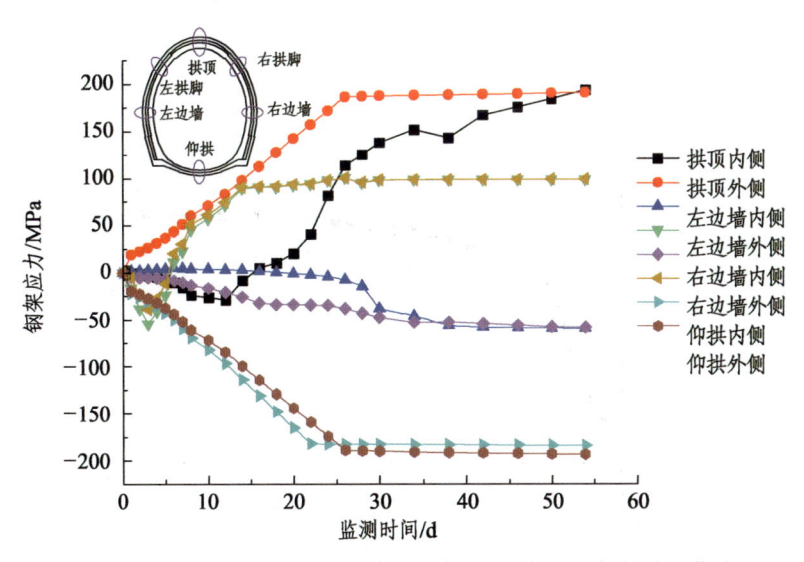

图 2.4-5　DK96+837 断面第一层初期支护钢架应力时程曲线

试验段第一层初期支护钢架应力最终监测结果如表 2.4-4 所示。

表 2.4-4　试验段第一层初期支护钢架应力最终监测结果　　　　单位：MPa

里程	部位	内侧	外侧
DK96+837	拱顶	193.67	191.37
	左边墙	-59.64	99.18
	右边墙	-58.18	99.26
	仰拱	-183.77	-193.31
DK96+840	左拱脚	-224.37	-173.11
	右拱脚	-152.41	-119.87
	左边墙	169.04	-271.87
	仰拱	-32.52	-46.68
DK96+847	拱顶	-406.34	-550.87
	左拱脚	-333.12	-629.02
	右拱脚	-114.56	-350.14
	左边墙	-316.56	-172.59
	右边墙	-158.12	-303.13
DK96+850	拱顶	-301.32	-291.43
	左拱脚	-244.65	-187.67
	右拱脚	-174.56	-135.79
	左边墙	90.45	-0.66
	右边墙	-43.58	93.62

注：正数为拉应力，负数为压应力。

3. 第一层与第二层初期支护接触压力

DK96+837 断面第一层与第二层初期支护接触压力时程曲线如图 2.4-6 所示。从监测结果可知，左侧接触压力略高于右侧，接触压力最大的位置出现在拱顶，由于仰拱和左拱脚压力盒损坏无数据，基本上与围岩压力的规律相同。拱顶接触压力值最大，为 200.57 kPa；右拱脚接触压力值最小，为 78.19 kPa。

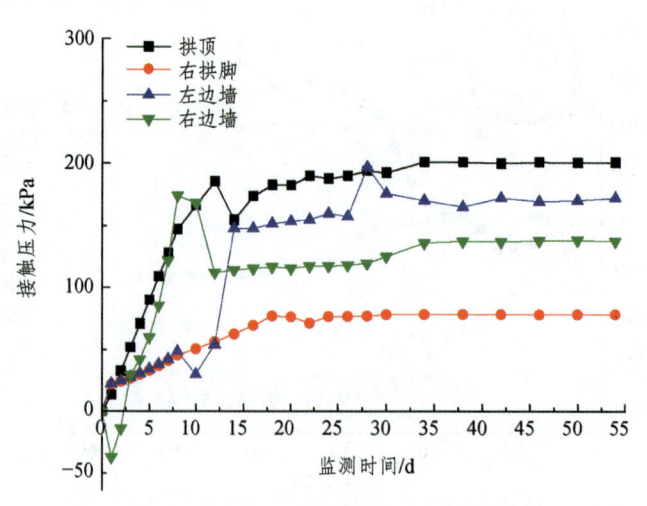

图 2.4-6　DK96+837 断面第一层与第二层初期支护接触压力时程曲线

试验段第一层与第二层初期支护接触压力最终稳定结果如表 2.4-5 所示。

表 2.4-5　试验段第一层与第二层初期支护接触压力最终稳定结果

里程	位置	接触压力/kPa
DK96+837	拱顶	200.57
	右拱脚	78.19
	左边墙	172.06
	右边墙	137.08
DK96+840	拱顶	25.26
	左拱脚	43.78
	右拱脚	154.03
	仰拱	27.17
DK96+847	左拱脚	33.23
	右拱脚	236.03
	左边墙	250.10
	右边墙	210.87
DK96+850	拱顶	30.80
	左拱脚	30.51
	右拱脚	288.54
	左边墙	27.53
	右边墙	4.24
	仰拱	184.78

4. 第二层初期支护钢架应力

DK96+837 断面第二层初期支护钢架应力时程曲线如图 2.4-7 所示。从监测结果可知，钢架主要受压力，最大压应力出现在仰拱内侧，为 -171.93 MPa，小于钢材屈服强度，处于安全状态。

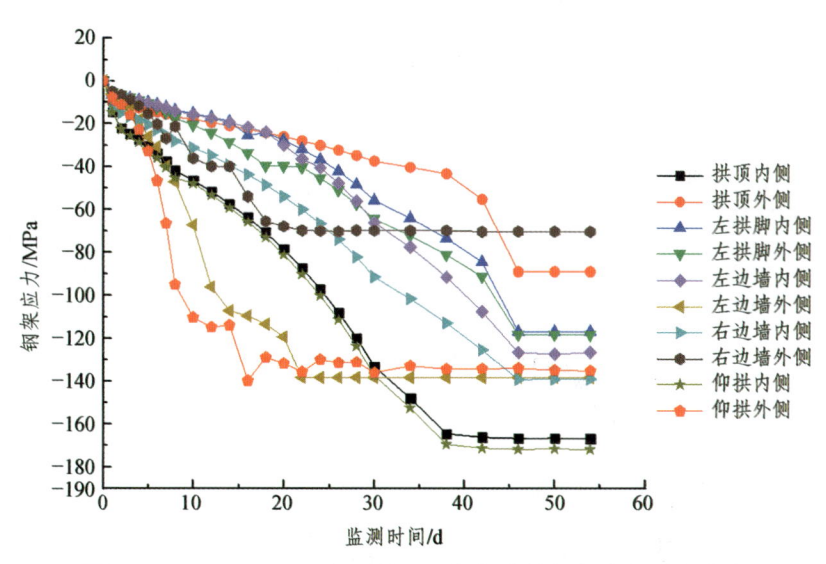

图 2.4-7　DK96+837 断面第二层初期支护钢架应力时程曲线

试验段第二层初期支护钢架应力最终监测结果如表 2.4-6 所示。

表 2.4-6 试验段第二层初期支护钢架应力最终监测结果　　　　　　单位：MPa

里程	部位	内侧	外侧
DK96＋837	拱顶	－166.82	－89.04
	左拱脚	－116.84	－118.36
	左边墙	－126.56	－138.43
	右边墙	－139.17	－70.46
	仰拱	－171.93	－135.31
DK96＋840	左拱脚	55.74	41.86
	右拱脚	－51.71	－76.04
	左边墙	36.36	64.54
	右边墙	－137.37	－123.87
	仰拱	－57.66	－98.02
DK96＋847	拱顶	－141.37	－155.66
	左拱脚	－62.74	－59.38
	右拱脚	－123.76	－148.24
	左边墙	－58.15	158.41
	右边墙	－155.05	56.16
DK96＋850	拱顶	－145.94	－155.60
	左拱脚	－121.95	－133.39
	右拱脚	－40.92	－136.94
	左边墙	－102.69	－140.69
	右边墙	－49.95	－44.17
	仰拱	－85.10	－51.37

注：正数为拉应力，负数为压应力。

5. 第二层初期支护与二次衬砌接触压力

DK96＋837 断面第二层初期支护与二次衬砌接触压力时程曲线如图 2.4-8 所示。由监测结果可知，接触压力总体随监测时间增加而增加，在前 10 d 迅速增加，20～25 d 后缓慢增长且逐渐收敛稳定。最终稳定后仰拱处的接触压力最大，为 186.12 kPa。

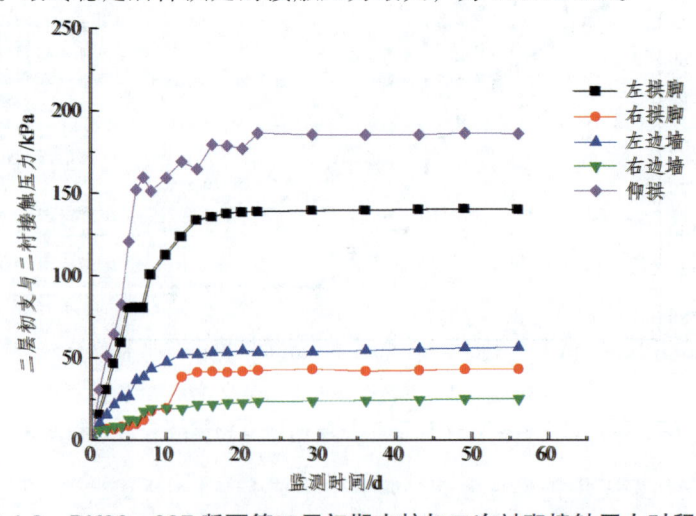

图 2.4-8　DK96＋837 断面第二层初期支护与二次衬砌接触压力时程曲线

试验段第二层初期支护与二次衬砌接触压力最终稳定结果和各层支护结构承担的围岩荷载比例分别如表 2.4-7 和表 2.4-8 所示。

表 2.4-7　试验段第二层初期支护与二次衬砌接触压力最终稳定结果

里程	位置	接触压力/kPa
DK96+837	左拱脚	140.16
	右拱脚	43.34
	左边墙	56.43
	右边墙	25.01
	仰拱	186.12
DK96+840	拱顶	1.52
	左拱脚	197.96
	右拱脚	15.87
	左边墙	16.9
	右边墙	4.01
	仰拱	103.49
DK96+847	左拱脚	76.12
	右拱脚	82.56
	右边墙	32.46
	仰拱	163.01
DK96+850	左拱脚	73.14
	右拱脚	141.21
	左边墙	234.96
	右边墙	88.23
DK96+830	左拱脚	46.42
	右拱脚	33.42
	左边墙	216.43
	右边墙	133.54
DK96+827	拱顶	154
	左拱脚	176
	右拱脚	74
	左边墙	20
	右边墙	139
	仰拱	59

表 2.4-8 试验段各层支护结构承担的围岩荷载比例

里程	围岩荷载位置	承担的围岩荷载比例/%
DK96+837	围岩压力	46.24
	一层初期支护与二层初期支护接触压力	30.42
	二层初期支护与二次衬砌接触压力	23.34
DK96+840	围岩压力	61.50
	一层初期支护与二层初期支护接触压力	16.33
	二层初期支护与二次衬砌接触压力	22.17
DK96+847	围岩压力	47.16
	一层初期支护与二层初期支护接触压力	35.59
	二层初期支护与二次衬砌接触压力	17.26
DK96+850	围岩压力	42.51
	一层初期支护与二层初期支护接触压力	29.50
	二层初期支护与二次衬砌接触压力	27.99

6. 二次衬砌受力

（1）钢筋轴力。

DK96+837 断面钢筋轴力时程曲线如图 2.4-9 所示。由钢筋轴力监测结果可知，钢筋除左边墙外侧和右边墙外侧外，以受压为主，钢筋轴力曲线随监测时间增加而逐渐趋于平缓，拱顶钢筋压力最大，为 -22.19 kN，左边墙外侧钢筋拉力最大，为 3.43 kN。

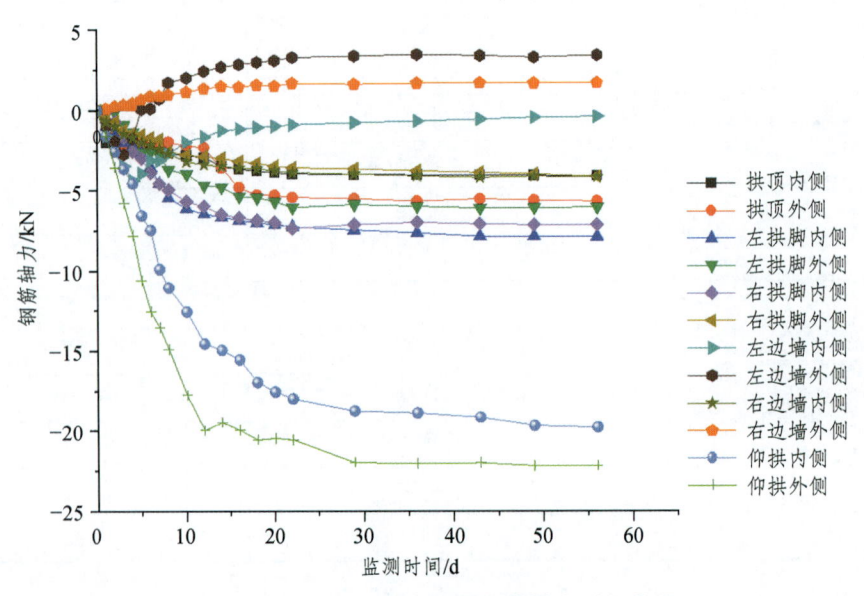

图 2.4-9 DK96+837 断面钢筋轴力时程曲线

（2）混凝土应力。

DK96+837断面混凝土应力时程曲线如图2.4-10所示。由混凝土应力监测结果可知，混凝土主要受压，混凝土应力曲线随监测时间增加而趋于平缓，其中左侧混凝土应力略大于右侧，可见DK96+837断面存在一定的偏压情况，与前面结论符合；其中左拱脚内侧混凝土压应力最大，为 -8.70 MPa，仰拱外侧混凝土压应力最小，为 -5.07 MPa。

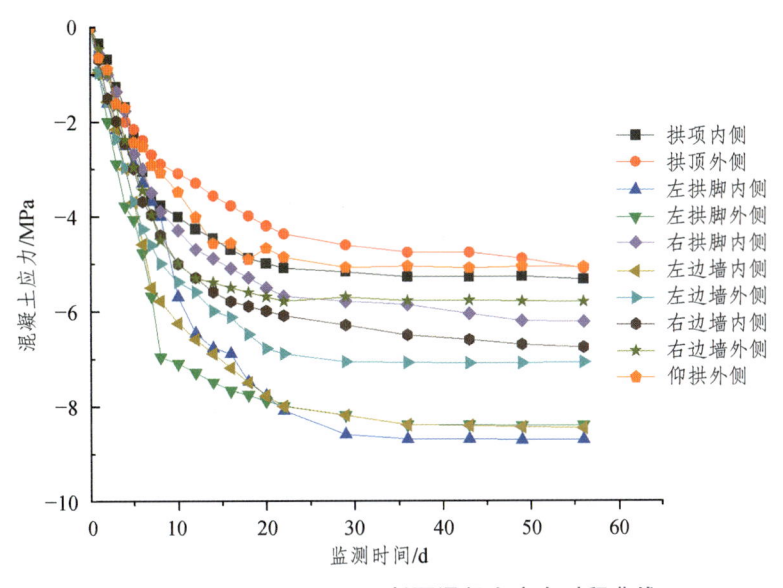

图 2.4-10　DK96+837断面混凝土应力时程曲线

根据混凝土应力测试结果对试验段受力稳定后的二次衬砌进行安全性验算，安全系数结果如表2.4-9所示，安全系数均大于2.4，二次衬砌结构处于安全状态。

表 2.4-9　试验段二次衬砌安全系数验算表

里程	部位	安全系数
DK96+837	拱顶	4.92
	左拱脚	3.01
	右拱脚	3.57
	左边墙	3.21
	右边墙	3.99
	仰拱	4.31
DK96+840	拱顶	5.99
	左拱脚	3.79
	右拱脚	4.28
	左边墙	6.27
	右边墙	8.47
	仰拱	2.78

续表

里程	部位	安全系数
DK96+847	左拱脚	3.52
	右拱脚	3.49
	左边墙	2.93
	右边墙	3.86
	仰拱	3.26
DK96+850	左拱脚	5.29
	右拱脚	6.11
	左边墙	2.93
	右边墙	5.27
	仰拱	3.41
DK96+830	拱顶	3.14
	右拱脚	3.47
	左边墙	2.83
	右边墙	9.78
DK96+827	拱顶	5.33
	左拱脚	6.31
	右拱脚	5.93
	左边墙	10.23
	右边墙	5.53

除了对试验段进行结构受力监测外，还对其支护沉降及收敛进行监测，部分断面的监测数据情况如表2.4-10和表2.4-11所示。从监测情况可以判断出，相比未采取大变形控制措施前，累计沉降值及最大沉降速率、累计收敛及最大收敛均极大降低，变形得到有效控制，且未超过预留变形量。

表2.4-10 试验段拱顶沉降情况

里程	累计沉降值/mm	最大沉降速率/(mm/d)
DK96+844	41.3	6.1
DK96+839	27.2	3.2
DK96+834	11.2	2.6
DK96+829	24.2	6.1

表 2.4-11　试验段边墙收敛情况

里程	测线	累计收敛/mm	最大收敛速率/（mm/d）
DK96+844	S1	41.2	5.2
	S2	35.0	5.7
DK96+839	S1	39.3	5.2
	S2	36.0	3.3
DK96+834	S1	11.7	3.0
	S2	12.9	2.7
DK96+829	S1	23.7	9.2

综上，通过Ⅵ级围岩试验段的监测，具有以下结论：

（1）从各监测区段的各位置时程曲线可知，在隧道开挖及支护完成后，支护结构受力迅速增大，大部分监测区段在 20 d 内增幅及增长速率较大，在 30~35 d 后缓慢增长且逐渐收敛稳定。

（2）隧道的初期支护钢架整体表现为受压状态，除个别位置测点受拉外，其余位置均受压，但由于隧道存在一定偏压现象，各监测区段受拉的测点各有不同。第一组和第二组监测断面的围岩压力主要是拱部范围大于其他部位，且整体上双层初期支护之间接触压力以及第二层初期支护与二次衬砌接触压力较小。除了 DK96+840 断面外，根据围压分担比例，各接触压力的大小关系为：第一层初期支护-围岩 > 第一层初期支护-第二层初期支护 > 第二层初期支护-二次衬砌。第一组和第二组监测断面监测结果表明，第一层初期支护钢架受压部分超过了钢架的屈服强度，局部甚至超过极限强度，如 DK96+847 断面隧道拱顶和左拱脚，单层初期支护失稳风险极高，因此设置第二层初期支护是合理的；第二层初期支护钢架应力最终值小于钢材屈服强度值，安全储备大，处于控制范围内，说明第二层初期支护处于稳定状态。三组监测断面的二次衬砌钢筋轴力和混凝土应力均处于控制值范围内，二次衬砌安全系数均大于 2.4，满足规范要求。

（3）杉阳隧道Ⅵ级围岩段采取双层初期支护措施后，变形得到有效控制，支护结构受力状态良好，双层初期支护及二次衬砌整体上处于安全状态。这说明杉阳隧道Ⅵ级围岩采取的"超前密排中管棚及小导管小孔径管幕注浆加固 + 蛋形开挖轮廓 + 三台阶机械组合开挖及双层初期支护（全环 HW175 钢架）+ 拱墙设置大外插角钢花管注浆 + 初期支护背后注浆"变形控制措施是有效的，可为类似工程提供参考。

第 3 章 断裂夹持带隧道掌子面溜坍及突涌施工控制技术

3.1 杉阳隧道溜坍、突涌现象及特征分析

杉阳隧道施工过程中除了多处发生异常大变形外，还出现多处掌子面溜坍、突涌的现象，给工程建设带来了极大困难，因此专门对其掌子面灾害及控制措施进行分析总结是十分必要的。该隧道断裂夹持带在高地应力条件下施工过程中经常产生病害，其中以掌子面溜坍较为常见。本节对杉阳隧道典型段落 DK95+753.6、DK96+704.3 的溜坍和突涌过程进行了详细介绍，通过对杉阳隧道掌子面溜坍灾害情况进行总结分析，发现施工过程中掌子面或掌子面附近溜坍灾变具有灾变速度快、灾变频繁以及局部伴有涌水突泥等特征。

3.1.1 杉阳隧道 DK95+753.6 段溜坍情况

当杉阳隧道掌子面施工至里程 DK95+753.6、仰拱里程 DK95+708、二次衬砌里程 DK95+688 时，DK95+700~+735 段上台阶施工时间为 2021 年 7 月 3 日—26 日，中台阶施工时间为 7 月 8—30 日，下台阶施工时间为 7 月 11 日—8 月 4 日。初期支护施工完成后，监控量测显示现场变形较大，现场于 7 月 19 日施工二次衬砌时对本段初期支护进行注浆加固。注浆后变形继续发展，现场于 7 月 27 日对 DK95+717~+721 段套拱 4 榀，另于 8 月 3 日对 DK95+721~+730 段套拱 6 榀。

套拱后本段初期支护继续开裂变形，边墙混凝土起壳开裂严重，安全风险较大，8 月 7 日断面扫描显示本段初期支护已侵限。8 月 8 日，现场组织对 DK95+721~+730 段 B、C、D 单元进行换拱。8 月 9 日凌晨 3 时左右，DK95+721 位置 B 单元凿开之后初期支护背后开始溜坍，溜坍方量大约 65 m³，现场喷浆封闭溜坍位置，封闭后施作 20 根 4.5 m 径向注浆管注浆。

注浆大约 6 h 后（8 月 10 日凌晨），现场再次将 DK95+721 位置 B 单元凿开，继续溜坍，渣样中未发现注浆混迹。现场再次封闭溜坍位置，继续施作 16 根 4.5 m 径向注浆管注浆。注浆时同步施工 DK95+676~+688 里程二次衬砌混凝土。

二次衬砌施工完成后继续处理 DK95+721 位置 B 单元，现场还是溜坍，采用小导管、网片封闭溜坍口，架设两榀钢架，喷浆封闭。喷浆完成后施作 15 根 4.5 m 径向小导管继续注浆。因溜坍严重，此两榀钢架架设时已侵限，注浆后继续开挖处理，再次发生溜坍，溜坍现场如图 3.1-1 所示。

图 3.1-1 隧道内溜坍情况

3.1.2 杉阳隧道 DK96+704.3 段溜坍、突涌情况

2021年9月6日15时，掌子面上台阶开挖至DK96+704.3，中台阶里程为DK96+695，施工时仅开挖上半断面，下台阶、仰拱、二次衬砌均未施作。掌子面立架完成施作超前小导管时发现中线偏左约1.5 m紧贴初期支护位置出现股状出水，出水量约2.5 L/s，水质浑浊3 h后变清，累计出水约6 h后出水量衰减至约0.1 L/s，现场喷射混凝土完成后封闭掌子面。DK96+690～+704.3段初期支护于2021年8月26日—9月6日施工完成。9月8日，掌子面DK96+704.3处拱部线路左侧偏2.0 m至右侧2.0 m出现溜渣现象；9月12日，溜坍体累计向小里程方向推移约5 m，涌渣几乎堆满整个掌子面，坡顶里程为DK96+693.5，坡脚里程为DK96+693，涌出方量约90 m³，中台阶左侧拱脚位置有小股地下水流出，后于DK96+686.7处完成φ127大管棚（长30 m/根，共23根）施作及DK96+689处上半断面周边注浆（注浆加固长度16 m）；12月10日，对DK96+690～+704.3段14.3 m进行断面扫描，结果显示均侵限。掌子面溜坍、突涌照片如图3.1-2所示。

（a）掌子面溜坍 　　　　　（b）涌泥

图 3.1-2 掌子面溜坍、突涌情况

3.1.3 杉阳隧道掌子面溜坍灾害概述

整个隧道的施工过程无时无刻不伴随着大大小小的溜坍灾害，如 22#横通道 P2DK0＋043.3 处溜坍、P2DK0＋048.1 掌子面左侧溜坍、P2DK0＋051 施作管棚溜渣出水；正洞 DK96＋972.8 右侧溜渣、DK96＋974.9 溜坍、DK97＋000.0 掌子面溜坍、DK97＋202.4 掌子面溜坍、DK97＋480～＋475 溜坍、DK96＋906 涌泥；平行导坑 PDK96＋966.0 掌子面溜渣、PDK96＋962.8 掌子面出水等，部分情况如图 3.1-3 所示。

（a）DK96＋972.8

（b）DK96＋974.9

（c）DK97＋000.0

（d）22#横通道 P2DK0＋043.3

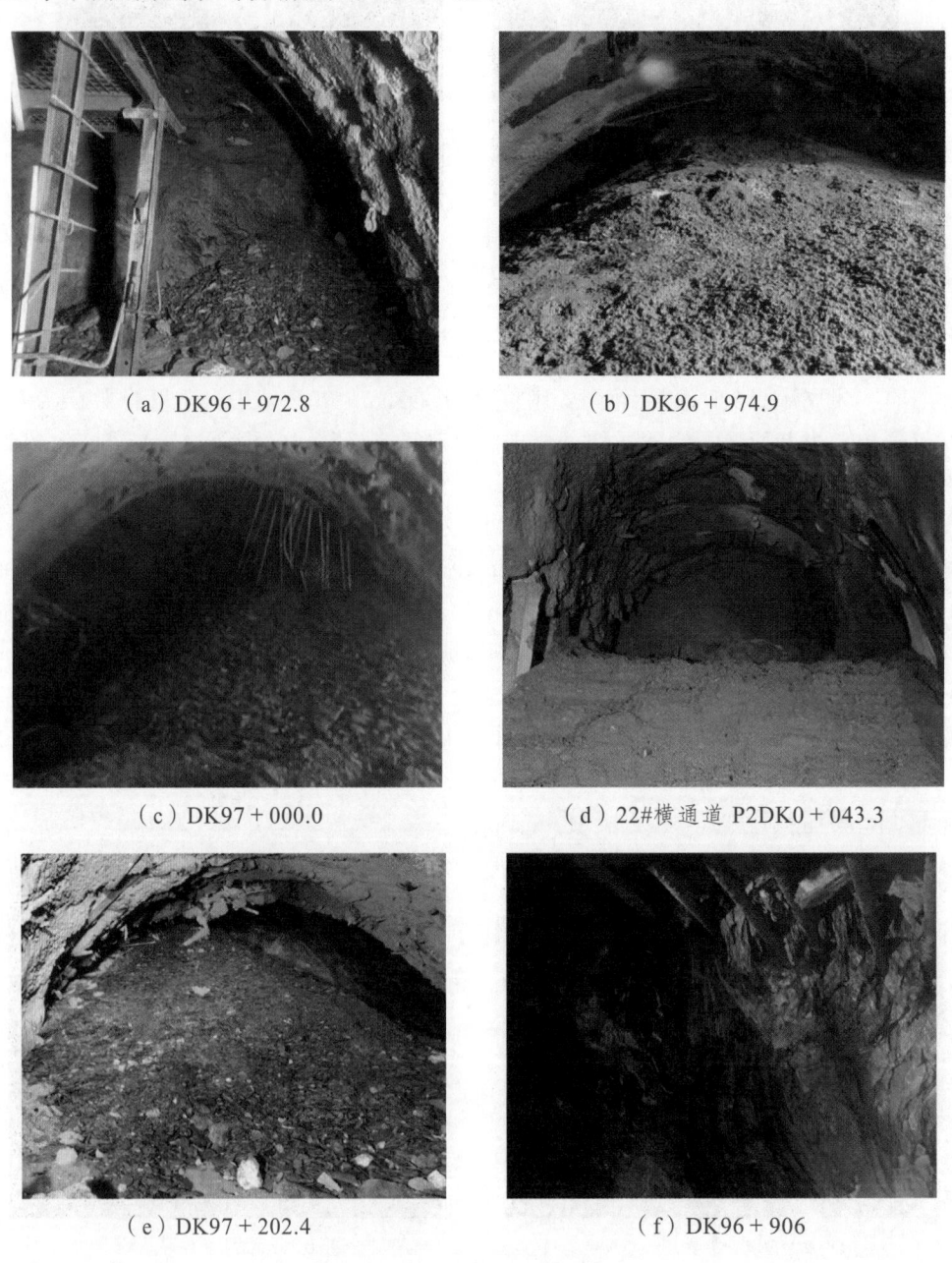

（e）DK97＋202.4

（f）DK96＋906

图 3.1-3　溜坍、涌泥情况

3.1.4 杉阳隧道掌子面灾害特征分析

杉阳隧道位于大合江断裂和澜沧江断裂夹持部位，区域新构造运动强烈，地质条件复杂多变，区内次级断层较发育，岩层节理、裂隙发育，岩体较破碎。隧道穿越地层主要是"滇西红层"泥岩、页岩、砂岩，薄～中厚层状，岩质软，具有遇水易软化、泥化、膨胀等特征，且受构造影响，围岩挤压破碎，挠曲发育，围岩完整性差。同时在高地应力、地下水和开挖施工扰动作用下，隧道掌子面或掌子面附近易发生溜坍灾变，具有灾变速度快、灾变频繁以及局部伴有涌水突泥等特征。

3.2 溜坍、突涌预控施工关键技术

通过对杉阳隧道掌子面溜坍、突涌现象及特征进行分析，发现隧道掌子面发生溜坍、突涌的主要原因是地应力大、围岩软弱破碎、局部岩体富水。高地应力情况下破碎围岩在支撑不足的超前支护以及初期支护条件下，易在掌子面悬顶段出现溜坍失稳灾害，在水的循环往复作用下将加剧这种灾害。经过现场经验总结，高强度的超前支护及掌子面加固、结合合理的开挖方法控制掌子面溜坍具有良好作用。为此，通过现场实施确定出一套适用于杉阳隧道的溜坍、突涌预控施工关键技术。

3.2.1 智能超前探水-风险预测一体化算法

针对杉阳隧道突涌风险判定困难的问题，本节结合现场获得的实际参数和智能预测方法，对突涌风险进行判断，为后续超前组合加固施工提供指导。先通过"智能探水预测一体化算法"对掌子面前方的涌水量、涌水发展趋势、水压大小进行预测，然后通过加权分析判断出此处的风险情况，施工时超前钻探泄水孔并采集周围地质情况，依据之前对此地工况的风险程度判断进行对应施工。智能超前探水预测流程如图3.2-1所示。

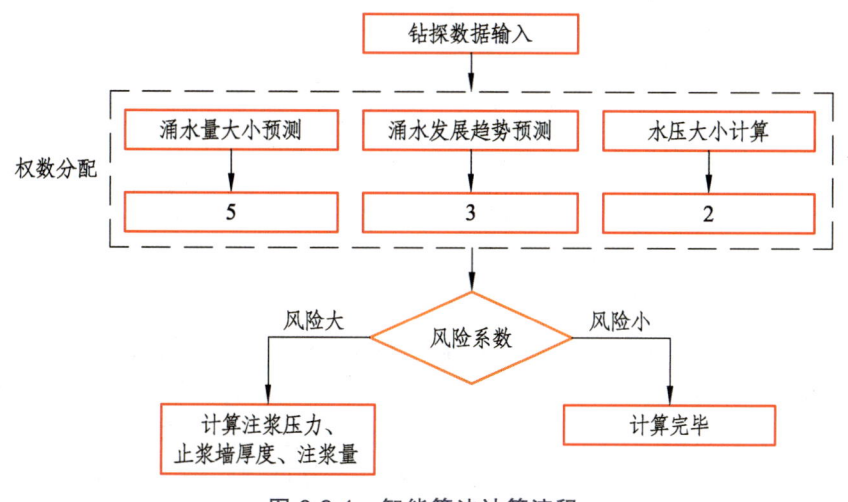

图 3.2-1　智能算法计算流程

（1）通过智能探水预测一体化算法处理得到掌子面前方的涌水量预测值 Q。

$$Q = Q_1 + Q_2 + Q_3$$

$$Q_1 = K\frac{H_1^2 - h^2}{2(R_1 - r)}$$

$$Q_2 = K\frac{H_2^2 - h^2}{2(R_2 - r)} \quad (3.2\text{-}1)$$

$$Q_3 = \frac{\pi K(H_3 - h)}{\ln\left(\dfrac{M_0}{\pi r} + \dfrac{\pi R_1 R_2}{M_0(R_1 + R_2)}\right)}$$

$$H_3 = \sqrt{H_1^2 - \frac{R_1}{R_1 + R_2}(H_1^2 - H_2^2)}$$

式中：Q——隧道中单宽总涌水量；

Q_1、Q_2、Q_3——隧道两侧及底部的分部单宽涌水量；

K——由钻探抽水试验及综合测井，按水文地质条件筛选、分析取得的渗透系数；

H_1、H_2——隧道两侧地下水水头高度；

R_1、R_2——隧道两侧地下水向隧道入渗的外边界宽度；

h——当隧道内地下水位降低至排水侧沟顶面时的深度；

r——隧道断面半径；

M_0——隧道下部透水裂隙发育的深度。

（2）通过智能探水预测一体化算法处理得到所述掌子面前方的涌水发展趋势，采用 DFA 分析法，具体如下：

设涌水时间序列为：

$$\xi(t), t = 1, 2, \cdots, n \quad (3.2\text{-}2)$$

建立一新序列：

$$Y(i) = \sum_{t=1}^{i}[\xi(t) - \overline{\xi}], t = 1, 2, \cdots, n \quad (3.2\text{-}3)$$

式中：$\overline{\xi} = \dfrac{1}{n}\sum_{t=1}^{n}\xi(t)$，为序列 $\xi(t)$ 的平均值。

将新序列 $Y(i)$ 划分为长度为 s 的 $N_s = \text{int}(n/s)$ 个不相交的等长子区间（即 N_s 为序列 $Y(i)$ 的区间数，s 为区间长度）；因序列长度 N 不一定被 s 整除，为保证涌水序列信息不丢失，采用"正反划分法"，即先从序列的前端开始向后划分，然后从序列末端开始反向前再划分一次，这样共得到 $2N_s$ 个等长子区间；对每个子区间 v（$v = 1, 2, \cdots, 2N_s$）的数据进行多项式回归拟合，得到局部趋势函数 $y_v(i)$，此函数可以是一次、二次或更高次多项式（一般分别记为 DFA1，DFA2，…），然后，消除各子区间内趋势，计算其方差均值，通常的二次拟合方式如下：

$$F^2(v,s) = \frac{1}{s}\sum_{i=1}^{s}\{Y[(v-1)s+i]-y_v(i)\}^2, v=1,2,\cdots,N_s \quad (3.2\text{-}4)$$

$$F^2(v,s) = \frac{1}{s}\sum_{i=1}^{s}\{Y[n-(n-N_s)s+i]-y_v(i)\}^2, v=N_s+1,\cdots,2N_s \quad (3.2\text{-}5)$$

确定全序列的波动函数：

$$F(s) = \left(\frac{1}{2N_s}\sum_{v=1}^{2N_s}[F^2(v,s)]\right)^{1/2} \quad (3.2\text{-}6)$$

对不同长度 s 重复上述计算，若隧道涌水是长程幂律相关的，则有：

$$F(s) \propto s^a \quad (3.2\text{-}7)$$

式中：a——标度指数。

绘制双对数坐标图，其直线斜率即为标度指数；根据 a 的取值进行如下分析：当 $a<0.5$ 时，表示隧道涌水量是负相关的；当 $0.5<a<1.0$ 时，表示隧道涌水为长程正相关；当 $a=0.5$ 或 1.0 时，隧道涌水表现随机性；当 $a>1.0$ 时，时间序列具有持久性的长程相关，但不是幂律相关。

（3）通过智能探水预测一体化算法处理得到所述掌子面前方的水压大小预测值。

$$P_1 = \frac{\gamma_w H}{\frac{1}{K_1}\ln\frac{R_1}{R_0}+\frac{1}{K_g}\ln\frac{R_g}{R_1}+\frac{1}{K_r}\ln\frac{2H}{R_g}}\left(\frac{1}{K_1}\ln\frac{R_1}{R_0}\right) \quad (3.2\text{-}8)$$

式中：P_1——衬砌承受的水压；

R_0——衬砌内半径；

R_1——衬砌外半径；

R_g——注浆圈外半径；

γ_w——水的重度；

H——静水头；

K_1——衬砌渗透系数；

K_g——注浆层渗透系数；

K_r——围岩渗透系数。

（4）通过"智能超前探水预测一体化算法"加权计算各组分判别分级、计算系数及权数分配如表 3.2-1 ~ 表 3.2-4 所示。

表 3.2-1 RSR 渗水量分级表

渗水量/ [L/(min·10 m)]	级别	含水量判断等级	系数分配
<0	无	小	1
0~3	轻度渗水	小	2
3~15	中度渗水	大	3
>15	严重渗水	大	4

表 3.2-2　DFA 涌水发展趋势系数分配表

DFA 分析法 a 值	涌水发展趋势	系数分配
<0.5	增大	4
0.5~1.0	幂律相关减小	1
>1.0	非幂律相关减小	3
0.5 或 1.0	随机性	2

表 3.2-3　涌水压力系数分配表

水压力/MPa	出水状态	系数分配
0	干燥	0
<0.1	潮湿	1
0.1~0.2	滴水	2
0.2~0.5	线状流水	3
>0.5	涌水	4

表 3.2-4　"智能超前探水预测一体化平台"各组分权数分配表

项目	权数
含水量大小	5
水压大小	3
涌水发展趋势	2

"智能超前探水预测一体化算法"加权计算公式及风险判别依据如表 3.2-5 所示。

表 3.2-5　掌子面前方风险判别表

风险系数（风险系数 = 各组分系数 × 各组分权数）	风险大小
≥15	大
<15	小

（5）首先进行超前钻探泄水孔，采集地质情况，判断工况风险。根据风险工况初步拟定风险控制措施如下：

若依据加权计算各组分判别分级判断为高风险工况，则施作止浆墙进行超前帷幕注浆、架设管棚工作室、施作超前管棚、注浆，计算在高风险工况下涌水注浆压力 P、注浆量 Q 及止浆墙厚度 B。计算公式如下：

$$P = (2\sim 4)\text{MPa} + P_0 \quad (3.2\text{-}9)$$

式中：P——注浆终压；

P_0——涌水压力。

注浆量计算公式如下：

$$Q = (n \cdot \pi \cdot D^2 / 4) \cdot L \cdot a \cdot \eta \quad (3.2\text{-}10)$$

式中：Q——注浆量；

D——注浆范围；

L——注浆段长；

n——岩层裂隙率；

a——浆液在岩石裂隙中的充填系数，取 $a = 0.3 \sim 0.9$；

η——浆液消耗率。

止浆墙厚度计算公式如下：

$$B = P_0 r / [\sigma] + 0.3r \quad (3.2\text{-}11)$$

式中：B——止浆墙厚；

P_0——止浆终压；

r——注浆面隧道开挖半径；

$[\sigma]$——混凝土墙允许抗压强度。

若判断为低风险工况，则对掌子面加固并进行上台阶喷混凝土封闭，然后进行锚杆锚固、架设管棚工作室、施作超前管棚与超前小导管，随后进行注浆。

3.2.2 富水段溜坍、突涌预控超前组合加固技术

本技术根据隧道不同富水段的风险程度，遵循"宁强勿弱、尽量减少拆换""岩变我变"的施工原则，采取相应加固措施。其主要思路：通过超前钻探泄水孔的探测结果确定施工段水量的大小，若是水量大的工况，采用超前帷幕注浆与超前管棚加固措施，先测量放线，标注钻孔位置，等施工机械与人员就位之后，钻孔方式根据成孔的难易程度而定，注浆直至满足注浆标准。架设管棚工作室后封闭上台阶掌子面，施作超前管棚并注浆。若水量小，采用超前泄水孔排出一部分水，记录出水量等相关信息。架设管棚工作室施作超前管棚与小导管并注浆。上台阶喷射混凝土封闭后使用 $\phi 25$ 玻璃纤维锚杆加固掌子面。本技术具体施工工艺流程如图 3.2-2 所示。

1. 超前钻探泄水孔

（1）超前探孔泄水泄压设计图。

掌子面布设 4 个孔（1 个水平孔，3 个外插孔），开孔直径 $\phi 90$，孔长 30 m，每 20 m 一

循环，外插孔端头应在开挖轮廓外 8 m，如图 3.2-3 ~ 图 3.2-5 所示。

图 3.2-2　施工工艺流程

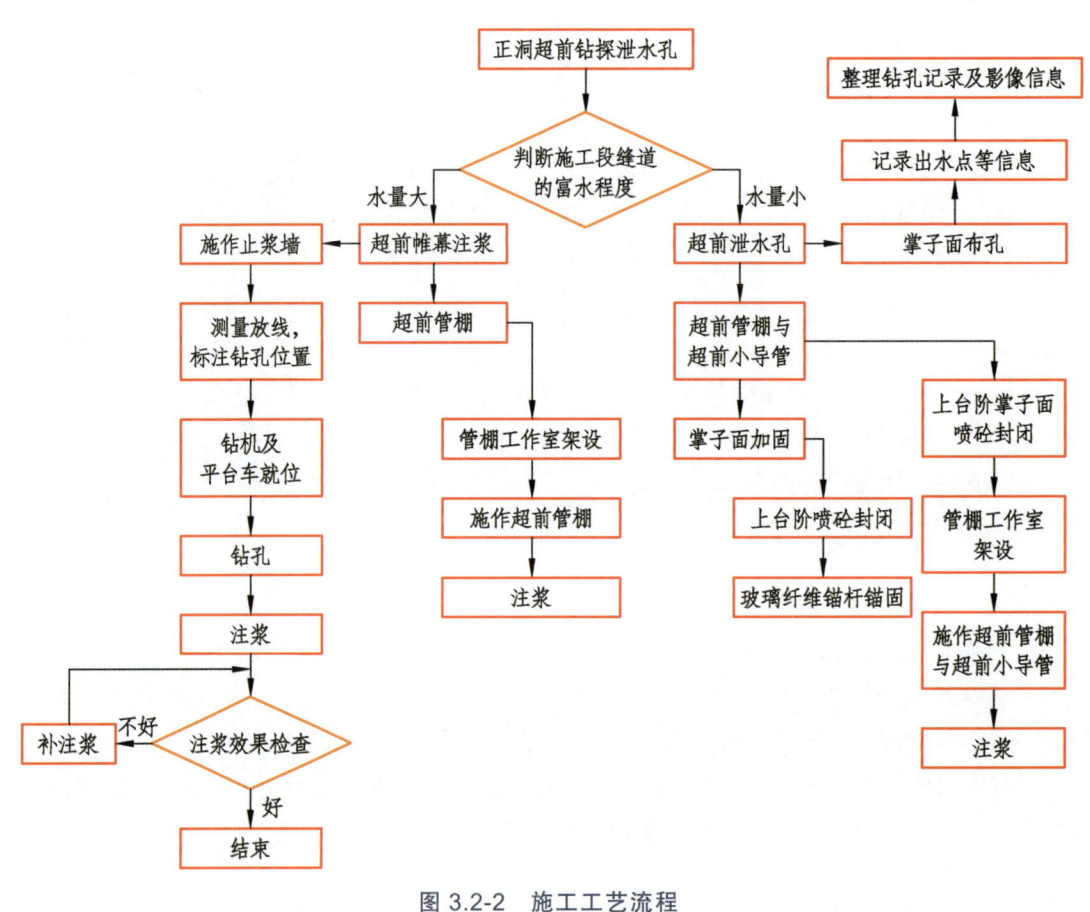

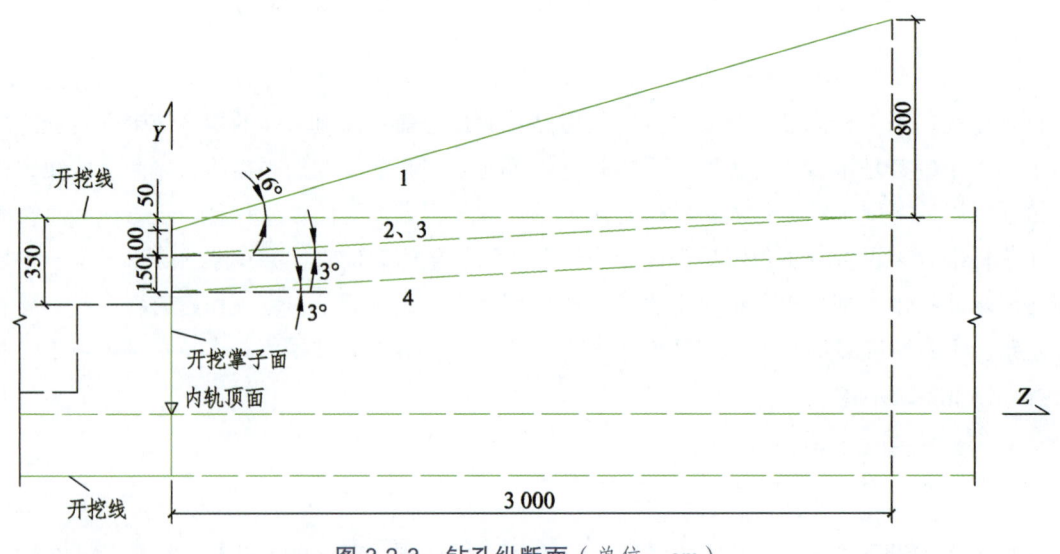

图 3.2-3　钻孔纵断面（单位：cm）

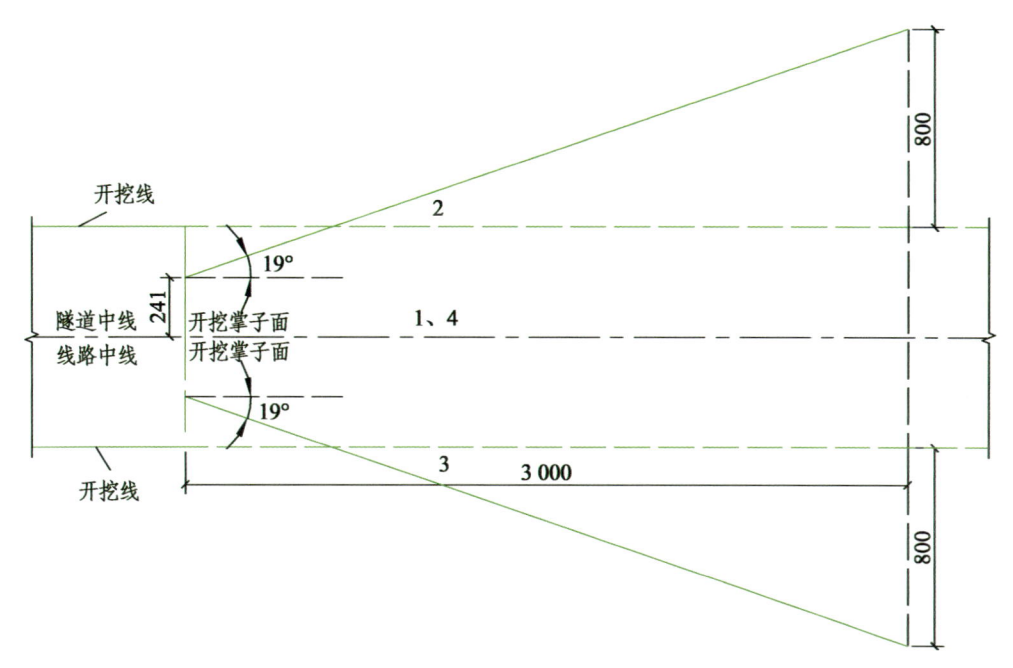

图 3.2-4 钻孔平面（单位：cm）

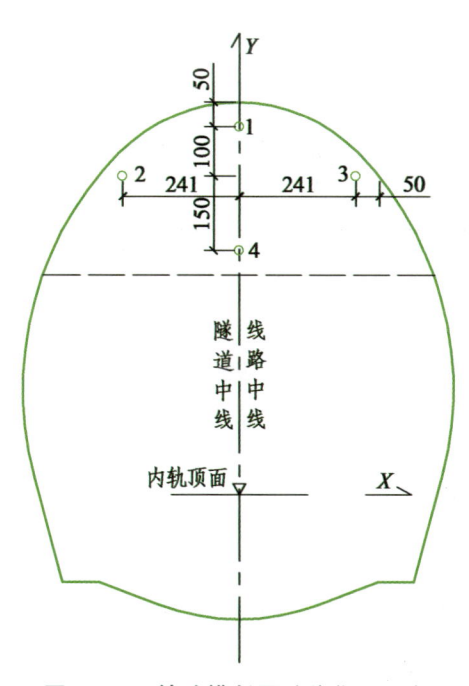

图 3.2-5 钻孔横断面（单位：cm）

（2）钻孔要求。

① 钻孔位置信息（孔口高程、里程、偏角和孔深）纳入钻孔资料中，由现场技术人员确认。

② 施钻需施工单位地质人员全程参与，详细记录钻进过程中的信息。

（a）实时分段记录钻进速度、围岩坚硬程度，孔内掉块、钻进缓慢且卡钻、裹钻、顶钻情况及位置。

（b）详细记录地下水出水点位置，水质、水量及水质清澈情况，并分段测量水压。

③ 重点记录钻孔突进的位置，钻进速度突变点、地下水由清变浊或由浑浊变清的位置、水量突然变化的位置及变化情况。

④ 每个探孔完成后，须及时把钻孔记录及孔内成像资料提交建设单位，以便制定工程措施。

当超前地质预报出现以下情况之一时，视为水量较大的工况。

（a）超前探孔 1 个孔及以上出现泥浆水或间歇性喷涌泥浆水；

（b）1 个探孔及以上出现膏（泥）状挤出物；

（c）2 个探孔及以上出现单孔股状出水；

（d）探孔钻进过程中出现塌孔、裹钻等钻进困难现象，钻孔完成后 2 h 内出现塌孔缩孔现象。

2. 超前帷幕注浆、局部注浆

通过超前地质预报结合智能超前探水预测判断涌突为高风险时采用上半断面超前帷幕注浆，涌突为较低风险时采用局部注浆加固。下面以正洞为例介绍其关键过程，平行导坑同此。

高风险情况上半断面超前帷幕注浆设计如图 3.2-6 和图 3.2-7 所示。施作时机按距超前地质预报出水点 10 m 控制（即掌子面距出水点小于 10 m 时应立即启动，掌子面距出水点大于 10 m 时继续开挖至 10 m 启动），已施作帷幕注浆段按止浆岩盘 5 m 控制。

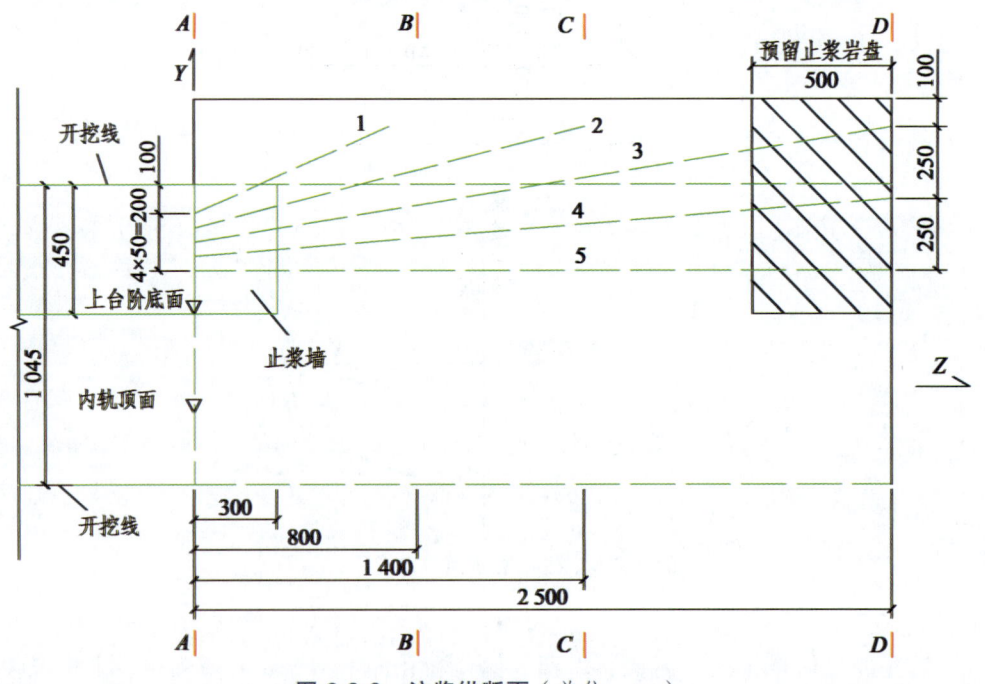

图 3.2-6　注浆纵断面（单位：cm）

(a) A—A 孔口布置图

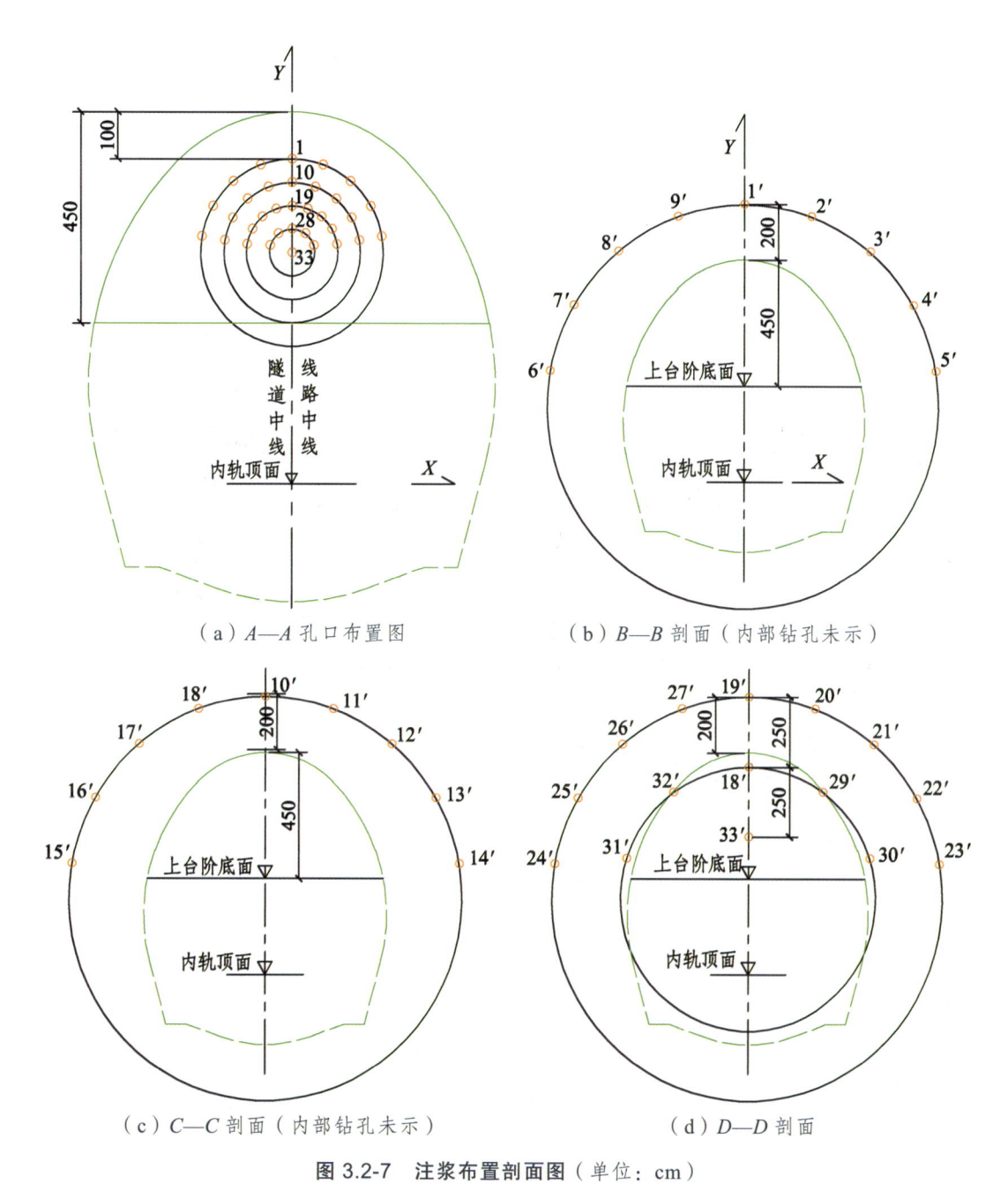

(b) B—B 剖面（内部钻孔未示）

(c) C—C 剖面（内部钻孔未示）

(d) D—D 剖面

图 3.2-7　注浆布置剖面图（单位：cm）

（图中编号表示钻孔序号，以最外圈最高处钻孔为起始1，以顺时针方向依次累加编号，从外圈向内圈编号。）

帷幕注浆设计参数：①注浆方式及范围：注浆方式为超前帷幕注浆，注浆范围为开挖轮廓线外3 m。②注浆孔布置：每一循环长度为25 m，其中每循环开挖20 m，留5 m作为止浆岩盘；注浆孔孔底间距按2.5 m控制。③注浆材料：注浆材料原则上以水泥浆为主、水泥水玻璃双液浆为辅，水泥为42.5级普通硅酸盐水泥，水玻璃波美度为40°Bé，水泥浆水灰比为0.8∶1~1∶1，水泥浆、水玻璃体积比为1∶0.8，浆液配比参数还应根据实际地质情况及注浆的不同时段试验确定。④注浆压力：大于等于10 MPa。⑤扩散半径：扩散半径可采用室内试验和现场试验注浆确定。根据试验结果可适当优化扩散半径及孔底间距，孔底间距≤1.5倍扩散半径。本次设计方案超前帷幕注浆的浆液扩散半径为 1.5 m，隧道补注浆的浆液扩散半径为1.0 m。具体步骤如下：

（1）施作止浆墙。

如图 3.2-8 所示，止浆墙厚度 3.0 m，高 4.5 m，采用模筑 C20 混凝土，止浆墙四周采用ϕ22 螺纹钢加固，环向间距 1 m，左、右侧拱腰各 4 排，底部 7 排，每排 2 根，长 2.5 m/根，外露 1.0 m，预埋于止浆墙中。止浆墙达到 75%设计强度后进行注浆。

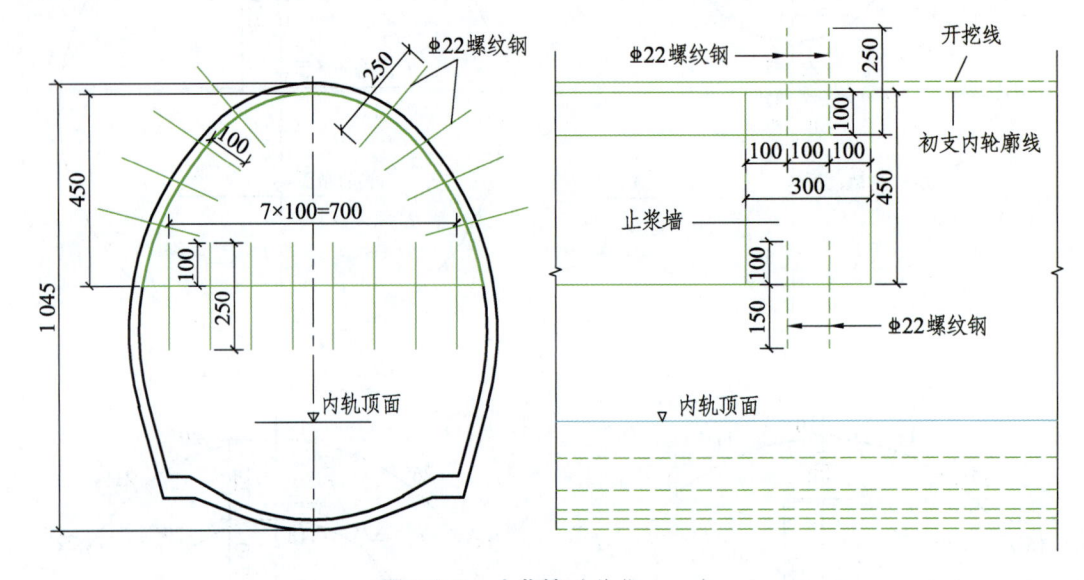

图 3.2-8　止浆墙（单位：cm）

（2）钻孔注浆。

① 钻孔方式。

（a）如果较难成孔时采用前进式分段注浆施工工艺，即在施工中，实施钻一段注一段，再清孔钻一段、再注一段的钻、注交替方式进行钻孔注浆施工。每次钻孔注浆分段长度根据围岩情况定为 1～3 m。前进式分段注浆采用止浆塞或孔口管法兰盘进行止浆。

（b）进行后退式分段注浆施工时，在检查合格的钻孔中放入止浆塞及其他配套装置，对一个注浆分段段长进行注浆施工，第一分段注浆完成后，后退一个分段长度进行第二分段注浆，如此往复，直到将整个注浆段完成。进行后退式分段注浆施工时，注浆分段长度宜取 0.6～2.5 m。一般成孔较好时采用此方法注浆效果较好。

（c）在钻孔结束之后，放入ϕ42 钢管，以便于直接注浆到底部。

② 注浆工艺及要求。

（a）注浆前，先进行注浆试验，初步掌握浆液充填率、注浆量、浆液配合比、凝胶时间、浆液扩散半径、注浆终压等指标。

（b）孔口位置应准确定位，与设计位置的允许偏差为＋5 cm，偏角应符合设计要求，每钻进一段，检查一段，及时纠偏，孔底位置偏差应小于 30 cm。施工现场如图 3.2-9 所示。

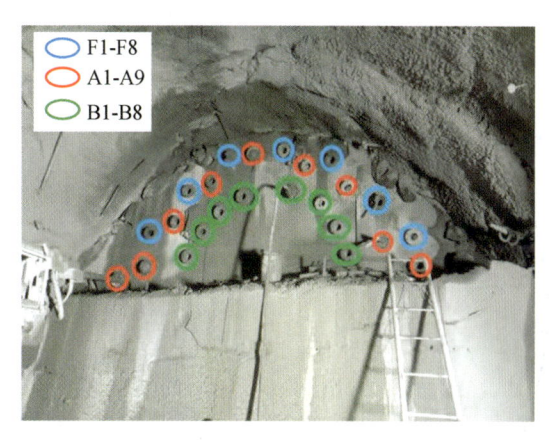

图 3.2-9 现场施作超前帷幕注浆

（c）注浆孔直径不小于 90 mm。

（d）钻孔和注浆顺序要求：应按由下到上、由外到内、由远水源处向近水源处、间隔跳孔四个原则进行。

（e）当岩层破碎容易造成坍孔时，应注浆、扫孔后再行钻进，即采用前进式注浆，否则采用全孔一次性注浆。

（f）孔口设 3 m 长 ϕ108 注浆管，埋设牢固，并有良好的止浆设施。

（g）一个孔段的注浆作业一般应连续进行到结束，不宜中断，应尽量避免因机械故障、停电、停水、器材等问题造成的被迫中断。因实行间歇注浆，制止串浆冒浆等而采取有意中断时，应先将钻孔清理至原深度以后再行复注。

③ 注浆结束标准。

注浆结束应同时满足以下三个条件：

（a）P-Q-T 曲线：注浆施工中，P-t 曲线呈上升趋势，Q-t 曲线呈下降趋势；注浆结束时，注浆压力达到设计终压，且持续不小于 10 min，进浆量小于 20 L/min。

（b）涌水量对比：随着注浆进行，钻孔涌水量不断减少；注浆后单孔出水量不大于 1 L/min。

（c）检查孔观察：经过注浆后，在拱部设置 3 个外插角检查孔，且成孔完整，不出现涌砂、涌泥现象。

若不满足上述注浆结束标准，应进行补注浆。

当超前探孔判定不具备超前帷幕注浆启动条件，但有一个孔出现股状清水时，采用局部注浆堵水加固。超前局部注浆设计如图 3.2-10 所示。

（1）涌水量及涌水压力不大时（小于 0.5 MPa）使用孔口安装止浆塞直接利用探水孔进行注浆，若涌水量及压力较大，则在出水孔口处钻 3 个分流孔，以减小涌水压力，有利于注浆，探水孔和分流孔均作为注浆孔。其中，终孔横断面处，分流孔距离集中出水探孔应控制在 0.5～1 m，3 个分流孔之间距离小于等于 2.5 m；探水孔和分流孔仰角应不小于 5°。

（2）若孔口段岩石破碎，应安设孔口管，孔口管安设前先用麻丝棉纱等缠绕孔口管，然后打入注浆孔，孔口与岩壁之间用膨胀快硬水泥堵塞，然后注浆，注浆完毕后，封堵孔口。

(a) 终孔横断面　　　　　　　　　　(b) A—A 截面

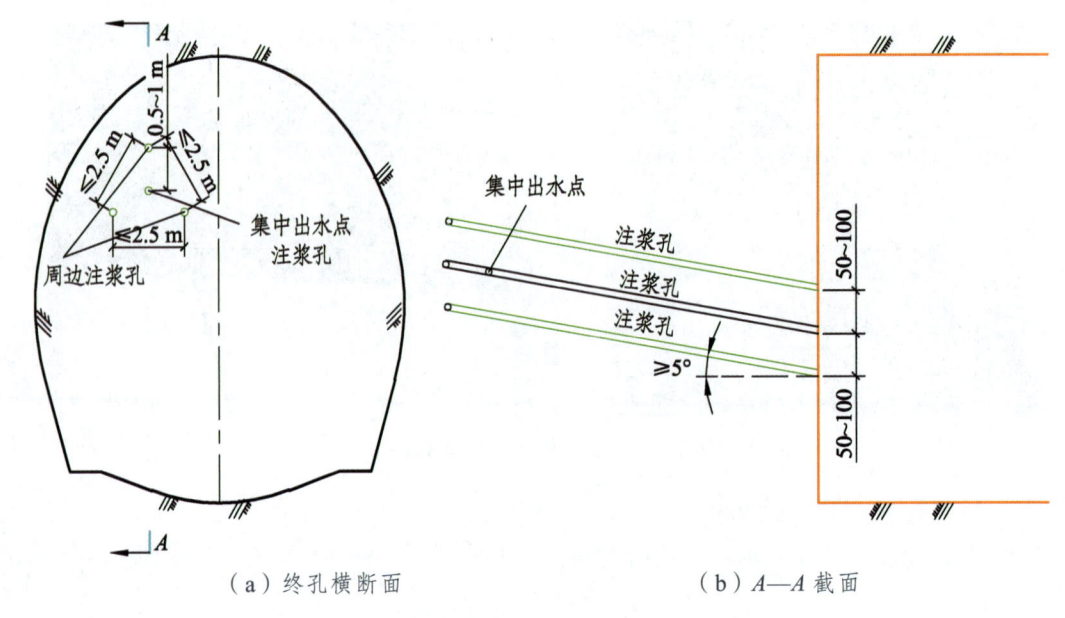

图 3.2-10　超前局部注浆加固设计（单位：cm）

（3）注浆材料原则上以水泥浆为主、水泥水玻璃双液浆为辅，水泥为 42.5 级普通硅酸盐水泥，水玻璃波美度为 40°Bé，水泥浆水灰比为 0.8：1～1：1，水泥浆、水玻璃体积比为 1：0.8，浆液配比参数还应根据实际地质情况及注浆的不同时段试验确定。

（4）若涌水压力较小，且空洞较大时，采用混凝土或其他方式充填。

3. 超前支护

超前注浆加固后施作超前支护，杉阳隧道溜坍、突涌段超前支护采用密排中管棚和密排小导管，其设计参数和施工过程同Ⅵ级围岩超前支护，此处不再详细叙述。

3.2.3　常规段"防溜坍"开挖技术

为控制掌子面挤出变形，杉阳隧道溜坍高风险段采用了玻璃纤维锚杆加固后三台阶预留核心土法进行开挖。此外，为防止溜坍体发生二次溜坍，开发了一种横向-环向临时支撑结构及其施工技术。

1. 溜坍高风险段"防溜坍"开挖

首先按照溜坍、突涌风险程度对掌子面前方采取超前组合加固；然后进行短进尺上台阶预留核心土机械开挖，及时喷混凝土封闭；对掌子面使用玻璃纤维锚杆进行加固，开挖支护后进行初期支护背后注浆，初期支护闭环完成之后进行监测，如果变形速率达到 5 mm/d，进行浅层围岩修复注浆，若出现局部变形异常就在对应位置进行锚杆补强；最后检验初期支护背后是否有空洞。将上述过程总结为"防溜坍"开挖施工技术，"防溜坍"施工流程如图 3.2-11 所示。

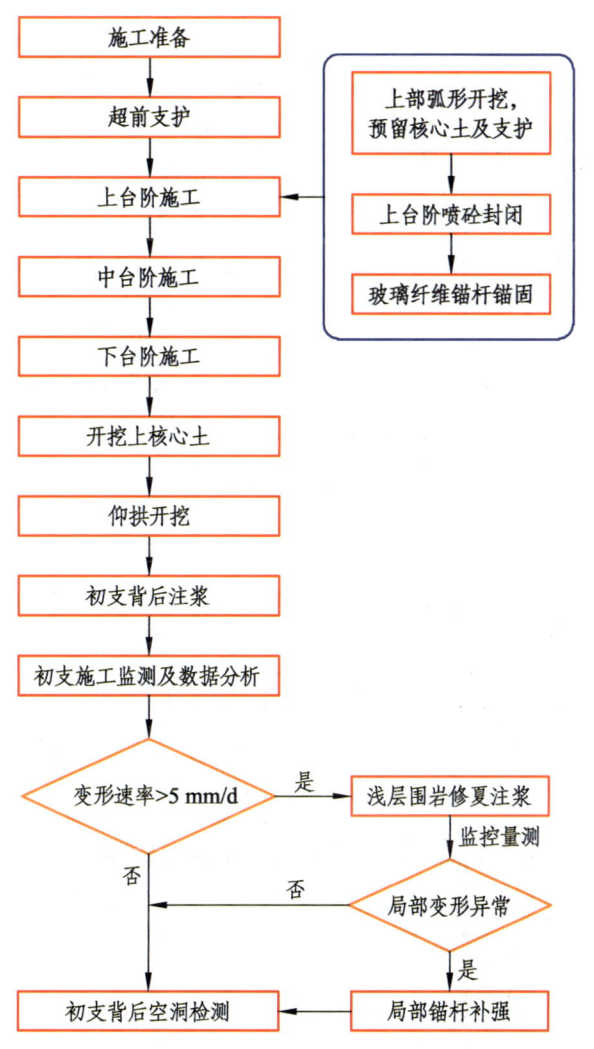

图 3.2-11　断裂夹持带软岩掌子面"防溜坍"施工工艺流程

（1）上台阶开挖：在拱部超前支护后进行，环向开挖上部弧形导坑，预留核心土，核心土长度为 3~5 m，如图 3.2-12 所示。开挖循环进尺根据初期支护钢架间距确定，不超过 1 m，上台阶采用 10 cm 厚喷射 C25 混凝土封闭 + ϕ25 玻璃纤维锚杆锚固，其施工技术同第 2 章 2.3.3 节。开挖后应及时进行立架和喷射混凝土支护，在钢架拱脚以上 30 cm 高度处，紧贴钢架两侧边沿打设锁脚锚管，拱脚锚管和钢架牢固焊接，复喷混凝土至设计厚度。

（2）中台阶开挖：开挖进尺应根据初期支护钢架间距确定，不超过 1 m，中台阶开挖长度 10~15 m，方便施作双层初期支护，开挖高度为 3~3.5 m，开挖后立即初喷 3~5 cm 混凝土，及时进行接长钢架及喷射混凝土支护，在钢架拱脚以上 30 cm 高度处，紧贴钢架两侧边沿打设锁脚锚管，拱脚锚管和钢架牢固焊接，复喷混凝土至设计厚度。

（3）下台阶开挖：开挖进尺应根据初期支护钢架间距确定，不超过 1 m，下台阶开挖滞后中台阶 3~5 m，开挖高度为 3~3.5 m，开挖后立即初喷 3~5 cm 混凝土，及时进行接长钢架，复喷混凝土至设计厚度。

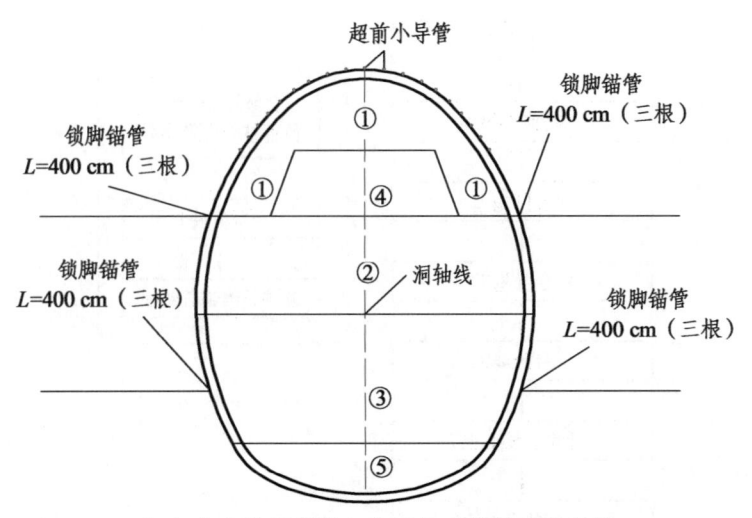

（a）上台阶预留核心土开挖法横断面示意图

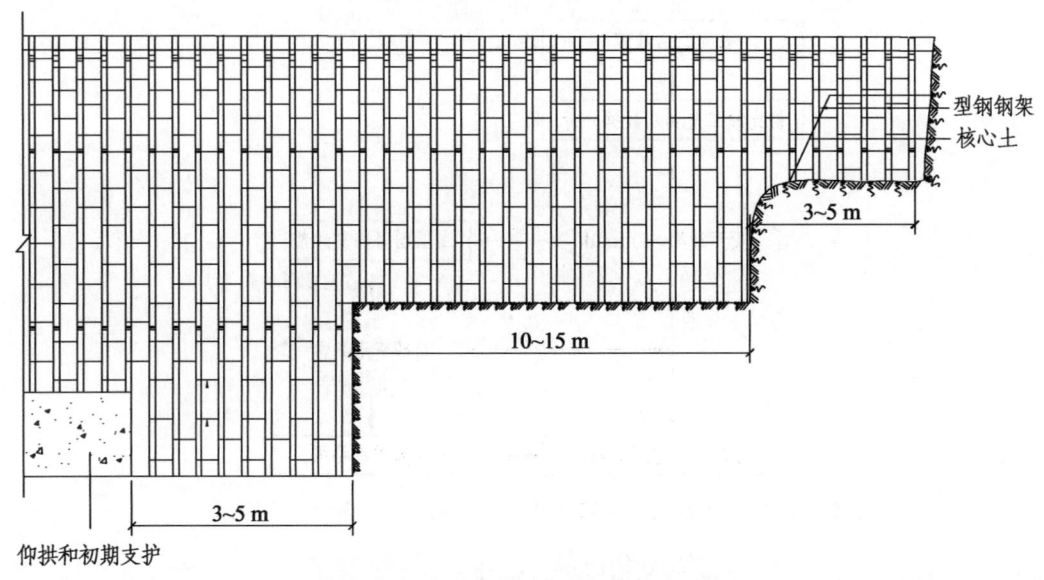

（b）上台阶预留核心土法纵断面示意图

图 3.2-12　三台阶预留核心土开挖

（4）上台阶预留核心土开挖进尺与各台阶循环进尺一致。

（5）仰拱开挖：每循环开挖进尺长度为 2~3 m，开挖后及时施作仰拱初期支护，完成两个隧底开挖、支护循环后，及时施作仰拱，仰拱分段长度为 4~6 m。

在初期支护喷射混凝土完成后，及时对空洞部位进行浅表注浆，其施工工艺同第 2 章 2.3.4 节，此处不再叙述。

2. 溜坍体开挖

针对溜坍体，开发了一种横向-环向临时支撑结构及其施工技术，如图 3.2-13 所示。

首先，对溜坍堆积体表面进行喷混封闭，防止或减缓堆积体进一步垮塌滑落。

其次，在溜坍堆积体后方上台阶洞室处布设横撑，作为临时挡墙结构的骨架；在溜坍堆积体后方上台阶洞室顶处打设锚杆，将部分锚杆打入围岩，留出一定长度用于与现浇混凝土接触，将围岩与现浇混凝土临时挡墙锚固为一个整体。

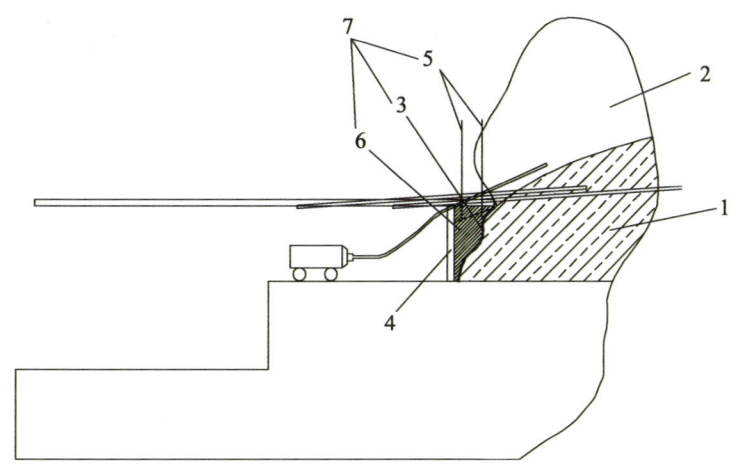

1—溜坍堆积体；2—上台阶洞室；3—喷射混凝土层；4—临时横撑；
5—锚杆；6—隔墙；7—临时防护结构。

（a）溜坍体治理横向-环向临时支撑示意图

（b）临时防护结构横撑及现场注浆施工情况

图 3.2-13　溜坍体治理横向-环向临时支撑示意图及现场施工

再次，从横撑后方起至溜坍空腔体内预设混凝土泵送管，用于后续泵送混凝土填充空腔。然后，在溜坍堆积体后方浇筑混凝土，形成临时挡墙结构，有效阻挡发生概率较高的二次溜坍，确保施工安全。

最后，在掌子面处施作超前管棚、通过泵送混凝土填满溜坍空腔、对溜坍堆积体及周围土体进行超前帷幕注浆后，拆除临时挡墙结构，开挖溜坍堆积体。

该技术可有效抑制断裂夹持带围岩松动和垮塌，同时保证下部人员和机械设备安全；形成的混凝土临时挡墙结构具有较大的强度和刚度，有效抑制了断裂夹持带围岩松动和垮塌。

DK96+908、DK97+000、DK96+974.9 等里程段处出现过掌子面溜坍；使用断裂夹持带软岩单线铁路隧道掌子面"防溜坍"开挖技术后，未出现二次掌子面溜坍的情况，施工质量得到控制，安全得到保障。

第 4 章　高地温环境特长单线铁路隧道施工技术

4.1　杉阳隧道高地温成因及其不利影响

高地温隧道在施工过程中会产生不同程度的危害，温度超过 28 ℃后，人员、机械设备在洞内施工困难，因此采用了相应的降温措施才确保了隧道的施工安全，但也付出了巨额资金。目前，随着隧道施工技术水平的不断提升及高速铁路、长大引水隧洞的需要，我国深埋长隧道将会越来越多。目前，我国还没有高地温隧道施工的成熟经验，在高地温段隧道施工中增加的工、料、机等额外投入，是造成施工单位亏损的原因之一。

4.1.1　杉阳隧道高地温段成因分析

高地温的形成和分布，受控于其所处的大地构造位置和区域构造活动特点。新建大瑞铁路地处印度板块与欧亚板块相碰撞缝合带附近之扬子亚板块、印支亚板块、滇缅泰亚板块，三大亚板块以金沙江-红河断裂带和澜沧江深大断裂为分界，地跨陆缘拗褶带、印支亚板块之兰坪-思茅拗陷与滇缅泰亚板块之保山褶皱带。杉阳隧道位于澜沧江活动断裂带东侧，受区域大构造影响，区内次级断层较发育，岩层节理、裂隙发育，岩体较破碎。隧道主要穿越 6 条断裂构造。从板块学说观点看，该区靠近现代板块边界，新生代以来印度板块与欧亚板块的碰撞，对该区的动力学过程起着深刻的影响。该区特有的构造力学背景及深部构造，决定其高地温状况，并有别于云南省其他地区。

地温变化总的趋势是随深度的增加而增大，达到一定的深度后地温将趋于一致。在地温研究中发现，各地区地温梯度的变化很大。它主要取决于区域地质构造、地壳深部结构、岩浆作用及构造活动，而地形及气候对恒温带的温度和深度则有直接的影响，其中气温又与纬度有关，一般低纬度带恒温带较浅，温度亦偏高；反之，高纬度带则较深，温度亦偏低。一般情况下，每增加 100 m 的埋深，埋深处的地温约增加 2 ℃，在距离地表 1 000 m 以上的地层，正常情况下地温为 30 ~ 40 ℃。

4.1.2　高地温对杉阳隧道的不利影响

随着国民经济的飞速发展和隧道施工技术的不断进步，与交通建设和水资源开发有关的隧道工程和其他地下工程逐渐向长大深埋方向发展，高地温病害也逐渐成为地下工程的一大难题。通过实地调研，高地温对杉阳隧道的不利影响主要表现在以下几个方面：

（1）隧道内环境恶劣，施工效率降低。

高地温对施工降效的影响主要体现在人员和机械作业效率下降两方面：一是施工人员在高温环境下作业，体内电解质易失去平衡，出现眩晕、恶心、呕吐等症状，单次作业时长缩短，施工人员作业效率严重降低；二是隧道内高温高湿环境导致机械工作条件恶化，装载机、运渣车等易出现水箱开锅、频繁熄火等故障，机械效率降低，使用寿命降低。

（2）对结构及材料产生不良影响。

采用普通配合比时，高温会使混凝土的早期强度增加，而使其后期强度降低，影响结构的承载能力。此外，高地温环境下，洞内水分蒸发快、混凝土失水快，对于混凝土结构养护提出了更高的要求，产生的附加温度应力还可能引起衬砌开裂，对衬砌结构的安全及耐久性不利；同时影响到施工及建筑材料的选取，如耐高温炸药、止水带、排水盲管及防水板等。

（3）对施工人员健康造成影响。

高地温耦合高原缺氧，施工环境恶劣，极易产生高原反应，影响人员健康和生命安全，作业人员更换频繁，给人员组织和卫生医疗保障带来了很大的困难。当存在高温热水时，热水突涌风险大，施工时人员被高温热水、蒸汽烫伤的风险高。

4.2 隧道开挖对地层温度场的影响分析

由于科学技术和数值计算的快速发展，数值分析已然成为隧道通风研究中解决问题的重要手段。隧道的施工通风从初期的自然通风，渐渐发展成为借助施工辅助坑道、管道通风和机械通风的通风方式。针对长隧道、大断面隧道，运用数值模拟计算方法可以对隧道环境进行反复多次模拟，降低安全事故发生的概率。

计算流体力学数值模拟的求解步骤：

（1）选择计算内容的物理模型。

（2）将需要计算的区域在建模软件中建立几何模型，并对几何模型进行网格划分。

（3）将模型导入计算软件中，进行初始条件的设置，选择适当的物理模型、算法、初始条件等，之后进行计算。

（4）对计算结果进行后处理分析。

4.2.1 流固耦合传热数值计算

数值计算过程分为 9 个部分，如图 4.2-1 所示。

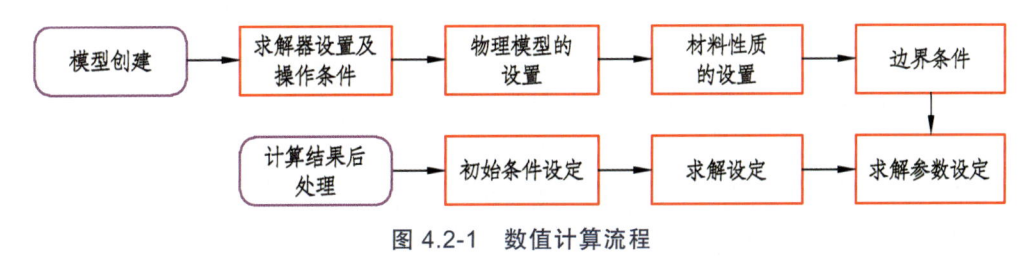

图 4.2-1 数值计算流程

（1）模型的创建。

在隧道温度场的计算中，对模型的尺寸要求非常大，且要进行长时间的瞬态计算。模型的网格质量与计算精度密切相关。

（2）求解器设置及操作条件。

将模型划分好网格后，导入到 Ansys Fluent 中进行网格划分并检查确认后进行计算。在选择求解器时通常采用基于压力法的求解器，对于隧道温度场的模拟，Transient（瞬态）计算更为实际且合理。在温度场的计算中，要想进行更符合时间情况的模拟，应将重力、操作密度进行设置，以考虑自然对流的效果。操作密度的设置，可以在进行初始化后，在 Reports 中查看流体的平均密度，从而在操作密度处进行设置。

（3）物理模型的设置。

在隧道温度场的计算中，主要考虑的就是温度的变化，所以必须要打开能量方程（Energy Equation），然后通过计算雷诺数来判断是层流还是湍流。判断好层流与湍流后即可选择相应的物理模型。对于隧道温度场的湍流模拟，可以选择 The Standard k-e Model（标准的 k-e 模型）或者 Realizable k-e Model（现实 k-e 模型），它们与壁面函数相结合，具有良好的稳定性和数值稳定性。接下来选择 Near-Wall Treatment（近壁面处理），在流固耦合传热中，可以选择 Enhanced Wall Treatment（增强壁面处理）。由于考虑自然对流，因此可将 Full Buoyancy Effects（浮力效应）打开。

（4）材料性质的设置。

由于考虑流固耦合传热，因此既要设置流体材料，也要设置固体材料。为了更准确地模拟温度场规律，可以选择不可压缩气体，这样可使气体的密度发生变化。自然对流的本质就是气体由于温差产生密度差，从而导致气体的流动。固体材料的设置，添加围岩的密度、比热及传热系数即可。

（5）边界条件。

压力入口：可以设定入口的压强、温度。当压力入口作为入口条件进行计算的初量时，必须要设定静压。

速度入口：当速度已知时，可采用速度入口。特殊情况下，流场的出口也可采用速度入口边界条件。

压力出口：压力出口可定义出口的压力和温度，出口定义实际的数据可使计算不易产生回流，更加容易收敛。

壁面边界：当壁面边界在流固耦合传热中当一面为流体，一面为固体时，为双侧壁面的热力学边界条件。在导入 Ansys fluent 中时，软件自动识别为 couple 壁面类型，自动生成 wall 和 wall shadow 两个壁面。在材料中定义两侧物体的参数，软件会计算出此壁面的传热条件。

对称边界：在隧道温度场流固耦合传热计算中，可采用半对称模型进行计算，可使计算更加高效。在半对称模型建立时，可采用 O 形划分，在选取前后面时，需将对称面一并选上，这样划分出来的网格更加美观、质量更高、网格数更少。

（6）求解参数设定。

在 fluent 的求解算法中，POSO 和 COUPLED 主要用于瞬态计算，虽然此两种方法能加快收敛速度且计算稳定，但是计算消耗的时间会增加。

（7）求解设定。

流固耦合传热采用瞬态计算才能使计算结果更加准确且具有说服力,可以在时间步方法中设置自动或固定值都可,在 console 中会显示计算的时间以及步数。可在 Monitors 中设置监测,观察某一点的数据变化情况,从而确保计算的准确性以及观察动态计算效果。

（8）初始条件设定。

初始化主要包括两种方法,标准初始化和混合初始化。当将某一区域设定的初始值作为计算初始值,可在标准初始化里选择相应的初始化边界,并设定好初始值。在流固耦合传热计算中,有空气域和固体域（围岩区域）,通过 patch 功能将固体域中的参数添加即可。

（9）计算结果后处理。

在 Fluent 中可以简单观察某点、线、面上的计算结果及云图、流线图等,也可在后处理软件 CFD-POST 中进行结果分析。

4.2.2 模型建立及网格划分

本节通过 Ansys Fluent 大型商用 CFD 软件,建立隧道瞬态温度场传热模型,通过 Fluent Meshing 对模型进行网格划分,采用 Poly-Hexacore 多面体＋六面体网格。多面体网格具有生成效率高、适应性好等优点,适合于复杂构体的网格划分,内部含有的 Curvature 和 Proximity 等尺寸函数,特别适合捕捉小型曲面、缝隙几何特征尺寸跨度大的网格划分。通过试算可知,对于隧道温度场传热计算,围岩径向 30 m 外温度变化很小,因此在模型 x、y 方向取 30 m 进行模拟,z 方向为隧道进深方向,取 200 m。隧道网格模型共划分了 78 151 个单元,383 443 个面,243 710 个节点,如图 4.2-2 所示。

（a）隧道整体模型

（b）隧道进口端

（c）隧道开挖后空气域

（d）外部围岩固体域

图 4.2-2 隧道计算模型

4.2.3 模型设置及参数选取

（1）物理模型以及参数设置。

本节模拟隧道温度场采用的物理模型为标准的 $k\text{-}e$ 模型，采用标准壁面处理，并考虑浮力效应，对隧道空气域网格进行加密处理，应用 PISO 算法进行求解，通过标准初始化对进口进行初始化。

（2）材料选取。

杉阳隧道剩余段穿越地层为侏罗系中统花开左组（J_2h）泥岩、页岩夹砂岩、石英砂岩、板岩及泥灰岩。查阅相关文献得各类岩土体导热系数，其特征值对比如图 4.2-3 所示，岩体的导热系数 [1.72～2.69 W/（m·K）] 大于砂土 [1.53～1.83 W/（m·K）]、土体 [1.37～1.59 W/（m·K）] 和碎石土 [1.77～1.80 W/（m·K）]。岩体中以砂岩、千枚岩和砂砾岩导热系数最大，泥岩最小；从颗粒组成上看，岩土体导热系数数值大小与岩土体颗粒粒径呈正相关，从粉砂、细砂、中砂、粗砂到砾砂，从黏土、粉质黏土到粉土，导热系数总体呈上升状态。围岩的导热系数取决于物质成分、密度和温度，并与其构造有关，导热系数随着围岩的总含水率的增大而增大，随负温的降低而缓慢增大。而杉阳隧道地下水以基岩裂隙水和构造裂隙水为主，段内基岩以砂岩、泥岩为主，岩层富水性和透水性较差，地下水不丰富。

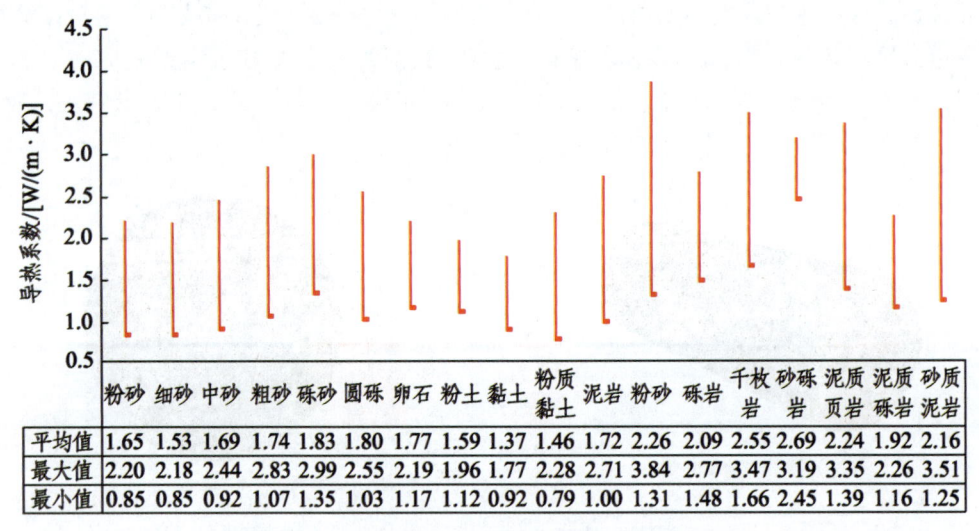

	粉砂	细砂	中砂	粗砂	砾砂	圆砾	卵石	粉土	黏土	粉质黏土	泥岩	粉砂岩	砾岩	千枚岩	砂砾岩	泥质页岩	泥质砾岩	砂质泥岩
平均值	1.65	1.53	1.69	1.74	1.83	1.80	1.77	1.59	1.37	1.46	1.72	2.26	2.09	2.55	2.69	2.24	1.92	2.16
最大值	2.20	2.18	2.44	2.83	2.99	2.55	2.19	1.96	1.77	2.28	2.71	3.84	2.77	3.47	3.19	3.35	2.26	3.51
最小值	0.85	0.85	0.92	1.07	1.35	1.03	1.17	1.12	0.92	0.79	1.00	1.31	1.48	1.66	2.45	1.39	1.16	1.25

图 4.2-3 各类岩土体导热系数统计特征值对比

因此，参考图 4.2-3 和已有文献计算参数，计算模型材料属性设置如表 4.2-1 所示。

表 4.2-1 热物计算参数

材料	热传导系数/[W/（m·K）]	比热/[J/（kg·K）]	密度/（kg/m³）	黏度/[kg/（m·s）]
空气	0.024 2	1 006.43	—	1.789 4×10⁻⁵
围岩	2.5	1 050	1 600	—

(3)边界条件设置。

计算模型中除进出口外均采用 wall 边界条件,隧道出口边界条件采用压力出口,设置出口压力、温度。因云南省永平县全年平均气温为 25 ℃,因此出口温度设置为 25 ℃。围岩与空气交界面在模型建立时设为 wall 边界,在 Fluent 中自动形成 wall 和 wall-shadow 边界,且根据材料参数自动计算传热条件。根据杉阳隧道洞身地段 DK98+100～DK101+000 洞内钻孔最高温度为 29.8 ℃,最高达 34 ℃。因此对于围岩固体温度的设置,在初始化后对围岩温度进行 patch,给予围岩初始温度 34 ℃。

(4)监测点的设置。

从隧道全长以及以往经验考虑,在拱顶和底部每隔 5 m 设置一个监测点,隧道左侧边墙处径向 5 m 范围内每 1 m 设置一个监测点,监测隧道纵向拱顶、边墙和底部温度变化情况。

(5)计算时长的选取。

通过试算以及对以往温度场数值模拟文献的参考,可知通过瞬态模拟 30 d 后的计算结果已经趋于稳定且具有代表性。

4.2.4 数值计算结果及分析

(1)隧道开挖后围岩及隧道径向温度场变化。

本数值模拟初始化仅对围岩设置一个初始温度,而后由于隧道内外的温度差产生自然对流,在瞬态模拟 5 d 和 30 d 时间点,模型掌子面 5 m 前断面温度分布如图 4.2-4 所示。

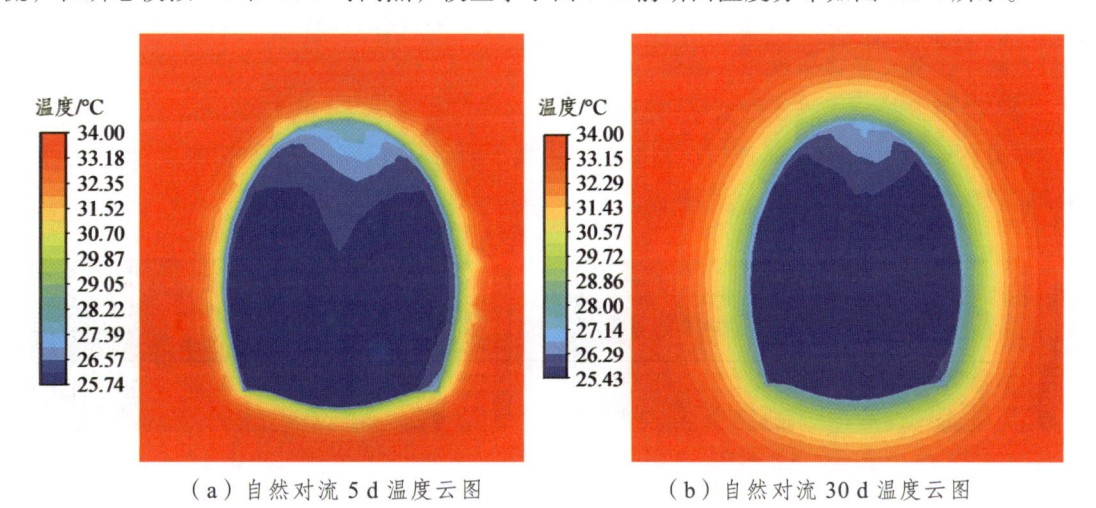

(a)自然对流 5 d 温度云图 (b)自然对流 30 d 温度云图

图 4.2-4 隧道掌子面 5 m 前断面隧道及围岩温度场分布云图

由图 4.2-4 数值模拟结果可知,隧道围岩径向一定距离温度随着自然对流时间的增加而减小,径向温度变化范围在增大。这主要是由于隧道内外存在温度差,产生自然对流,隧道内外发生热交换,而新进来的冷风又与隧道围岩发生热传导,导致围岩温度降低。

为得到围岩径向温度变化情况,在隧道左侧边墙处 1～5 m 范围内每 1 m 设置一个监测点,通过瞬态计算得到不同时间点隧道边墙温度变化情况。如图 4.2-5 所示为隧道离掌子面

5 m 处左侧边墙温度变化情况。

(a) 围岩径向温度变化

(b) 第 5 d 和第 30 d 温度差

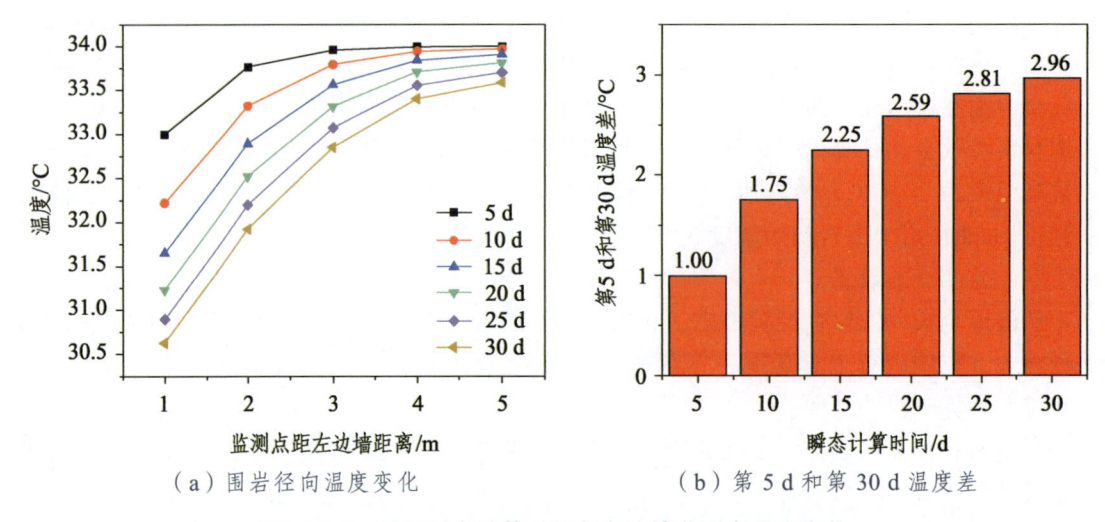

图 4.2-5　不同瞬态计算时间下左边墙监测点温度变化

由图 4.2-5 可以看出,随着时间的增加,该范围内围岩温度不断降低,且在相同时间间隔内随着时间的推移变化幅度越来越小,第一个 5 d 内距边墙 1 m 监测点温度变化 0.78 ℃,最后一个 5 d 则变化 0.26 ℃;同时径向范围上温度变化也逐渐减小,在开始 5 d 时间内,左边墙处 5 m 范围内最高温度差为 1.00 ℃,而第 30 d 温度差为 2.96 ℃。这主要是因为在温度差的作用下外部冷空气逐渐进入隧道发生热交换,随着时间的推移,隧道内温度逐渐降低导致温差减小,热交换速率也相应减慢。

(2) 隧道开挖后围岩及隧道纵向温度场变化。

在瞬态计算 30 d 内于隧道拱顶和仰拱距离掌子面每隔 5 m 设置一个监测点,计算所得模型垂直对称面温度云图如图 4.2-6 所示。

(a) 自然对流 5 d 温度云图

(b) 自然对流 30 d 温度云图

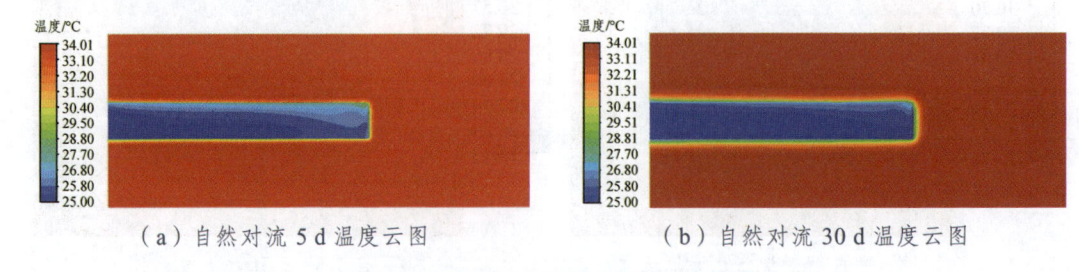

图 4.2-6　隧道及围岩温度场分布云图

隧道纵向范围内温度随着自然对流时间的增加而减小,周围围岩温度也逐渐减小。这与径向温度变化原因一致,主要是由于隧道内外存在温度差,产生自然对流,隧道内外发生热交换,而新进来的冷风又与隧道围岩发生热传导,导致围岩温度降低;同时随着隧道进深增加,隧道温度逐渐升高。

为得到纵向温度变化情况,在隧道拱顶及仰拱处纵向距掌子面 30 m 范围内每 5 m 设置一个监测点。

① 隧道拱顶温度纵向变化。

通过瞬态计算得到不同时间点隧道拱顶温度变化情况，如图 4.2-7 所示。

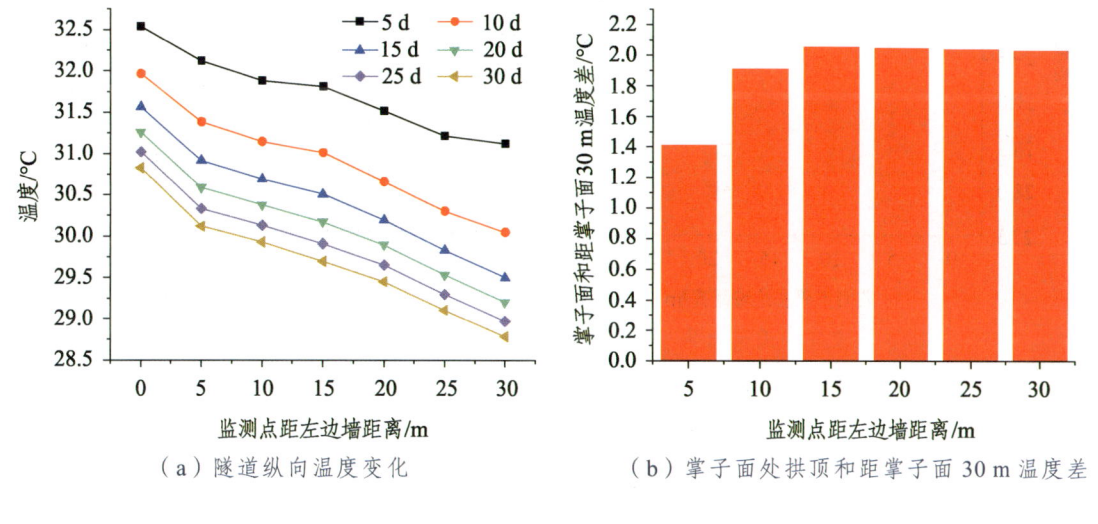

(a) 隧道纵向温度变化

(b) 掌子面处拱顶和距掌子面 30 m 温度差

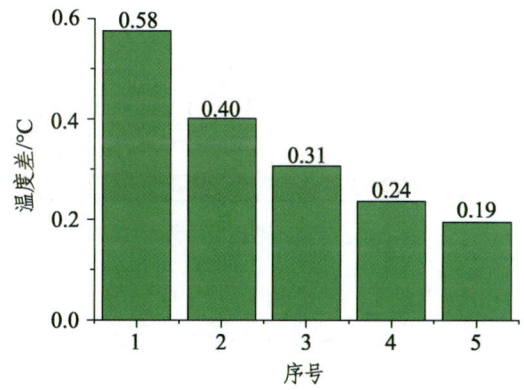

(c) 相邻间隔时间内掌子面拱顶温度差

图 4.2-7　不同瞬态计算时间下拱顶监测点温度变化

由图 4.2-7 可以看出，随着时间的增加，该范围内围岩温度不断降低，且在相同时间间隔内随着时间的推移变化幅度越来越小，如图（c）所示（图中序号 1 表示第一个 5 d 和第二个 5 d 的温度差，其他以此类推），第一个 5 d 和第二个 5 d 掌子面拱顶温度差 0.58 ℃，最后第五个 5 d 和第六个 5 d 温度差为 0.19 ℃，相差 0.39 ℃；在空间上，隧道纵向范围上拱顶温度随离掌子面越远温度越低，掌子面处温度最高，在开始 5 d 时间内，掌子面拱顶温度 32.54 ℃；掌子面拱顶温度与距掌子面 30 m 处温度差随时间推移由小增大，这主要是由于距掌子面越远，与洞外进入的冷空气进行热交换越容易，导致温度下降幅度大而掌子面温度变化小。

② 隧道仰拱温度纵向变化。

通过瞬态计算得到不同时间点隧道仰拱温度变化情况，如图 4.2-8 所示。

（a）隧道纵向温度变化

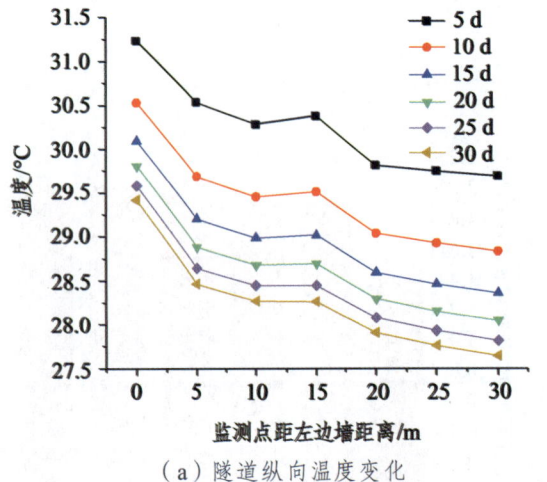

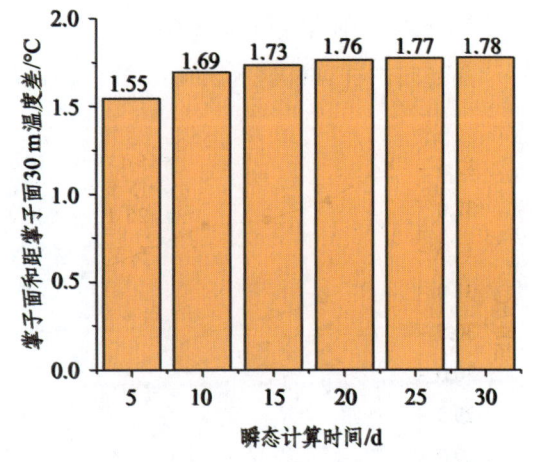

（b）掌子面处仰拱和距掌子面30 m温度差

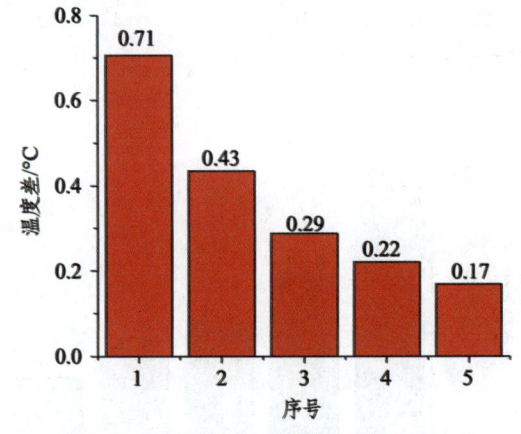

（c）相邻间隔时间内掌子面拱顶温度差

图 4.2-8　不同瞬态计算时间下仰拱监测点温度变化

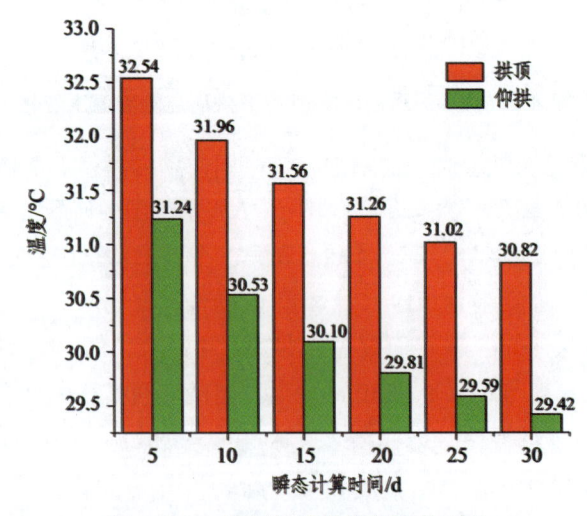

图 4.2-9　拱顶与仰拱温度变化对比

由图 4.2-8 可知，隧道仰拱温度变化规律与拱顶基本一致。如图 4.2-9 所示为隧道掌子面处拱顶与仰拱的温度对比,仰拱的温度下降得要比拱顶快,在后 25 d 时间内拱顶温度下降了 1.72 ℃,而仰拱为 1.28 ℃。这是由于在压强的作用下,外部冷空气被带入到隧道中,而隧道内空气在重力作用下,温度相对低的空气会下沉存在于拱底处,致使仰拱处的温度下降得快,这在上述纵向隧道温度场变化中能明显感觉到,低温空气在隧道内部呈现下坡状分布,越靠近掌子面低温气体所占比例越小。

4.3 高地温隧道降温技术方案研究及优化分析

4.3.1 通风降温对隧道温度场的影响分析

1. 模型建立及网格划分

本节所使用软件与前面相同,隧道断面结构一致,所不同的是本节主要为对隧道环境温度的影响分析,因此不考虑围岩温度变化,不建立围岩部分模型。与大多数特长隧道一样,杉阳隧道也采用了巷道式通风方式,不同的是还结合了分阶段的管道压入式通风,因此本节针对杉阳隧道正洞通风进行数值计算,同时考虑压入式通风和巷道式通风,巷道式通风建立横通道将正洞风流送入平行导坑排出。为简化计算,考虑主要因素仅建立一半宽度的横通道用于模拟隧道巷道式通风,横通道截面简化成直径为 8 m 的圆,与正洞交叉角度为 45°。隧道通风管根据方案选择直径为 1.2 m 的风管。模型中通风管分别在隧道断面左右设置,长度为 60 m,出口离掌子面 40 m。模型 z 方向为隧道进深方向,取 100 m。模型共划分了 362 685 个单元,1 920 327 个面,1 311 056 个节点,如图 4.3-1 所示。

通风系统供给的风流从风筒进口到达风筒出口,流体流动整体向着一个方向,为了模拟的方便,往往将风筒内部流体的流动看作一元流动。风流到达风筒出口后,进入隧道里,此时风流的流动不可视作一元流动,往往被视作三元流动。在隧道施工区域附近,风流可以被划分为三个区域:射流区、涡流区和回流区。因此,本次计算风管仅考虑出风口。

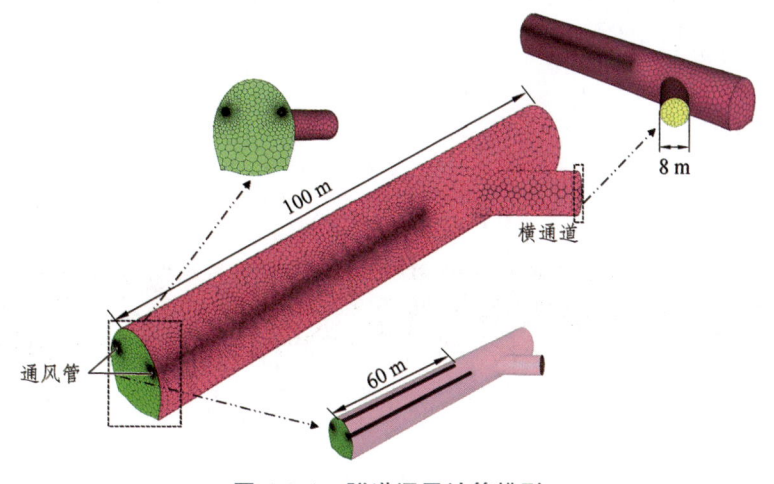

图 4.3-1 隧道通风计算模型

2. 模型设置及参数选取

根据杉阳隧道洞身地段 DK98+100～DK101+000 洞内钻孔最高温度为 29.8 °C，最高可能达 34 °C。因此隧道壁面设置为无滑移固体壁面边界（wall），壁面温度设置为 34 °C。隧道进口和横通道出口边界条件采用压力出口（pressure-outlet），设置出口压力、温度。因云南省永平县全年平均气温为 25 °C，因此出口温度设置为 25 °C。通风管进风口设置为速度进口边界（velocity inlet），根据施工方案可知，掌子面采用 SDF(c)-No12.5 型轴流风机进行通风，最小风量为 1 475 m³/min，计算得风速约为 20 cm/s，但考虑到风管长距离输送时的损耗和风管破损，出口风速按五成考虑，故取 10 m/s，风温取 25 °C。设置模型初始条件为洞内空气温度 34 °C。

监测点的设置：从隧道全长以及以往经验考虑，在断面中心距掌子面每隔 5 m 设置一个监测点，共设置 30 m，隧道左右两侧边墙处同一高度各设置一个监测点，监测隧道内部温度变化情况。

计算时长的选取：通过试算以及对以往温度场数值模拟文献的参考，可知通过瞬态模拟 20 min 后的计算结果已经趋于稳定且具有代表性。

3. 数值计算结果及分析

为直观了解隧道内温度场变化，在开始瞬态计算时设置三个监测平面，即通过隧道左侧通风管的纵向垂直断面（监测平面一）、通过隧道右侧通风管的纵向垂直断面（监测平面二）和通过隧道风管和横通道的纵向水平断面（监测平面三），初始时上述截面温度云图如图 4.3-2 所示。

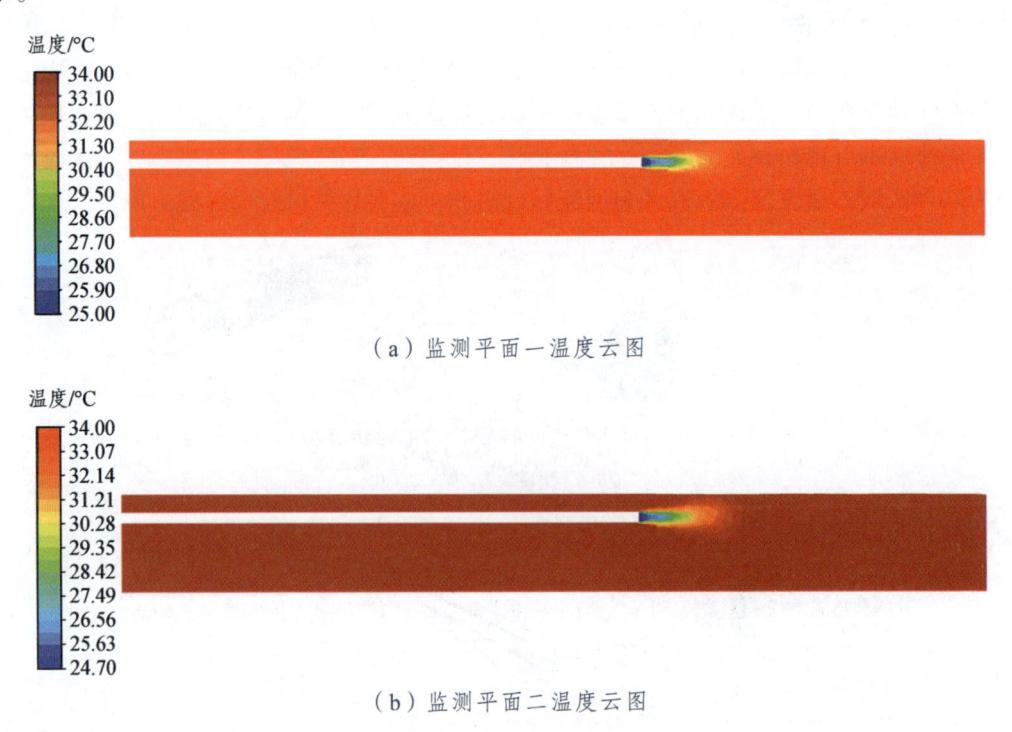

（a）监测平面一温度云图

（b）监测平面二温度云图

（c）监测平面三温度云图

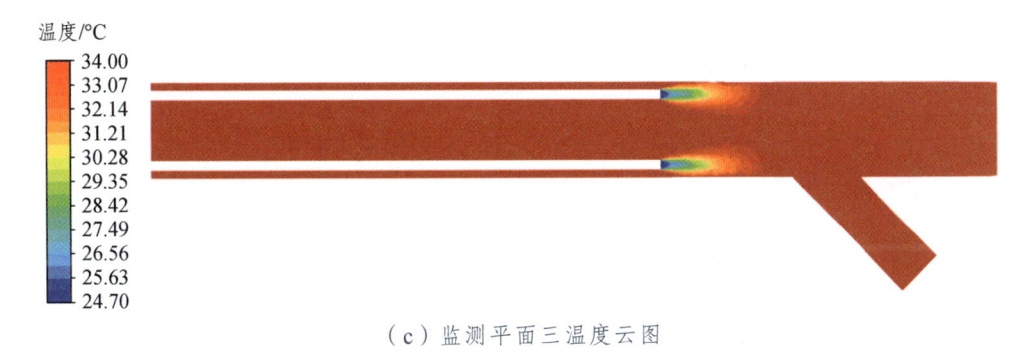

图 4.3-2　初始时各监测平面温度云图

由上述监测平面,得到 5 min 和 10 min 时间点隧道内部温度与速度变化云图,如图 4.3-3 ~ 图 4.3-5 所示。

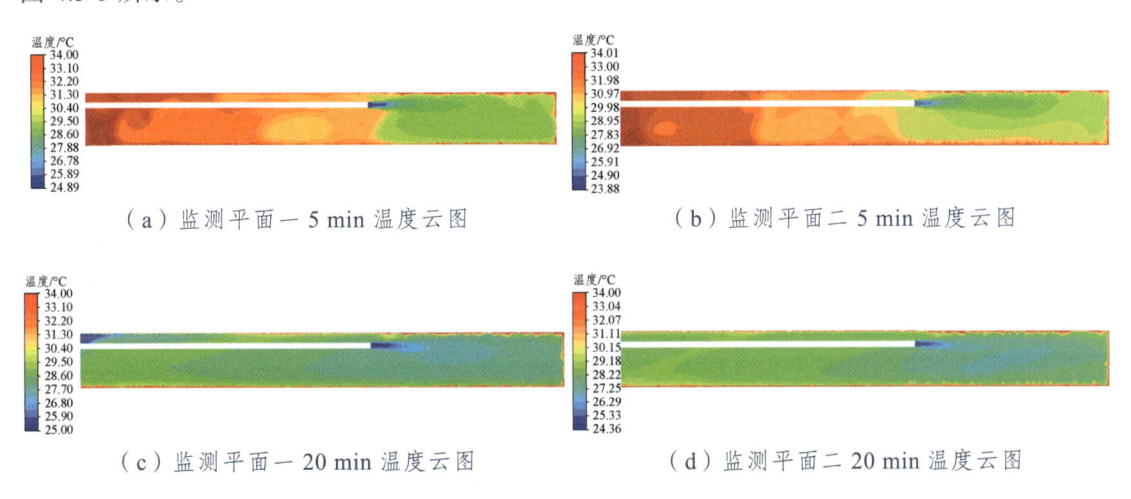

（a）监测平面一 5 min 温度云图　　　　　　（b）监测平面二 5 min 温度云图

（c）监测平面一 20 min 温度云图　　　　　　（d）监测平面二 20 min 温度云图

图 4.3-3　5 min 和 10 min 时间点监测平面温度云图

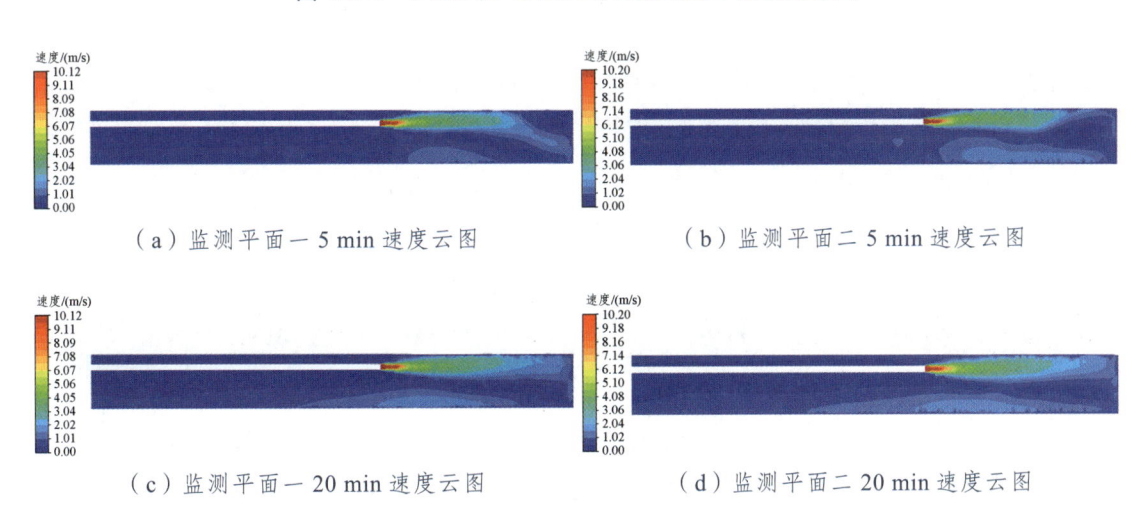

（a）监测平面一 5 min 速度云图　　　　　　（b）监测平面二 5 min 速度云图

（c）监测平面一 20 min 速度云图　　　　　　（d）监测平面二 20 min 速度云图

图 4.3-4　5 min 和 10 min 时间点监测平面速度云图

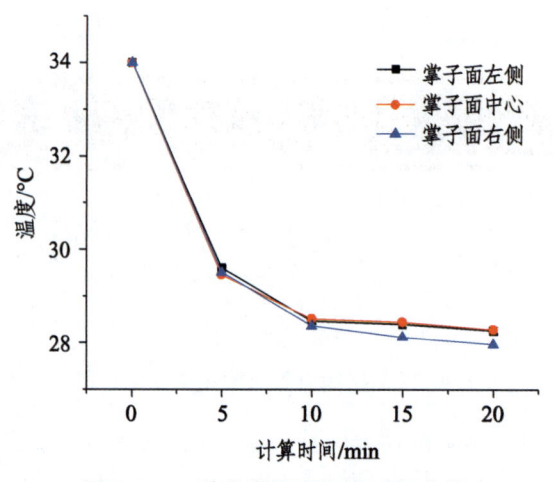

图 4.3-5　隧道掌子面温度时程曲线

由图 4.3-5 可明显看出，监测平面一隧道内温度变化速度要比监测平面二慢，整体温度也较高，在通风 20 min 后掌子面左右两侧相差 0.7 ℃；隧道掌子面温度从右到左依次递增，中心掌子面温度跟掌子面左侧温度接近。这主要由于左侧存在通风横通道，在其影响下，右侧新鲜风很容易有部分从横通道流出，导致到达掌子面的风量和风速减小，而左侧吹入的到达掌子面的空气回流携带的整个掌子面热空气流入横通道，同时由于位置关系掌子面右侧热空气更容易从横通道流出，因此掌子面左侧温度要比右侧温度高。由图可知此时掌子面温度趋近于 28 ℃，但又高于 28 ℃，还需进一步采取措施。隧道上部的温度明显高于隧道其他部位。这是由于热空气密度低于冷空气，冷空气受重力向下运动，热空气向上运动，造成了温度在垂直方向有分层。由于本模型风筒位于隧道上半部分，因此风流不易到达隧道的顶部附近，且隧道壁面的散热对其温度升高作用明显。

同时，根据速度云图可知，隧道中气流的流动符合射流流动规律，流线的流型没有发生大的变化。由于出风口输出的低温风流与壁面和隧道内的热空气进行热量交换，使得温差较大从而产生密度差，最终造成气流的浮升力不同。由于浮升力和重力的影响的不同，射流轴线会发生弯曲。同时，风流从风筒紧贴隧道侧壁向前射出，随着距风筒出口的距离不断增大，风速围绕风筒形状出现明显的层次性，受到掌子面限制，风流折返，距掌子面一段距离的区域形成了涡流区。

监测平面三温度与速度云图如图 4.3-6 ~ 图 4.3-8 所示，计算结果统计如表 4.3-1 所示。

（a）监测平面三 5 min 温度云图　　　　（b）监测平面三 20 min 温度云图

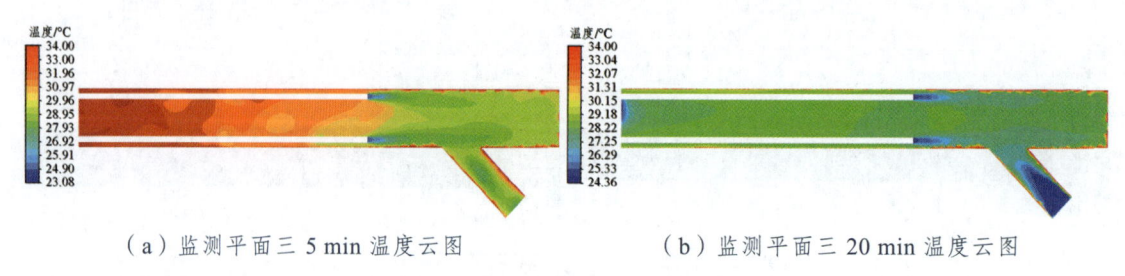

图 4.3-6　监测平面三温度云图

(a)监测平面三 5 min 速度云图　　　　　　(b)监测平面三 20 min 速度云图

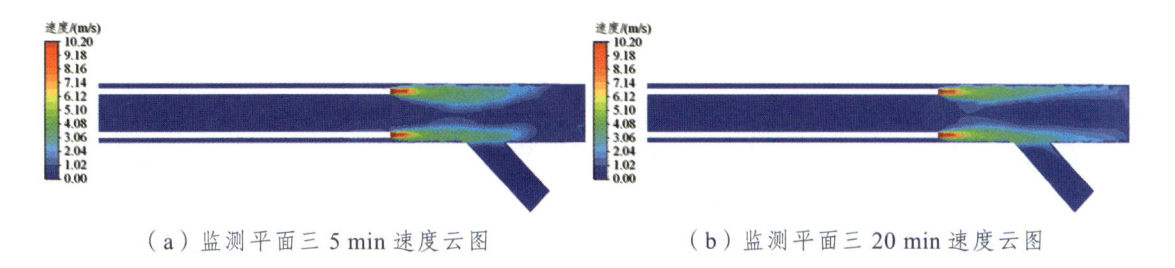

图 4.3-7　监测平面三速度云图

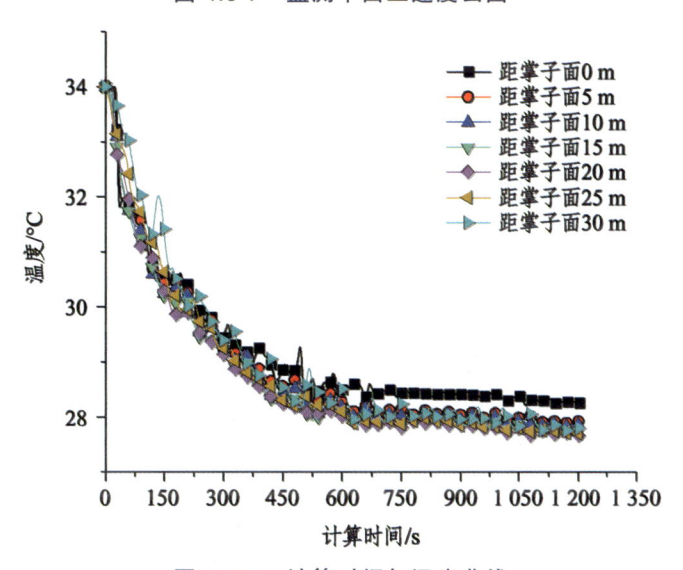

图 4.3-8　计算时间与温度曲线

表 4.3-1　计算结果统计

监测点计算时间/min	监测点温度/°C					
	距掌子面 1 m	距掌子面 5 m	距掌子面 10 m	距掌子面 15 m	距掌子面 20 m	距掌子面 25 m	距掌子面 30 m
5	29.459 0	29.239 6	29.328 7	29.219 4	29.129 8	29.258 3	29.395 3
10	28.511 3	28.278 5	28.184 5	28.069 4	28.009 2	28.109 9	28.513 7
15	28.439 6	28.043 5	27.945 7	27.887 4	27.845 1	27.853 7	27.951 9
20	28.278 5	27.925 8	27.853 4	27.743 2	27.655 9	27.699 5	27.787 2

由上述温度场与速度场的云图对比来看，温度场受速度场的影响很大。在靠近隧道围岩且风流速度较小的地方温度较高，在风流流速较大的区域温度较低，另外在横通道处温度也有降低，这主要由于横通道压力出口设置温度为 25 °C，导致横通道出口处与隧道内部存在温度差，进而产生热交换，致使横通道处温度有所降低。

由上述云图可知，通风会使隧道内温度重新分布，并在一定时间内达到新的平衡，经过 10 min 后，隧道内部温度有了显著变化，在距离掌子面 20 m 处的温度就已经降低至 28 °C；而经过 15 min 后，在距离掌子面 5 m 处温度降低至 28 °C；然而经过 20 min 后距离掌子面 1 m

处的温度仍未有明显降低，温度仍大于 28 ℃。因此，在上述条件下，还不能满足杉阳隧道施工作业温度的基本要求。

4.3.2 冰块降温对隧道温度场的影响分析

1. 模型建立及网格划分

本节计算模型与前面相同，模型 z 方向为隧道进深方向，取 100 m。模型共划分了 176 896 个单元，961 516 个面，665 255 个节点，如图 4.3-9 所示。区别在于在掌子面前方 5 m 处左右边墙添加了对称的冰块，每块冰块尺寸为 0.5 m×1 m×1 m，用于模拟掌子面前方放置 1 t 的冰块。流体力学计算软件 Fluent 可以求解流动的流体在一定的温度下或是超过一定的温度范围时发生的凝固或（和）融化现象，这是依靠 Fluent 中的凝固融化模型（Solidification & Melting）来实现的。其所采用的 Enthalpy-porosity 技术的核心是在整个研究区域内，将液体分数（即液相的流体组成的单元体积占整体区域体积的百分比）离散到计算区域内的每个计算单元。在计算时以热平衡方程为基础，液体所占的百分比通过反复地迭代求解离散化的热平衡方程，最终估算出液体所占的比例，即凝固或（和）融化成的体积分数。

当液体体积分数在 0~1 之间时，这个区域呈糊状。在 Fluent 计算过程中，假设这些糊状的区域为多孔介质，多孔性从 1~0 依次递减，当多孔性为 0 时，说明液体完全凝固成固体，此时流体的流动性及速度皆变为 0。

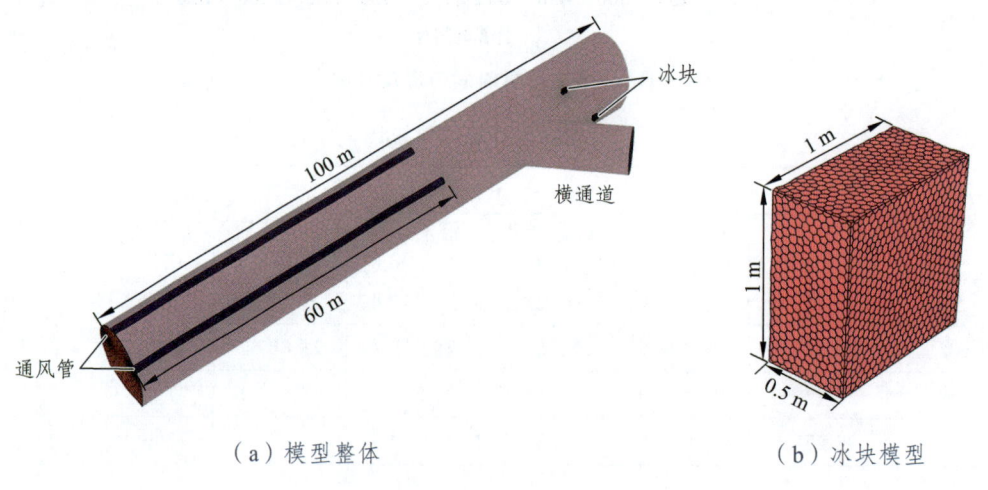

（a）模型整体　　　　　　　　　（b）冰块模型

图 4.3-9　冰块降温计算模型

2. 模型设置及参数选取

物理模型以及参数设置：相关参数设定除参照前述设置外，还需开启多相流模型（VOF）与凝固融化模型（Solidification & Melting）。

材料选取：本次仅涉及隧道通风，空气的相关参数设定参照前述设置，同时还要考虑冰水材料的热物学参数，如表 4.3-2 所示。

表 4.3-2　0 °C 和 1 个标准大气压时的冰水热参数

冰的融化热/（J/kg）	水的固相温度/ °C	水的液相温度/ °C
335 000	0	0

边界条件设置：边界条件设定参照前述设置，设置模型初始条件为洞内空气温度 34 °C，冰块温度 –1 °C，冰块体积分数为 1。

监测点的设置：从隧道全长以及以往经验考虑，在断面中心距掌子面每隔 5 m 设置一个监测点，共设置 30 m，隧道左右两侧边墙处同一高度各设置一个监测点，监测隧道内部温度变化情况。

计算时长的选取：通过试算以及对以往温度场数值模拟文献的参考，可知通过瞬态模拟 20 min 后的计算结果已经趋于稳定且具有代表性。

3. 数值计算结果及分析

为直观了解隧道内温度场变化，在开始瞬态计算时设置三个监测平面，即通过隧道左侧通风管的纵向垂直监测面 PZYZ4（监测平面一）、通过隧道右侧通风管的纵向垂直监测面 PZYY4（监测平面二）和通过冰块的横截面监测面 PZXS9（监测平面三），图 4.3-10 为初始时上述截面温度云图。

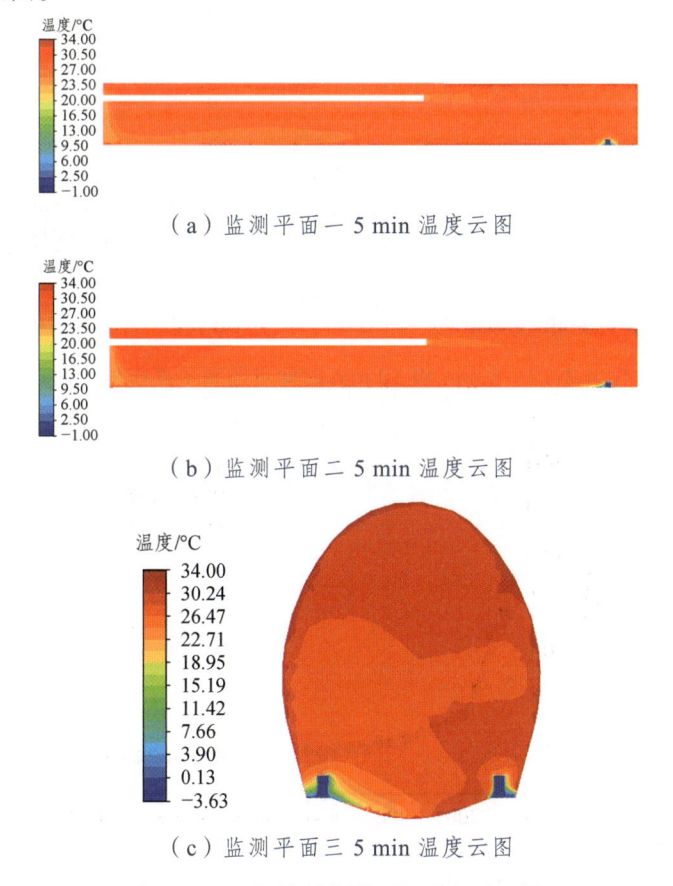

（a）监测平面一 5 min 温度云图

（b）监测平面二 5 min 温度云图

（c）监测平面三 5 min 温度云图

图 4.3-10　初始时各监测平面温度云图

由上述监测平面，得到 5 min 和 10 min 时间点隧道内部温度与速度变化云图，如图 4.3-11～图 4.3-13 所示，结果统计如表 4.3-3 所示。

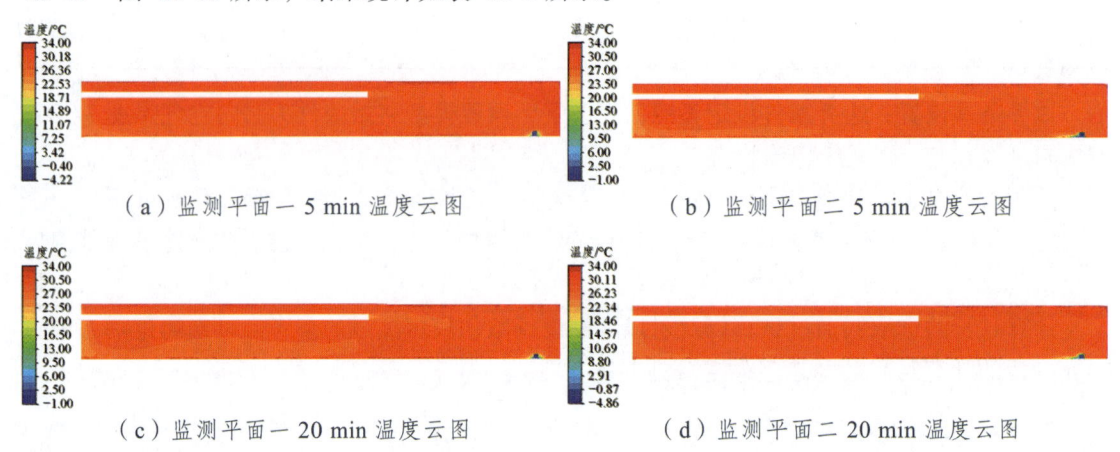

（a）监测平面一 5 min 温度云图　　　　（b）监测平面二 5 min 温度云图

（c）监测平面一 20 min 温度云图　　　　（d）监测平面二 20 min 温度云图

图 4.3-11　5 min 和 10 min 时间点监测平面温度云图

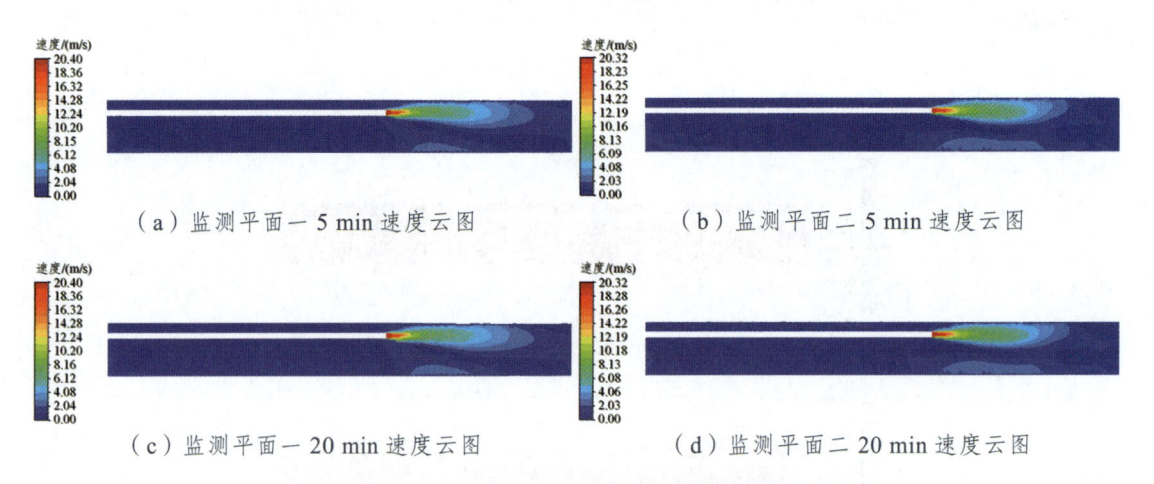

（a）监测平面一 5 min 速度云图　　　　（b）监测平面二 5 min 速度云图

（c）监测平面一 20 min 速度云图　　　　（d）监测平面二 20 min 速度云图

图 4.3-12　5 min 和 10 min 时间点监测平面速度云图

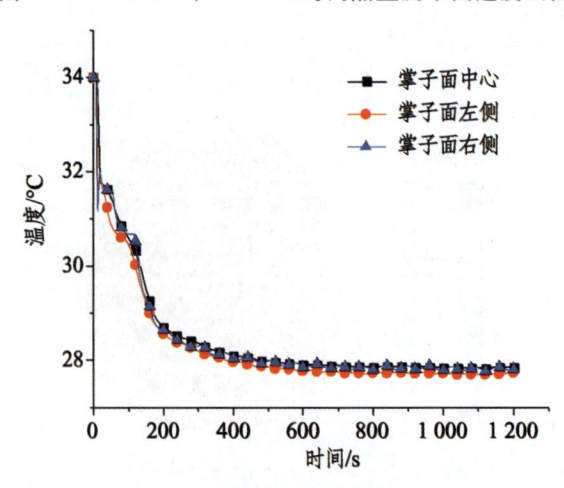

图 4.3-13　隧道掌子面温度时程曲线

表 4.3-3 计算结果统计

监测点位置	监测点温度/ °C			
	5 min	10 min	15 min	20 min
掌子面左侧	28.194 5	27.769 6	27.716 7	27.730 2
掌子面中心	28.360 1	27.908 0	27.870 1	27.858 1
掌子面右侧	28.286 6	27.856 7	27.871 2	27.808 7

由上述图可知，在 20 min 内掌子面温度前 5 min 变化迅速，掌子面中心及左右两侧前 5 min 内温度下降幅度分别占到 20 min 的 92.59%、91.83%和 92.28%，此阶段主要受通风的影响，内部高温气体均被输入的低温空气代替，温度发生骤降。值得一提的是，掌子面中间的温度最高而两侧的温度相对较高，同时右侧要比左侧高，这主要是由于左侧通风时从掌子面回流出的风会偏向右侧进入横通道，此间会遭遇到右侧被分流的风，导致右侧掌子面前方换温受阻，具体如图 4.3-14 所示。

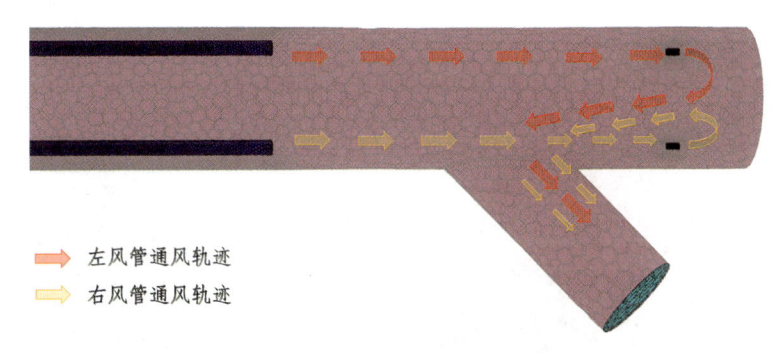

图 4.3-14 管内通风风向示意图

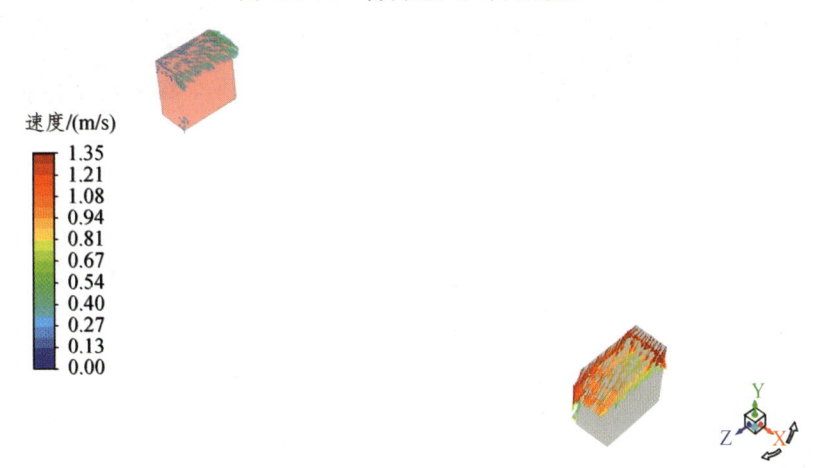

图 4.3-15 冰块表面速度矢量图

由图 4.3-15 可知，右侧冰块表面处风速比左侧要大，最大速度能达到 1.35 m/s；两侧冰块表面的风速也存在差别，左侧冰块表面风向纵向上朝向掌子面指向隧道右侧，右侧冰块风向背离掌子面同样偏向隧道右侧。这与上述分析一致，主要是由于左侧通风所致，其本质原因是受横通道影响,使之风向均偏向右侧横通道。同时,右侧快速流动的风使得右侧冰块的融化速度也快些,从而弥补了右侧风量减少导致的降温能力偏弱的不足,因此两侧温度相差不大。

监测平面三温度与速度云图如图 4.3-16～图 4.3-18 所示。

(a) 监测平面三 5 min 温度云图　　(b) 监测平面三 10 min 温度云图

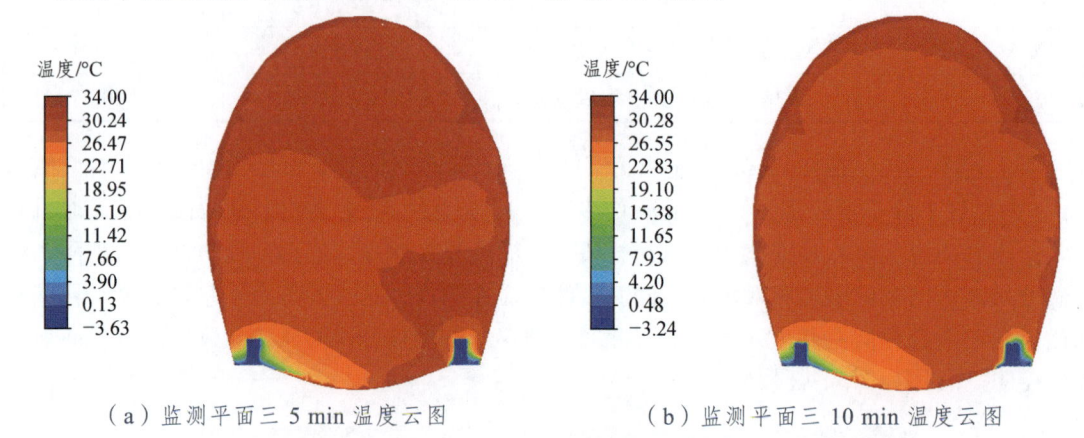

图 4.3-16　监测平面三温度云图

(a) 监测平面三 5 min 相变云图　　(b) 监测平面三 20 min 相变云图

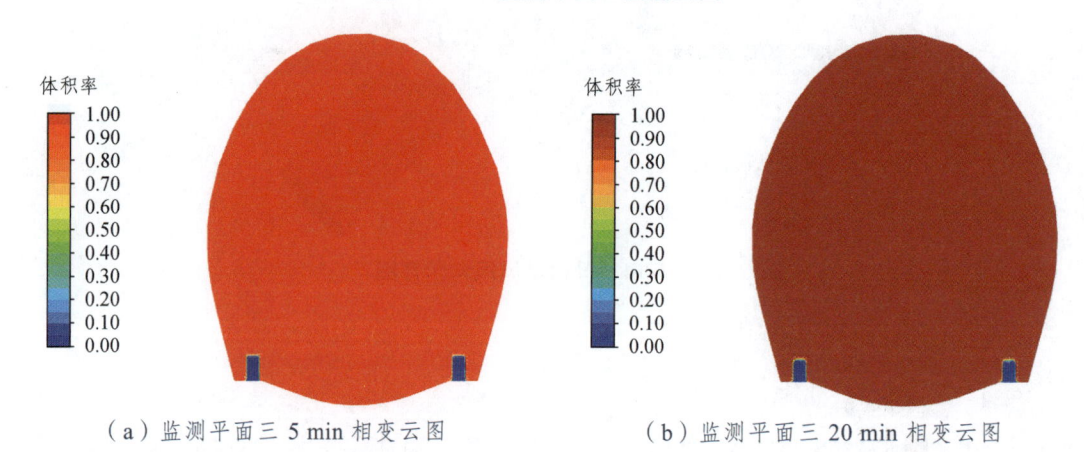

图 4.3-17　监测平面三相变云图

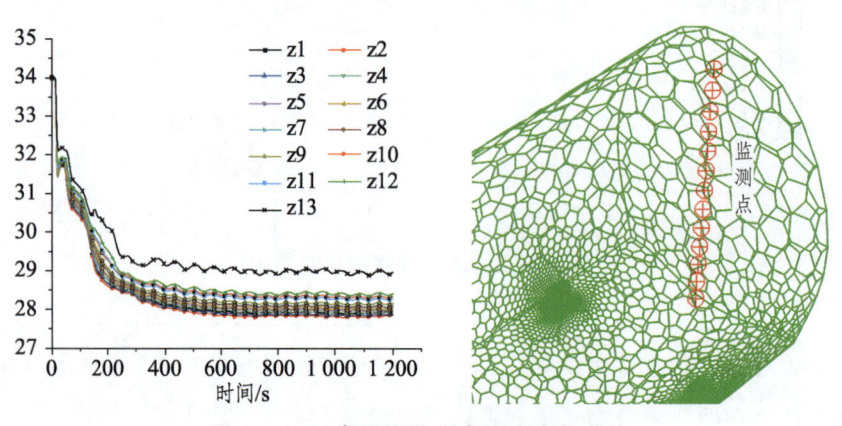

图 4.3-18　掌子面监测点温度变化曲线

图 4.3-18 中，监测点编号表示监测点距隧道仰拱的高度，其中 z1 表示隧道仰拱，z13 表示隧道拱顶。为直观体现出掌子面温度变化，选取 5 min、10 min、15 min 和 20 min 时间点的各监测点温度进行绘图，所得结果如表 4.3-4 和图 4.3-19 所示。

表 4.3-4 各监测点在不同时间点的温度

计算时间/min	监测点温度/°C						
	z1	z2	z3	z4	z5	z6	z7
5	28.40	28.31	28.34	28.40	28.44	28.47	28.54
10	27.94	27.85	27.90	27.97	28.02	28.05	28.13
15	27.93	27.83	27.88	27.95	28.00	28.04	28.11
20	27.95	27.86	27.89	27.95	28.00	28.03	28.11

计算时间/min	监测点温度/°C					
	z8	z9	z10	z11	z12	z13
5	28.51	28.58	28.74	28.69	28.78	29.16
10	28.11	28.19	28.37	28.32	28.44	28.98
15	28.10	28.18	28.36	28.32	28.46	29.05
20	28.09	28.16	28.33	28.28	28.41	28.96

（a）掌子面竖向监测点温度变化曲线　　（b）20 min 后竖向监测点温度变化曲线

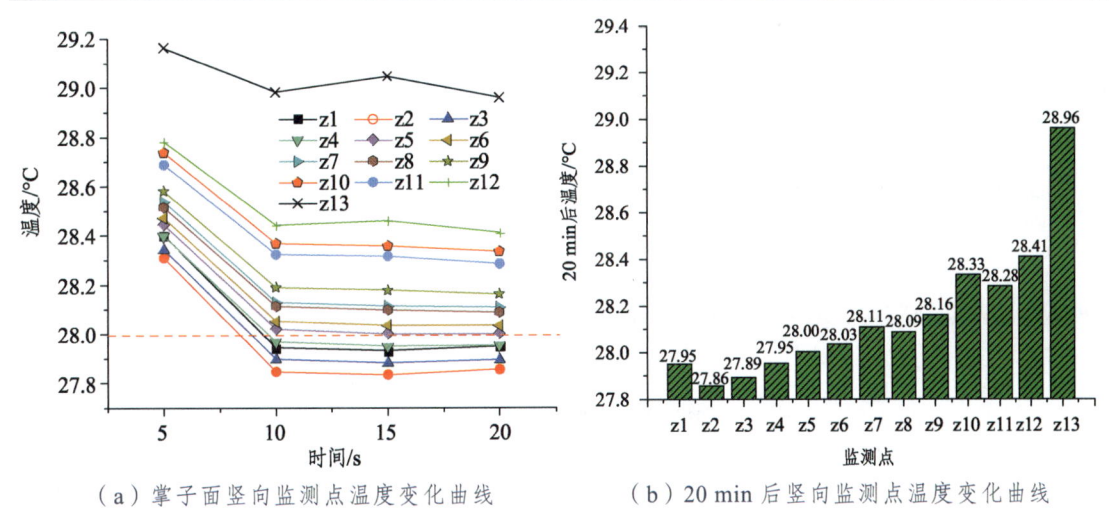

图 4.3-19　掌子面各监测点温度

由上述冰块表面温度矢量图与冰块处断面温度云图对比来看，温度场受速度场的影响很大。受风速方向影响，左侧冰块处放热降温的气体朝向隧道中心运动，而左侧由于风向朝向沿隧道纵向背离掌子面方向，这由监测平面二的温度云图即可得知，右侧冰块沿背离掌子面的方向发生明显变化。

由图 4.3-19 可知，从掌子面横截面温度变化来看，掌子面纵向温度在前 10 min 内变化明显，后 10 min 内温度趋于平稳。由图（a）可知，拱顶处温度在 20 min 后仍然很高，这主要是由于风管出来的低温风流受重力影响无法抵达掌子面顶端，且回流区空气流动主要集中在掌子面下半段，同时受高温壁面（隧道顶部开挖面和掌子面）持续散热影响，温度较其他地方要高，值得一提的是，此范围仅在掌子面 2 m 范围内，因为监测点 z12 温度降低明显；由图（b）可知，通风加冰块降温后掌子面处距仰拱 4 m 范围内温度下降至 28 ℃，基本满足高地温隧道内施工作业的要求。

4.3.3 其他措施对隧道温度场的影响分析

1. 喷雾降温

为防止高地温危害作业人员的安全和健康，改善隧道内施工环境，提高工作效率，施工期间可利用隧道外喷雾洒水降温。喷雾洒水降温一般适用于高岩温为主的热害环境。查阅现有文献可知，隧道内常采用高压喷水管路在隧道作业期间进行喷雾洒水，降低隧道内环境温度。经现场实测，洒水可降低隧道内环境温度 2 ~ 4 ℃。

2. 制冷降温

隧道降温设计应优先采用非制冷降温方式，当非制冷降温的方式不能达到降温要求时，应采用制冷降温方式。机械制冷作业要按设计要求进行需冷量计算，确定制冷站负荷，根据隧道内、外环境条件制定运行策略。制冷站要遵循费用低、能耗小，安装、维护和操作方便的原则进行设置，制冷机组外形尺寸要适合在隧道内移动，并能在高温、高湿、高粉尘环境下长期运行。根据实际现场测试可知，采用制冷降温后，掌子面作业区域温度可降低 2 ~ 5 ℃。

4.3.4 降温措施优化方案

由于高地温隧道不会只采用一种通风方式，因此基于上述研究，为量化分析通风效果，本次优化方案针对隧道通风和冰块降温两种方式，主要对通风管出口和冰块数量进行优化。根据现场实际情况的可行性，设置如表 4.3-5 所示计算工况。

表 4.3-5 降温优化方案工况

出风口距掌子面距离/m	冰块质量/t		
	1	2	3
40	工况一	工况二	工况三
60	工况四	工况五	工况六

1. 数值计算

数值计算模型建立及参数选取与前面相同，变量仅为风管出口距掌子面距离和冰块质量。冰块仍距掌子面 5 m，在两侧对称布置，相邻冰块间隔 1 m，图 4.3-20 为工况六计算模型。

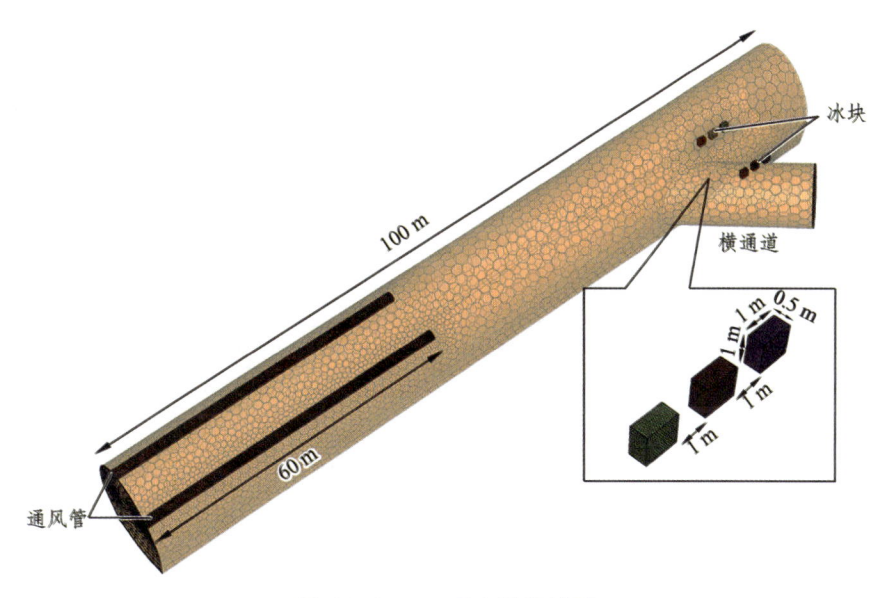

图 4.3-20　工况六计算模型

2. 计算结果分析

为对比分析各工况下隧道降温效果，重点分析隧道掌子面前 5 m 的区域温度变化。

（1）各工况下隧道纵向温度变化。

为得到隧道纵向温度变化，在隧道掌子面前 12 m 范围内每隔 1 m 设置一个监测点，共设置 12 个监测点。以工况六为例，瞬态计算时间为 20 min，得到纵向各监测点温度时程变化曲线如图 4.3-21 所示，各时间点温度如表 4.3-6 所示。

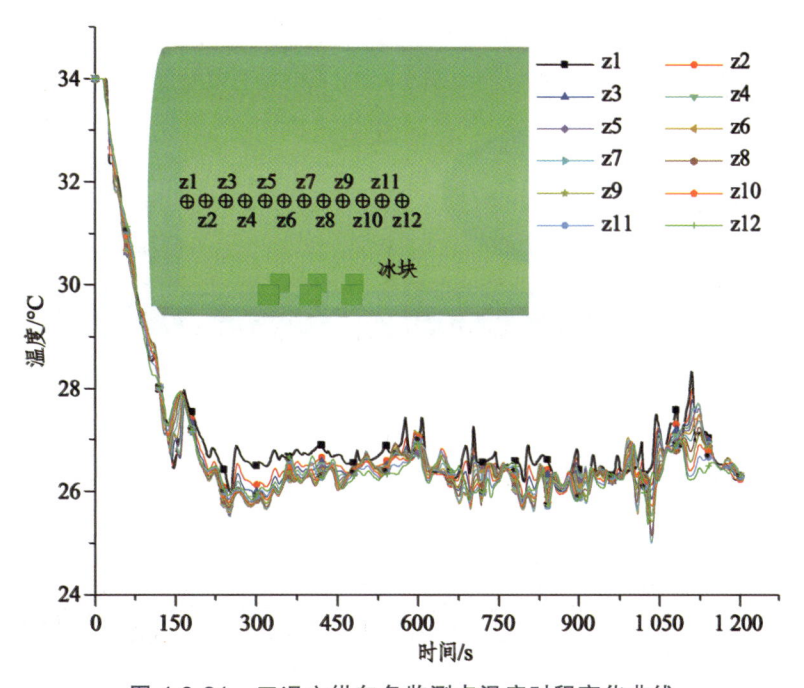

图 4.3-21　工况六纵向各监测点温度时程变化曲线

表 4.3-6　工况六纵向各监测点在不同时间点的温度

计算时间/min	监测点温度/ °C					
	z1	z2	z3	z4	z5	z6
5	26.50	26.14	26.00	25.92	25.88	25.85
10	26.97	26.78	26.73	26.72	26.76	26.87
15	26.43	26.29	26.32	26.30	26.21	26.09
20	25.60	25.42	25.33	25.12	25.04	25.02

计算时间/min	监测点温度/ °C					
	z7	z8	z9	z10	z11	z12
5	25.84	25.85	25.87	25.89	25.91	25.94
10	27.00	27.07	27.07	27.04	26.99	26.90
15	25.98	25.92	25.89	25.88	25.88	25.88
20	24.99	24.96	24.98	25.00	25.02	25.05

在隧道通风和冰块降温的方案下，隧道内温度在前 5 min 内变化幅度占比最大，已经基本接近隧道稳定后的温度，此时温度已下降至 28 °C 以下，大部分小于 26 °C，满足工程施工条件；后 15 min 内温度持续变化呈现出上下波动的趋势。

图 4.3-22 和图 4.3-23 为工况六下（计算时间为 5 min 和 20 min）隧道左侧经过通风管和冰块的纵向垂直对称监测面（监测平面一）和隧道左侧经过通风管和冰块的纵向垂直对称监测面（监测平面二）的温度云图和速度云图。

（a）监测平面一 5 min 温度云图　　　　（b）监测平面一 20 min 温度云图

（c）监测平面一 5 min 速度云图　　　　（d）监测平面一 20 min 速度云图

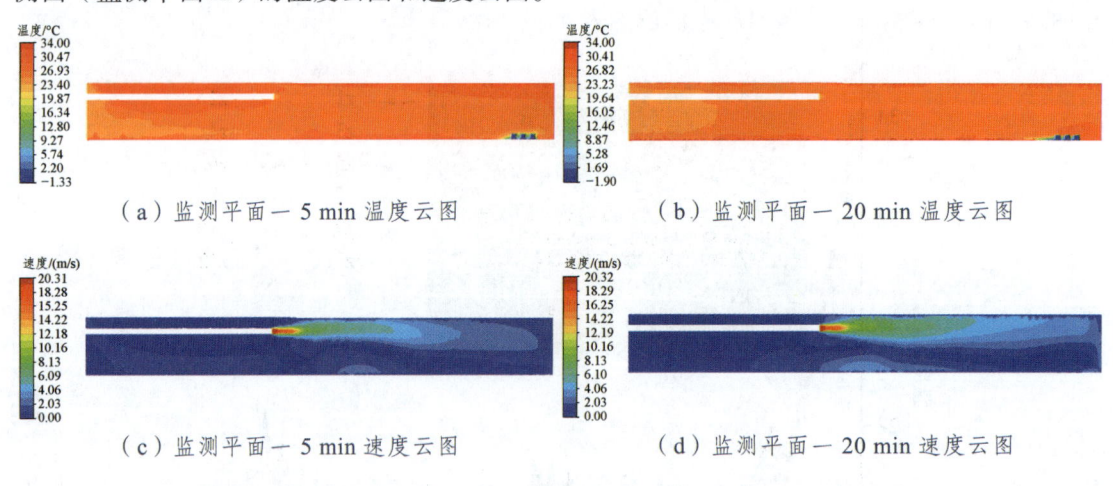

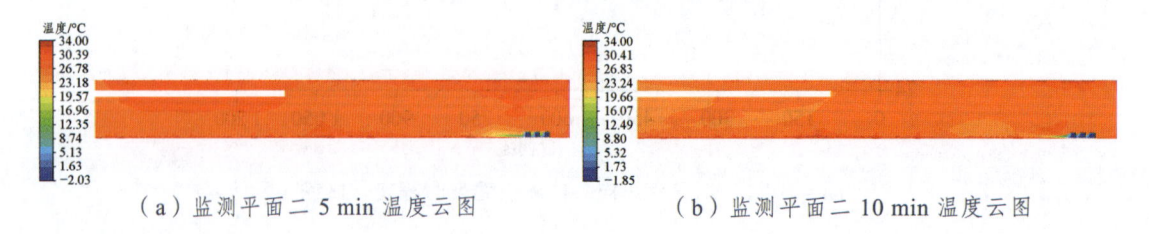

图 4.3-22　5 min 和 10 min 时间点监测平面一温度与速度云图

（a）监测平面二 5 min 温度云图　　　　（b）监测平面二 10 min 温度云图

（c）监测平面二 5 min 速度云图　　　　　　（d）监测平面二 20 min 速度云图

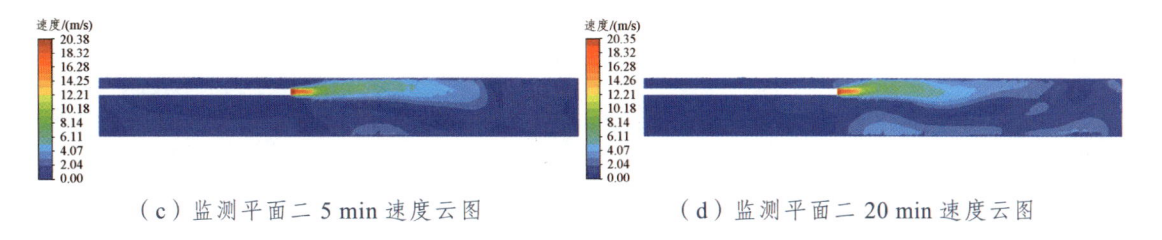

图 4.3-23　5 min 和 10 min 时间点监测平面二温度与速度云图

由上述温度场与速度场的云图对比来看,温度场受速度场的影响很大,在通风开始 10 min 内,掌子面前冰块周围放热降温气体大致沿隧道纵向两端扩散,当风管气体回流经过隧道仰拱后,上述降温气体流向发生变化,跟随回流气体运动。由于出风口输出的低温风流与壁面和隧道内的热空气进行热量交换,使得温差较大从而产生密度差,最终造成气流的浮升力不同。由于浮升力和重力的影响的不同,射流轴线会发生弯曲。同时,由速度云图可知,风筒射流出现明显的贴附射流特征。

图 4.3-24～图 4.3-27 为工况一和工况六下通风和放置冰块 20 min 后监测平面一和监测平面二的温度和速度云图。

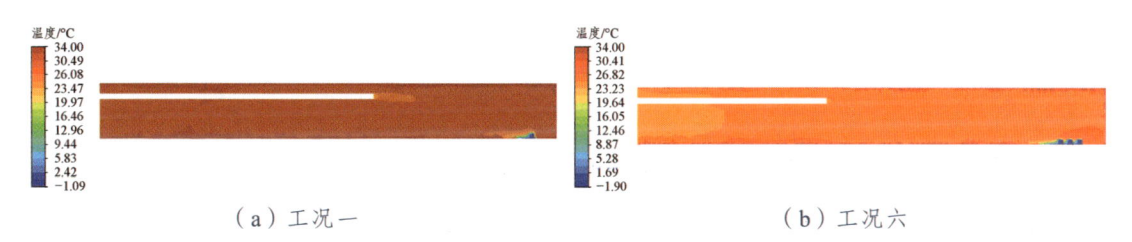

（a）工况一　　　　　　　　　　　　　　（b）工况六

图 4.3-24　工况一和工况六下监测平面一温度云图

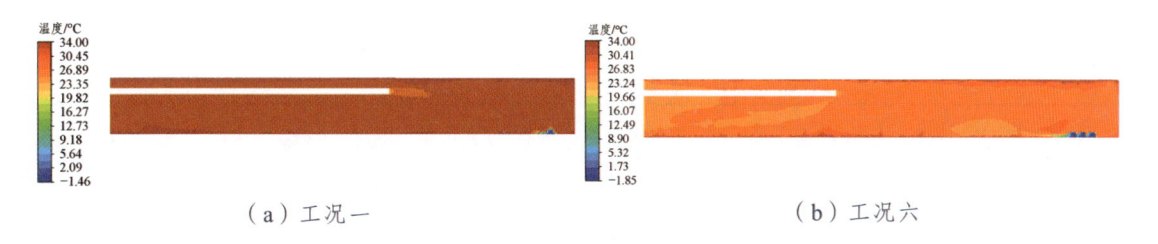

（a）工况一　　　　　　　　　　　　　　（b）工况六

图 4.3-25　工况一和工况六下监测平面二温度云图

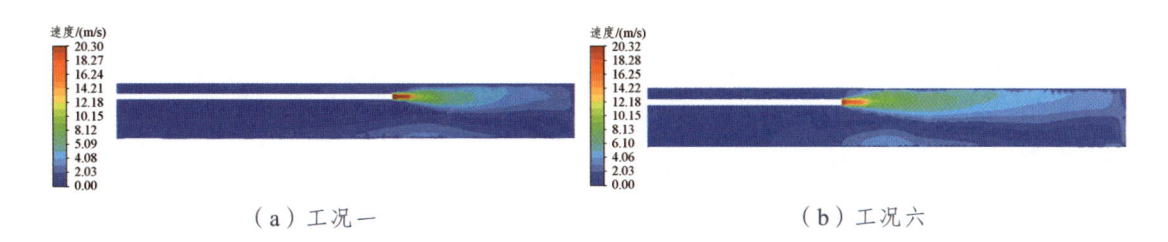

（a）工况一　　　　　　　　　　　　　　（b）工况六

图 4.3-26　工况一和工况六下监测平面一速度云图

（a）工况一　　　　　　　　　　　　（b）工况六

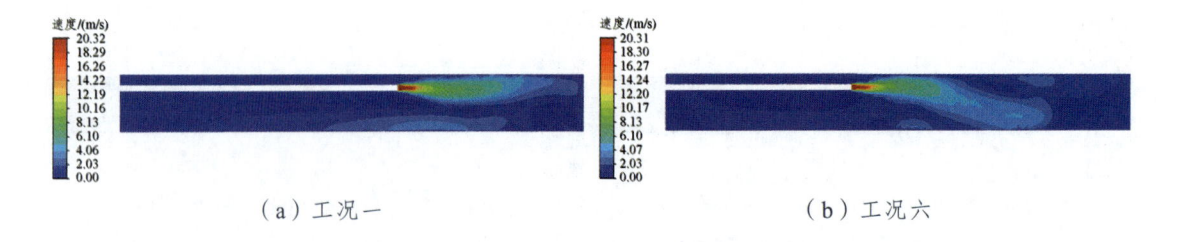

图 4.3-27　工况一和工况六下监测平面二速度云图

各工况下均设置与上述相一致的纵向监测点，可得到 20 min 后各监测点温度如表 4.3-7 所示。

表 4.3-7　各工况下纵向监测点温度

工况	监测点温度/ °C					
	z1	z2	z3	z4	z5	z6
一	27.63	27.53	27.53	27.52	27.54	27.53
二	27.12	26.93	26.9	26.86	26.81	26.85
三	26.49	26.34	26.29	26.26	26.22	26.26
四	26.6	26.37	26.26	26.24	26.20	26.08
五	26.27	26.24	26.10	26.12	26.02	26.30
六	25.6	25.42	25.33	25.12	25.04	25.02

工况	监测点温度/ °C					
	z7	z8	z9	z10	z11	z12
一	27.53	27.52	27.49	27.47	27.44	27.42
二	26.82	26.80	26.77	26.74	26.71	26.69
三	26.25	26.22	26.20	26.17	26.15	26.13
四	26.08	26.08	26.09	26.11	26.13	26.15
五	26.29	26.28	26.28	26.28	26.29	26.32
六	24.99	24.96	24.98	25.00	25.02	25.05

仅考虑隧道掌子面前方 5 m 范围，得到各工况下纵向各监测点温度如图 4.3-28 所示。

由图 4.3-28 可知，掌子面前方 5 m 范围内温度变化随工况的增加而逐渐减小，前后三个工况的温度降低表明隧道内掌子面处增加冰块能有效降低掌子面温度，其中工况六的降温方案要较其他工况降温效果显著，纵向各监测点平均温度为 25.12 °C，降温幅度为 8.88 °C；同时从温度下降曲线可以看出，冰块质量增加至 3 t 明显比增加至 2 t 降温效果更为明显，在两种出风口距掌子面距离的情况下，冰块从 1 t 增至 2 t 掌子面 5 m 内监测点温度平均下降 0.41 °C，而从 2 t 增至 3 t 温度平均下降 0.73 °C，因此杉阳隧道正洞掌子面前方在使用冰块降温时可优先考虑使用 3 t 的冰块。

值得一提的是，对比冰块质量一致时，出风口距掌子面距离为 60 m 的工况比出风口距掌子面距离为 40 m 的降温效果要好。通过分析不难得出，这主要由于冰块加快吸热融化所致，长距离通风导致入射而来的低温气体与隧道内高温壁面和高温气体发生热交换，温度急剧升高，到达掌子面回流进一步升高，而回流气体通过下方冰块时加速了冰块降温，进而导致周围气体很快降温；同时由速度云图可知，在出风速度为 20 m/s 时，出风口距掌子面距离 60 m 时也同样能到达掌子面，速度上差别很小，而在冰块处的回流速度在出风口距掌子面距离 60 m 时比出风口距掌子面距离 40 m 要大，因此出风口距掌子面距离为 60 m 的工况比出风口距掌子面距离为 40 m 的工况降温效果要好，杉阳隧道正洞掌子面附近采用通风降温可有限考虑出风口距掌子面距离 60 m 的工况，并且考虑到施工掌子面前方施工限制，掌子面前方必然存在众多仪器设备，较长的通风距离有利于施工器具安置。

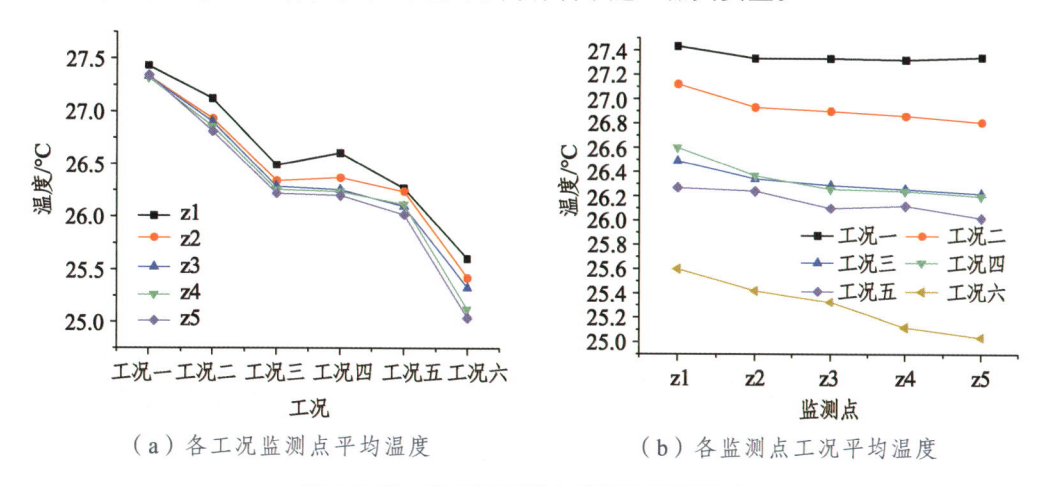

（a）各工况监测点平均温度　　　（b）各监测点工况平均温度

图 4.3-28　各工况下纵向监测点平均温度

（2）各工况下隧道横向温度变化。

为得到隧道横向温度变化，在隧道掌子面前 5 m 的横截面于掌子面中心两侧每隔 1 m 设置一个监测点，共设置 11 个监测点。以工况六为例，瞬态计算时间为 20 min，得到横向各监测点温度变化曲线如图 4.3-29 所示，各时间点温度如表 4.3-8 所示。

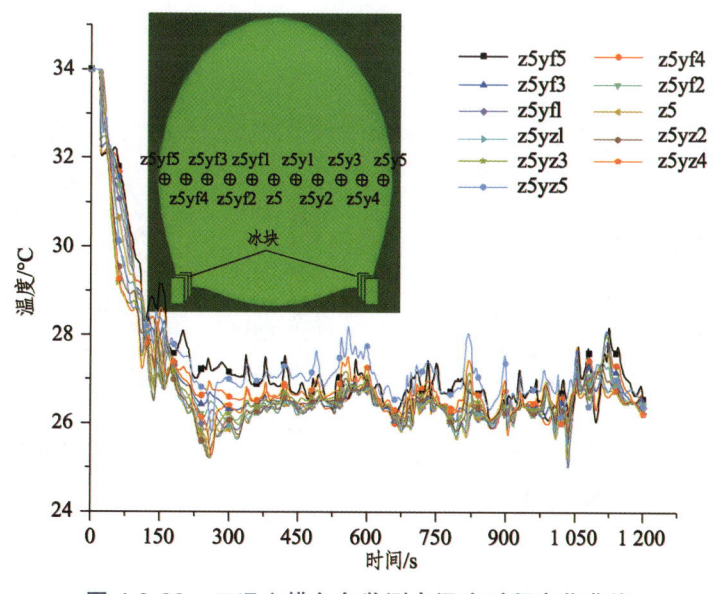

图 4.3-29　工况六横向各监测点温度时程变化曲线

表 4.3-8　工况六横向各监测点在不同时间点的温度

计算时间/min	监测点温度/℃										
	z5yf5	z5yf4	z5yf3	z5yf2	z5yf1	z5	z5yz1	z5yz2	z5yz3	z5yz4	z5yz5
5	27.16	26.61	26.33	26.08	25.92	25.88	25.95	26.08	26.22	26.42	27.01
10	26.93	26.81	26.77	26.74	26.74	26.76	26.82	26.91	27.06	27.27	27.75
15	26.50	26.32	26.27	26.24	26.23	26.21	26.21	26.26	26.42	26.75	27.37
20	26.56	26.48	26.51	26.46	26.38	26.31	26.26	26.24	26.22	26.23	26.40

在隧道通风和冰块降温的方案下，隧道内掌子面横向温度变化与纵向一致：在前 5 min 内变化幅度占比最大，已经基本接近隧道稳定后的温度，此时温度已下降至 28 ℃ 以下，大部分小于 26 ℃，满足工程施工条件；后 15 min 内温度持续变化呈现出上下波动的趋势。

图 4.3-30 为工况六下（计算时间为 5 min 和 20 min）隧道掌子面前 5 m 穿过冰块的横截面垂直监测面（监测平面三）的温度云图和速度云图。

（a）监测平面三 5 min 温度云图　　　　（b）监测平面三 20 min 温度云图

（c）监测平面三 5 min 速度云图　　　　（d）监测平面三 20 min 速度云图

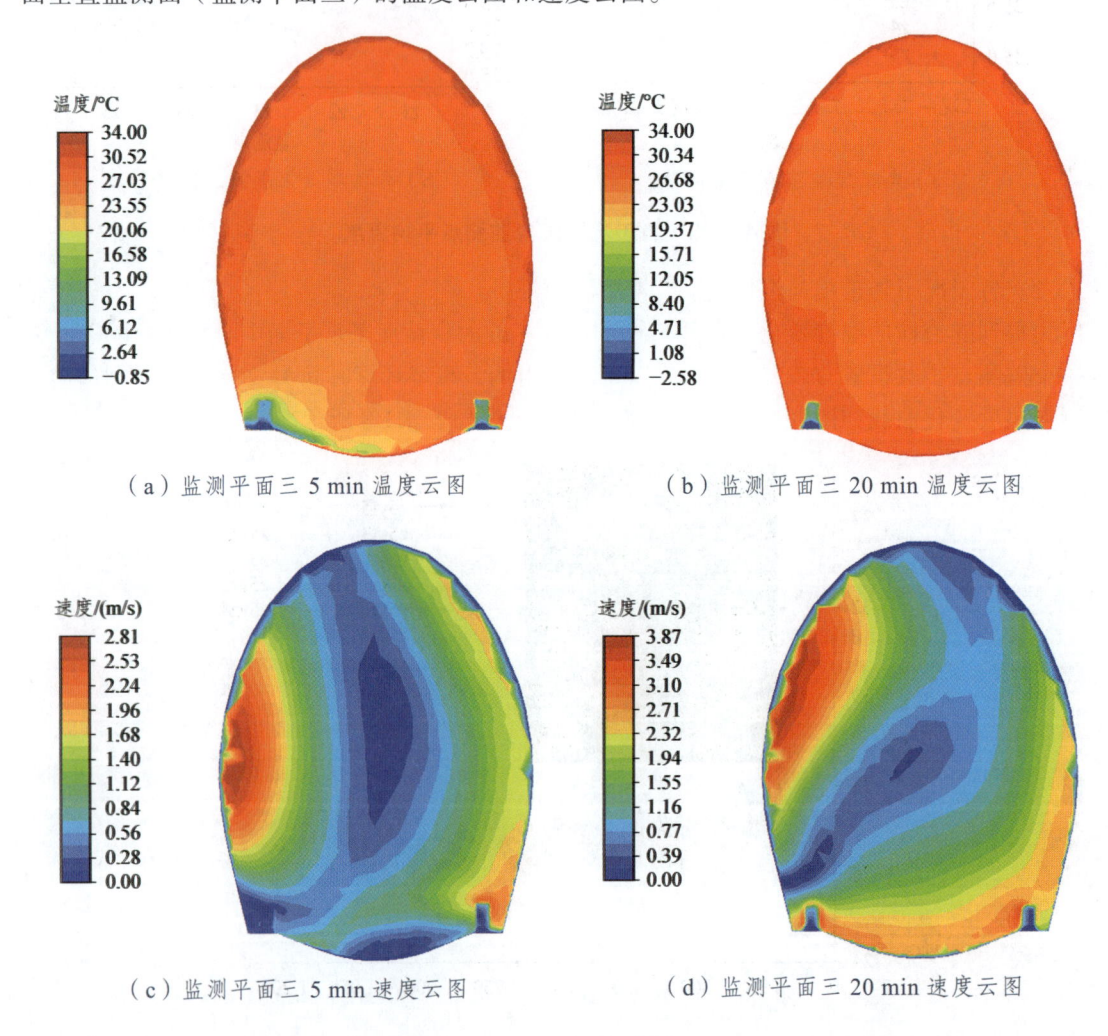

图 4.3-30　5 min 和 10 min 时间点监测平面三温度与速度云图

由上述温度场与速度场的云图对比来看，温度场受速度场的影响很大，受风速方向影响，左侧冰块处放热降温的气体朝向隧道中心运动，而左侧由于风向朝向沿隧道纵向背离掌子面方向，由监测平面二的温度云图即可得知，右侧冰块沿背离掌子面的方向发生明显变化。

图 4.3-31 和图 4.3-32 为工况一和工况六下通风和放置冰块 20 min 后监测平面三的温度和速度云图。

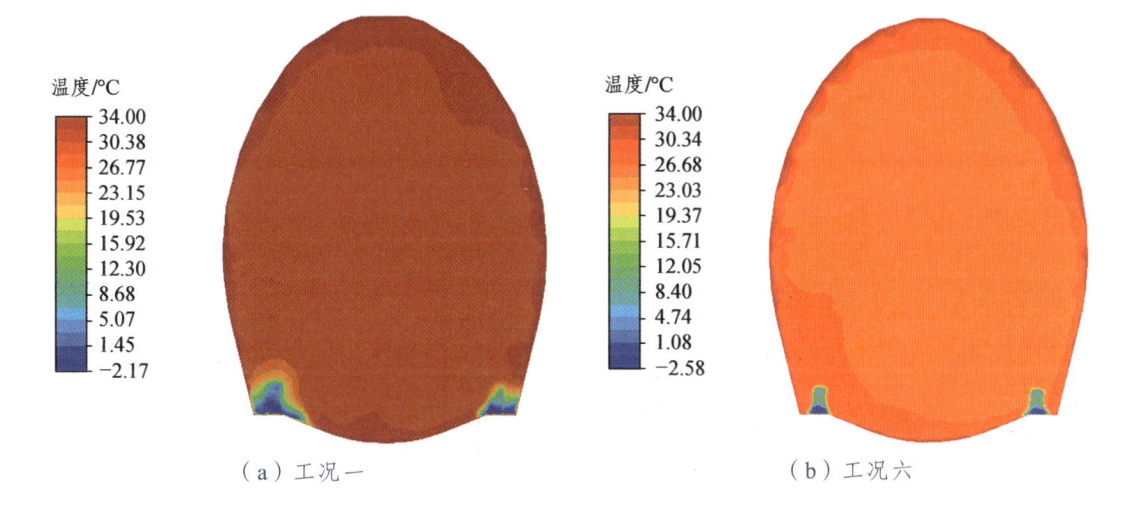

（a）工况一　　　　　　　　　（b）工况六

图 4.3-31　工况一和工况六下监测平面三温度云图

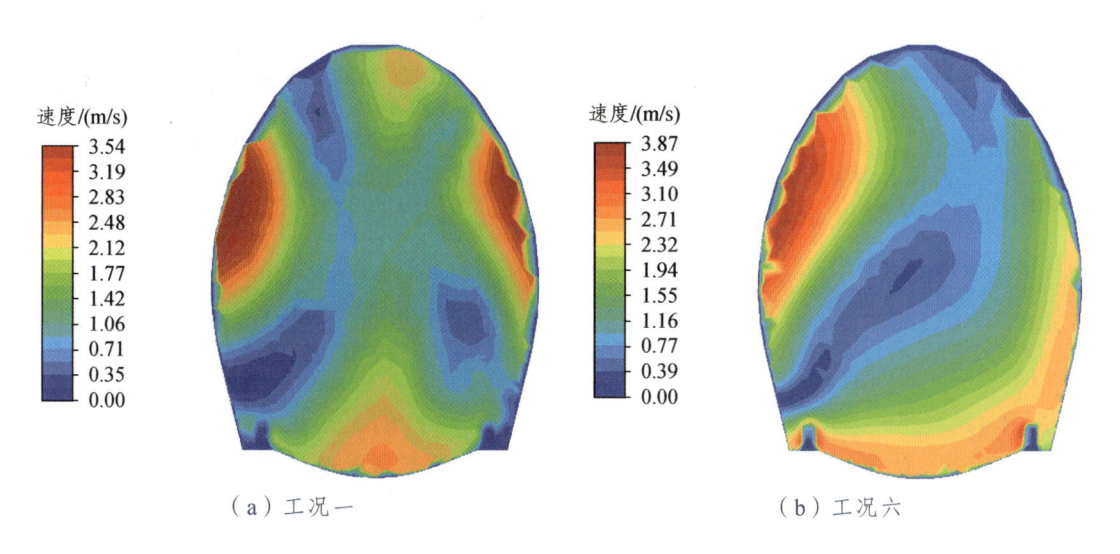

（a）工况一　　　　　　　　　（b）工况六

图 4.3-32　工况一和工况六下监测平面三速度云图

各工况下均设置与上述一致的纵向监测点，可得到 20 min 后各监测点温度如表 4.3-9 所示。

表 4.3-9　各工况下横向监测点温度

计算时间/min	监测点温度/ °C									
	z5yf5	z5yf4	z5yf3	z5yf2	z5yf1	z5	z5yz1	z5yz2	z5yz3	z5yz4	z5yz5
一	28.01	27.81	27.82	27.88	27.97	28.04	28.06	28.05	27.96	27.91	27.95
二	27.16	26.83	26.72	26.74	26.81	26.83	26.86	26.82	26.73	26.65	26.76
三	26.46	26.2	26.1	26.15	26.23	26.25	26.27	26.22	26.13	26.07	26.18
四	26.67	26.56	26.48	26.41	26.29	26.28	26.23	26.23	26.2	26.33	26.65
五	26.56	26.48	26.51	26.46	26.38	26.31	26.26	26.24	26.22	26.23	26.4
六	26	26.01	25.56	25.26	25.09	25.13	25.17	25.32	25.53	25.78	26.1

各工况下纵向监测点温度如图 4.3-33 所示。

（a）各工况监测点平均温度

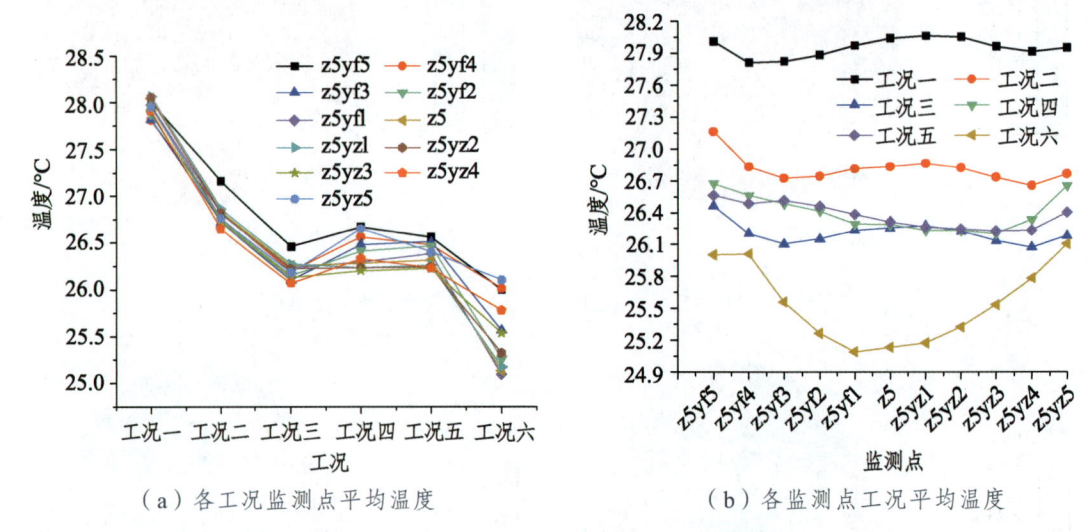

（b）各监测点工况平均温度

图 4.3-33　各工况下横向监测点平均温度

由图 4.3-33（a）可知，隧道掌子面各横向温度变化规律与纵向大概一致，温度变化随工况的增加而逐渐减小，工况六的降温方案较其他工况降温效果显著，横向各监测点平均温度为 25.64 °C，降温幅度为 8.36 °C。

由图 4.3-33（b）可知，在出风口距掌子面距离为 40 m 的工况下，掌子面横向温度呈现出平缓的 W 形，隧道两端和隧道中心的温度较高，这是由于靠近隧道高温壁面的气体本身由于热传导的原因，空气温度要高，而中间温度高则是由于风筒射流出现了明显的贴附射流特征，并且距离风管出口越远，这一现象越明显，贴壁风流面积越大，贴附射流特征现象越明显，因此从横断面速度云图可以看出，前三个工况红色高速区域主要集中在隧道拱脚处。而在出风口距掌子面距离为 60 m 的工况下，掌子面横向温度呈现出平缓的 U 形，两侧温度高而中间温度最低，这是由于右侧风较小，左侧入射风流经掌子面后回流向隧道右侧流动，其中夹带着隧道降温的空气，因此中间温度比较低；横截面速度场表现出左侧流场风流速度集中，右侧风流速度分散在洞壁，呈现"一大一小，一分一合"的分布，这主要由于右侧存在横通道通风导致右侧贴附射流受到阻碍，同时加上长距离通风风速较低，部分入射风流由横通道流出。因此，选择出风口距掌子面距离为 60 m 的工况更有利于隧道内温度场的合理重分布，降温效果更加显著。

综上所述，对于杉阳隧道高地温段降温方案应优先考虑工况六，即采用两个出风口距隧道掌子面距离为 60 m 的通风管，并在隧道掌子面前 5 m 放置 3 t 冰块的降温方案，采用此方案可将原 34 ℃ 的高温隧道掌子面前 5 m 范围内温度整体下降约 8 ℃，满足隧道内气温不得超过 28 ℃ 的规范要求。值得注意的是，通风管出口风速要满足 20 m/s 要求，这是根据型号为 SDF(c)-No12.5 的风机的最低风量计算而得，因此在实际工程中应保证其最低运行要求。

4.4 杉阳隧道高地温段降温施工技术及施工管理

结合上述研究成果和杉阳隧道高地温专项施工方案形成高地温隧道施工技术，主要包括高地温隧道岩温和洞内温、湿度测量以及高地温降温措施，进一步提出完善全面的高地温隧道施工技术管理，主要包括设计勘探、施工要求、辅助施工要求、资源配置以及施工过程中的安全、环保、水保措施。

4.4.1 岩温和洞内温、湿度量测

为预防洞内高地温灾害的发生，进入高地温段施工后，立即安排专职人员开始对洞内空气温度、湿度及掌子面岩石温度进行测量，分析高地温情况及隧道环境温度、湿度对人工、机械的影响，及时采取降温除湿措施，保证施工人员的身体健康和机械效率。

（1）洞内作业温度测量。

① 测量仪器与方法：采用干球温度计、自然湿球温度计、黑球温度计在同一地点分别测量计算，自然湿球温度计的感应部分应为圆柱体，测量范围为 5~40 ℃，精度为 ±0.5 ℃。黑球温度计的黑球直径为 150 mm 或 50 mm，为无光泽黑球，平均辐射系数为 0.95，铜球壁越薄越好，测量范围为 20~120 ℃，精度为 ±1 ℃。干球温度计测量范围为 10~60 ℃，精度为 ±0.5 ℃，测量时注意防止辐射热的影响。

② 采用干球、湿球和黑球温度计测量时应使用三脚支架将三个温度计悬挂起来，以便使环境空气不受限制流经球体感温部。

③ 在测量湿球温度时，要在湿球温度计的感温部分裹上一层湿纱布条，纱布条要覆盖湿球温度计的整个感温球体。测量时由其自然蒸发（不能人为通风），每 10 min 读记测量数值。应注意保持纱布条清洁、湿润，再次使用前要清洗干净。

④ 测量时间及频率：在生产正常和工作地点热源稳定时，同一工作地点，在一个工作日内应测量三次，即工作开始后及结束前 0.5 h 分别测一次，工作中测一次，取平均值。

⑤ 测量地点及位置：选择作业人员经常操作、停留或临时休息处，洞内应在拱脚、边墙及墙角分别测一次。

（2）岩温测定方法。

采用隧道边墙浅孔测温法进行岩温测量，如图 4.4-1 所示。

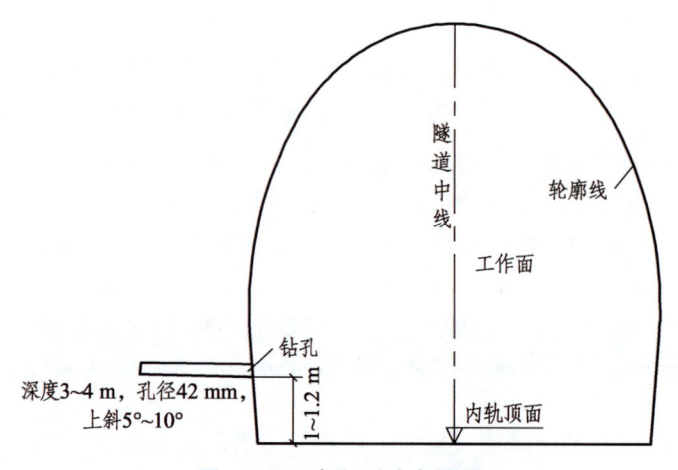

图 4.4-1　岩温测孔布置图

① 测温仪器的选择：高地温工点采用 WP-C80 智能数字显示报警仪测量岩温。

② 钻孔的位置：选择距隧道底板 1.0~1.2 m 高，距开挖面 3~5 m 的边墙上较完整、干燥岩体处钻孔。

③ 钻孔方式：用风钻进行钻孔，采用高压风吹孔，不得用水冲洗钻孔。为了保证测温的精度，钻孔一般要求向上倾斜 5°~10°，现场可根据具体情况调整；钻孔深度 3~4 m，孔径不小于 42 mm。

④ 测温方法：将钻好的孔位立即封闭，再采用 WP-C80 智能数字显示报警仪测量岩温。

4.4.2　杉阳隧道高地温段降温措施

1. 通风降温

高温隧道内的温度多半是由高地热、施工机械散热、洞内爆破散热、衬砌混凝土水化热等引起的，导致洞内温度高于洞外的环境温度。要想降低洞内温度，方法之一就是加强隧道内通风，加快洞内外空气的流通速度，以此降低洞内施工环境的温度。此外，增大供风量还有助于排除洞内有害气体、降低粉尘浓度。

杉阳隧道施工通风主要采用分阶段管道压入式通风及混合巷道式通风，通风管选用正洞 ϕ1 200 mm（平行导坑 ϕ1 200 mm）涤纶软式通风管，风管出风口至掌子面距离 L = 60 m。鉴于目前隧道高温施工情况，待正洞两横通道贯通后需及时将风机向前移动，使掌子面有效风量达到最大，以确保达到隧道内降温的目的。其中，正洞为进风通道，平行导坑为排烟通道。

除施工横通道外，其余横通道进行临时封闭，以防止平行导坑新鲜空气与正洞污风混合，临时封闭可采用帆布挂设，并做好固定及密封。平行导坑洞内风机向掌子面方向移动，可与正洞风机相隔 50 m，为平行导坑掌子面提供新鲜空气，为保证空气质量，平行导坑采取有效措施进行临时封闭，仅容许轴流风机风管通过，计划按 400 m 左右间距依次增加设置射流风机向洞内输送新鲜空气。同时在平行导坑施工通道处增加一射流风机，加快平行导坑内污风通过施工横通道排入正洞。在正洞内每间隔 600 m 左右按照施工进度情况依次增加设置射流风机，形成负压，将正洞内污浊空气向洞外排出，如图 4.4-2 所示。

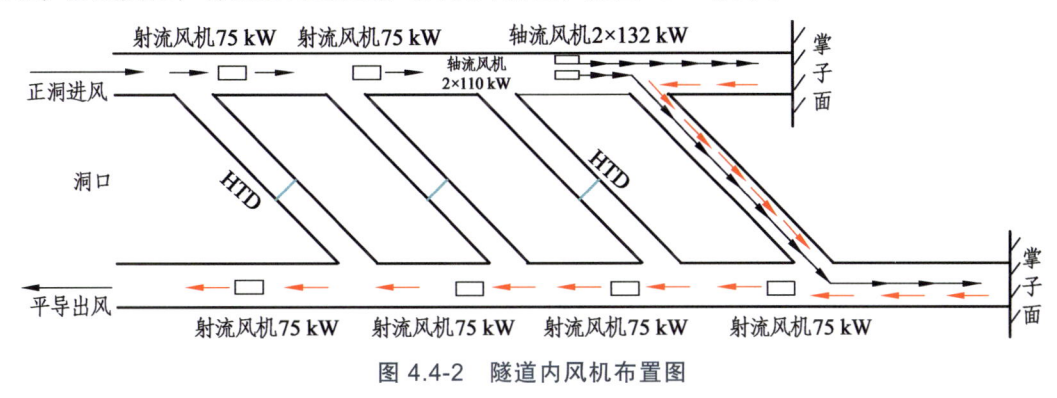

图 4.4-2　隧道内风机布置图

当平行导坑超前正洞 600 m 后，多开 1 横通道进正洞，增加正洞施工工作面，在与正洞交接的横通道口增设 1 台 2×132 kW 的轴流风机，在通道口形成负压，抽取正洞新鲜空气，供给新增正洞工作面，通风布置如图 4.4-3 所示。

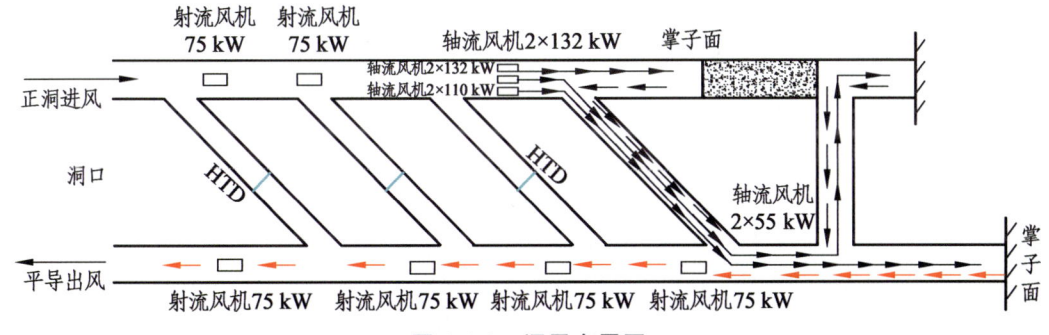

图 4.4-3　通风布置图

通风设备配置见表 4.4-1 和表 4.4-2 所示。

表 4.4-1　杉阳隧道出口通风风机配备表

设备名称	风机型号	风量/(m³/min)	风压/Pa	功率/kW	最大电机功率/kW	数量 平行导坑	数量 正洞	数量 总数	备注
轴流风机	SDF(B)-NO13	1 695～3 300	930～5 920	264	132×2		2	2	移入平行导坑
轴流风机	SDF(c)-No12.5	1 475～2 912	1 375～5 355	220	110×2		1	1	
轴流风机	2×AVH-R90.55	1 015～1 985	624～4 150	110	55×2		1	1	
射流风机	SSF-NO12.5			75	75	11	10	21	
最高峰总功率 2 433 kW（出口）									

注：风机设备布置及数量可根据现场实际情况进行调整。

表 4.4-2　杉阳隧道进口通风风机配备表

设备名称	风机型号	风量/(m³/min)	风压/Pa	功率/kW	最大电机功率/kW	数量 平行导坑	数量 正洞	数量 总数	备注
轴流风机	SDF(B)-NO13	1 695～3 300	930～5 920	264	132×2	3		2	移入平行导坑
轴流风机	SDF(C)-N012.5	1 475～2 912	1 375～5 355	220	110×2	1		1	
轴流风机	2×AVH-R90.55	1 015～1 985	624～4 150	110	55×2	1		1	
射流风机	SSF-NO12.5			75	75	11	12	23	
最高峰总功率 2 847 kW（进口）									

注：风机设备布置及数量可根据现场实际情况进行调整。

为了进一步加快通风排烟速度，增加掌子面空气流动性，在出渣、喷浆工序作业结束后，将高压风开启，人员暂时撤离，采用高压风配合通风 30～60 min，再关闭高压风。

在开挖台车、衬砌台车、防水板铺设台架处，在地面及每层平台各安装 2 台 5.5 kW 的大功率风扇，每个台车（架）安装 6 台，正洞每个工作面 18 台，平行导坑工作面 6 台。增设风扇后，大大增加了空气的流动性，通过加快吹散人体表面汗液和湿气，达到人体降温的效果。

2. 制冰降温

现场建立储冰室、制冰厂和运冰班组等，由专人 24 h 制冰并存储，专人负责向洞内搬运冰块。将制作好的冰块分层放置在衬砌台车、防水板台车和开挖台车等施工机械和人员相对集中的地段，其他地段按需设置，不间断补充冰块，如图 4.4-4 所示。冰块能有效降低环境温度，冰块放置的距离越近，降温效果越好，3 m 范围内可降温 3～5 ℃。

图 4.4-4　杉阳隧道冰块降温

（1）掌子面冰块降温法。

杉阳隧道平行导坑冰块放置在已施作好的底板上（或仰拱）及空调降温室中，正洞和平转正掌子面的冰块放置在已施作仰拱端头的两侧水沟上及二次衬砌台车前部，按照冰块尺寸标准堆码。冰块数量：平行导坑掌子面及空调降温屋冰块由杂工班负责搬运，在每循环立架班到达掌子面前搬运完成，每次搬运冰块 5 t，掌子面放置 3 t，空调降温屋放置 1 t，轴流风机口放置 1 t；正洞掌子面冰块由杂工班负责搬运，在每循环立架班到达掌子面前搬运完成，每次搬运冰块 4.5 t；平转正掌子面冰块由杂工班负责搬运，在每循环立架班到达掌子面前搬运完成，每次搬运冰块 5.5 t。在冰块远离掌子面侧放置雾炮，加速空气流通与冰块融化速度，加快与洞内热空气的交换，从而达到降温目的。

（2）改善洞内新鲜风温度法。

在横通道降温风室，每次放置 8 t 冰（根据融化速度及时补充），每次通过降低送入洞内新鲜风温度并结合掌子面放置冰块达到降温目的。

（3）冰降温所需冰块来源。

杉阳隧道根据施工进展情况，采取外购 + 自制的方式获取冰块。

3. 喷雾及洒水降温

专门配置两辆洒水车每天不间断在洞内对路面进行洒水降温作业。洞内配置雾炮机，指定工人负责在放炮后和出渣过程中，对爆破作业后新暴露的初期支护面、二次衬砌面、岩块、岩面等进行喷雾降温，减少热源。尤其是针对洞内新浇筑的衬砌进行喷雾洒水，减少因混凝土水化热造成的洞内温度升高。

4. 空调制冷降温

设置制冷空调进行 24 h 制冷，设置储风室，洞外风机送风通过制冷空调降温后送至掌子面，可使洞内空气温度下降 3~5 ℃。

5. 移动休息室

在洞内放置饮用水，安装空调，并建立移动休息室、布置降温防暑应急救援箱，保障作业人员在高温环境下能正常地休息和恢复体力。

4.4.3 高地温段隧道设计勘探

根据各深孔成果表分析，预测该隧道埋深超过 600 m 地段地温可能超过 28 ℃，最大埋深 1 015 m 处地温约为 34 ℃，属高地温区。根据 DZ-杉阳-07、08、09 钻孔测试分析，DZ-杉阳-07、08 孔底温度超过 28 ℃，据此分析，隧道洞身 DK98 + 100~DK101 + 000 地段洞内温度将超过 28 ℃，最高可能达到 34 ℃，属高地温区。

杉阳隧道洞身地段 DK98 + 100~DK101 + 000 洞内钻孔最高温度为 29.8 ℃，最高可能达 34 ℃。自 2014 年 12 月起，隧道内（PDK101 + 175）温度逐渐升高，空气湿度较大，遂开始测量隧道内温度和湿度，测量结果显示，洞内已属于高地温区域。现场采用岩温仪和 WBTG 指数仪测试，结果如表 4.4-3 所示。

表 4.4-3　现场实测温度统计表

日期	掌子面里程	岩温/°C	气温/°C	湿度/%
2014 年 12 月 23 日	PDK101+158.4	28.1	30.9	82
2015 年 5 月 23 日	PDK100+968.6	29.3	31.7	76
2015 年 12 月 26 日	PDK100+582.6	29.8	33.5	87
2016 年 6 月 30 日	PDK100+289	31.4	33.9	89
2016 年 11 月 15 日	PDK100+082.8	31.8	34.7	88
2017 年 5 月 15 日	PDK99+888.4	32.2	35.0	90
2017 年 12 月 8 日	PDK99+586.2	32.2	34.9	91
2018 年 7 月 27 日	PDK99+251.6	33.1	35.3	74
2018 年 12 月 23 日	PDK98+920	32.2	34.5	87

2019 年复工后，随着掌子面的不断掘进，平行导坑的环境温度、湿度依然很高。现场统计的岩温与空气温度、空气湿度如表 4.4-4 所示。

表 4.4-4　现场实测温度统计表

日期	掌子面里程	岩温/°C	气温/°C	湿度/%
2019 年 1 月 16 日	PDK98+893.6	32.0	34.3	86
2019 年 2 月 19 日	PDK98+876.8	31.8	33.9	78
2019 年 3 月 20 日	PDK98+818.8	31.4	33.5	87
2019 年 4 月 24 日	PDK98+690.2	31.1	33.2	89

高温导致作业环境恶劣，现场作业人员易出现中暑、脱水和晕倒现象，降低了生产效率，严重威胁到作业人员的人身健康和安全。

根据我国原铁道部规定，隧道内气温不得超过 28 °C，因此可判定杉阳隧道出口施工属地热环境下作业。

4.4.4　高地温段隧道施工要求

国务院 1982 年颁布的《矿山安全条例》第 53 条规定，井下工人作业地点的空气温度不得高于 28 °C。《水利水电工程施工组织设计规范》（SL 303—2017）规定，洞室内平均温度不应超过 28 °C。我国原铁道部规定，隧道内气温不得超过 28 °C。

大量的科学试验研究表明，干球温度（称空气温度）是影响人体健康、安全和生产的主要气象指标。国内外大量的调查研究资料显示，当隧道内空气温度超过 28 °C 时，在不同的风速和相对湿度的情况下，均会对健康、安全和生产造成影响，超过 30 °C 时，开始出现中暑晕倒和中暑死亡事故。因此，许多国家都以干球温度不得超过 28 °C 作为地下洞室内微气候的卫生标准。

人体在室内感觉舒适的最佳相对湿度为 49%～51%，在野外工作状态下感觉舒适的最佳相对湿度为 50%～60%，不容易引起疾病。空气湿度过大或过小，都对人体健康不利。长时间在湿度较大的地方工作、生活，还容易患风湿性、类风湿性关节炎等湿痹症。在高地温潮湿的隧道内工作时间过长，由于湿度过大，人体中一种叫松果腺体分泌的激素较多，体内甲状腺素及肾上腺素的浓度相对降低，细胞就会"偷懒"，造成人没精打采，萎靡不振，而且容易患呕吐、恶心、便秘、食欲不振、烦躁、疲倦、头晕、偏头痛、脑血栓等病症。这是因为潮湿的空气里霉菌种类较多，其中有些真菌孢子可以附着在灰尘上，形成有毒尘埃，导致人们发生过敏反应。另外，居室内潮湿会引起人体血管压力加大和呼吸不畅，从而诱发多种疾病。

地下洞室施工必须考虑施工人员和机械设备的工作条件，人在湿热环境中劳动生产率将显著降低，而且使工人的身体健康受到损害，从保证地下洞室内作业环境温度为人可适应的范围、充分发挥其劳动效率、减少事故发生率出发，高地热热害条件下隧道工程施工以环境温度不得高于 28 °C，湿度不大于 70%为标准。

4.4.5 高地温段隧道辅助施工措施

（1）加强高地温专题安全培训。

加强对洞内作业人员高地温专题安全作业培训，让作业人员了解高地温对人体的危害，常见症状及处置措施。

中暑症可分为热痉挛、热虚脱和热射病三种类型，其症状及处置措施如下：

① 热痉挛：由于出汗过多，体内的水分、盐类丧失而引起。其症状为在作业中和作业后，发作性肌肉痉挛和疼痛。

处置措施：充分摄取水和盐类予以缓解症状。

② 热虚脱：由于循环系统失调而引起。其主要症状为血压降低、速脉、水脉、头晕、头痛、呕吐、皮肤苍白、体温轻度上升。

处置措施：循环器官有异常的人员严禁参加施工；对有症状者增加补水次数，并在阴凉处静卧休息。

③ 热射病：由于体温调节中枢失调，体温上升。其症状为体温高、兴奋、乏力和皮肤干燥等。

处置措施：对高温不适应者应避免在洞内进行重体力劳动；在高温施工地段采用冷水喷雾等方法降温，必要时对患者采取医疗急救处置。

（2）加强施工人员的健康管理。

如有高血压、心脏病的患者，高温作业容易引起症状恶化；疲劳、空腹、睡眠不足、酒醉等容易诱发中暑症，对此类人员应禁止参加劳动。

（3）配备防中暑物资及药品。

给每个施工作业人员分发一定数量的防治中暑药物，如清凉油、风油精、藿香正气水等。

（4）加强设备防护。

高地温地段，温度的升高可造成设备性能降低和橡胶部件的提前老化。施工中应加强设备自身的排热性能,提前配备或更换易老化的部件,防止因高温造成设备损坏,影响施工的正常进行。

4.4.6 高地温段隧道资源配置

为了确保杉阳隧道出口安全、高效通过高地温地段,考虑到本隧道通风的重要性,故需要安排专门的通风作业全天候值班,保证隧道通风正常,不因通风影响作业人员的身心健康,具体人员安排如表 4.4-5 所示。

表 4.4-5 通风班人员配置

序号	工种	人数	备注
1	电工	2	负责电路维护,2 个
2	电焊工	2	负责风管维护,2 个
3	维修工	2	负责风机维修与保养,2 个
4	杂工	4	负责配合工作,4 人
5	通风班班长	1	全面负责通风工作,1 人
6	共计	11	11 人

4.4.7 高地温隧道安全、环保、水保措施

1. 安全技术保证措施

(1)及时对所有工人进行高地温专题安全教育、培训。

(2)设置专职现场安全员,实行 24 h 值班制度,并用岩温计实测岩温,利用气温计实测洞内温度、湿度。

(3)严格按照技术交底要求进行施工,遵循各种规章制度。

(4)加强管理,洞口设置门岗,坚持 24 h 值班,监督所有进洞施工人员分工序挂牌上岗、下班摘牌离岗,其他人员进洞须经工区项目经理批准,在洞口值班室登记后方可进入,洞内施工机械实行进、出登记制,并建立详细记录台账。

(5)施工现场防护装置、安全防护措施必须齐全,严格遵守安全操作规程。

(6)根据现场作业特点,给现场工人配备相应的劳保用品,如安全帽、水鞋、工作服、手套、手灯、口罩等。所有参加作业的人员(含配属人员)必须配备安全帽,未戴安全帽严禁进入现场。

(7)施工现场的机具设备,必须设置切实可靠的防护、分隔措施和明显的警示标志、警示灯。

(8)加强洞内及掌子面照明,保证光线充足。

(9)加强现场用电管理,确保用电安全。

① 配电系统实行分线配电,设总、分配电箱,动力、照明配电箱,不同用途的电箱加注

相应的文字标识，箱体外观完整、牢固、防水防尘。

② 各施工人员应掌握安全用电的基本常识和所用设备性能，用电人员各自保护好设备的负荷线、地线和开关，发现问题及时找电工解决，严禁非专业电气操作人员乱动电器设备。

③ 所有用电设备，按规定设置漏电保护装置，金属外壳设置可靠的接零及接地保护，定期检查，发现问题及时解决。

④ 加强对电焊、电热设备、电动工具的安全管理，维修保管由专人负责。

（10）防火安全措施。

① 贯彻"预防为主、防消结合"的消防方针，施工中认真执行《中华人民共和国消防法》和省市有关消防管理规定。

② 落实"谁主管、谁负责"的原则，成立消防领导小组，明确各部门消防责任人，各司其职。实行逐级消防责任制并检查执行，处理隐患、奖罚分明。

③ 施工现场和生活区临设按消防要求搭建，水源配置合理，配备齐全的消防器材。

（11）施工场地安全防护。

① 施工现场有安全员定期巡视，重点是洞内人员、车辆进出。

② 施工现场设立明显指示牌和警示牌。

2. 环保、水保要求

（1）施工队要严格控制每个作业过程对地表、地下水的污染，施工产生的废水要通过沉淀池沉淀干净达标后才能排到水沟内。

（2）施工结束后，应对场地进行清理，废弃混凝土、废渣和废旧物品要妥善处理，确保无杂物。

第 5 章 特长单线铁路隧道综合通风施工技术

5.1 特长单线铁路施工通风研究内容及重难点分析

隧道通风与地下工程的施工通风问题在以前往往被人忽视,但是随着隧道建设迅速发展,人们逐渐认识到施工通风是隧道与地下工程的重要组成部分,隧道与地下工程施工通风担负着向施工作业区提供新鲜空气,稀释有毒气体,排除粉尘等有害物质的作用,既是改善工作区域环境的技术手段,又是必不可少的劳动保护措施,尤其是对于一些特殊隧道,例如瓦斯隧道、特长隧道、高海拔隧道等,有害气体浓度大、通风距离长、大气压低等诸多不利因素对隧道与地下工程的施工通风提出新的挑战。在钻爆法施工过程中,会产生大量的粉尘,粉尘随气流在隧道中扩散,使隧道环境受到污染影响视线,减少可视范围。这些粉尘还会对施工设备造成磨损,最严重的是会威胁隧道作业人员的身体健康,作业人员在隧道内工作、移动,游离在空气中的细小粉尘会被吸入体内,通过呼吸道进入肺部,导致严重的职业病。因此,在隧道施工过程中,粉尘控制问题同样不容忽视。

5.1.1 项目研究内容

本研究以大瑞铁路杉阳隧道为工程依托,通过理论分析与数值仿真相结合的方法,对特长单线铁路隧道带平行导坑巷道式通风方案进行设计与优化,形成完整的长大隧道施工通风成套技术,主要研究内容如下:①不同施工阶段通风方案设计;②不同通风模式隧道风流场分布规律及通风效果;③特长单线铁路隧道施工通风设备配套技术;④智能通风施工技术研究。

5.1.2 项目重难点分析

由项目背景可知,杉阳隧道施工中的主要有害气体以爆破烟尘为主,由于隧道围岩以泥岩砂岩为主,爆破开挖过程中形成大量灰尘,粉尘悬浮在空气中,给安全生产带来严重危害。根据粉尘的来源可以将隧道粉尘分为三类:原始粉尘、爆破产尘和工艺产尘。原始粉尘是指原本就存在的粉尘,在隧道施工前由于地壳运动等地质情况变化使得岩层发生破坏,在岩体裂缝中会有大量粉尘产生,当隧道施工时,掌子面破碎,岩体裂缝中的粉尘也会随之扩散到隧道空间中。爆破产尘是指隧道爆破作业时,岩体破碎所产生的大量粉尘。工艺产尘是指在钻孔凿岩、机械掘进、出渣运输、混凝土搅拌与喷射等工序过程中所产生的粉尘。爆破产尘与工艺产尘约占总产尘量的 80% 以上，是粉尘的主要来源。爆炸是一种瞬时的、高温高压的化学反应，隧道进行爆破作业时，会在瞬间释放出大量能量，产生巨大的冲击波，给周围岩体施加数万兆帕的压力，从而使岩体粉碎，产生大量粉尘，并在爆生气体的带动下向隧道空间扩散。通风不利时，空气中悬浮的粉尘很容易对施工产生不利影响。同时，隧道埋深超过 600 m 的地段地温可能超过 28 °C，最大埋深 1 015 m 处的地温约为 34 °C，属高地温区。因此在有害气体和高地温的影响下，隧道施工需要加强通风与防范。

对于长大隧道来说，解决通风排烟问题是加快施工进度的基础和保障。本工程隧道通风设计主要是基于带平行导坑的巷道式通风，其总体思路是将长大隧道分解成短小隧道，以达到预期的效果。将并行的左右线隧道形成一个大的空气回路，平行导坑作为新鲜空气供应通道，正洞斜井作为污浊空气排出通道。带平行导坑隧道常规掌子面分布为：正洞 1 个面，平行导坑 1 个面，通过横通道新开一个作业面，即形成 2 个正洞面＋1 个平行导坑面的常规施组模式，如图 5.1-1 所示。一般通风方式为：前期采用压入式通风，待平行导坑与正洞均施工超过第一个横通道时，更改为巷道式通风，根据现场实际情况，也可施工多个横通道后再更改通风方式，但一般轴流通风距离不超过 2 000 m。平行导坑超前通过横通道新开工作面，增加一套通风设备供风即可，通风方式较为简单，常规通风配置即可满足通风需求。当平行导坑超前过多时，需通过多个横通道新开作业面，形成 3 正洞面＋1 平行导坑面同时施工，如图 5.1-2 所示，超出前期策划，但通风配置已完备，平行导坑断面未扩大，无法布设更多的风管来供新开的工作面通风，施工单位一般通过在最前方掌子面分风来解决通风困境。

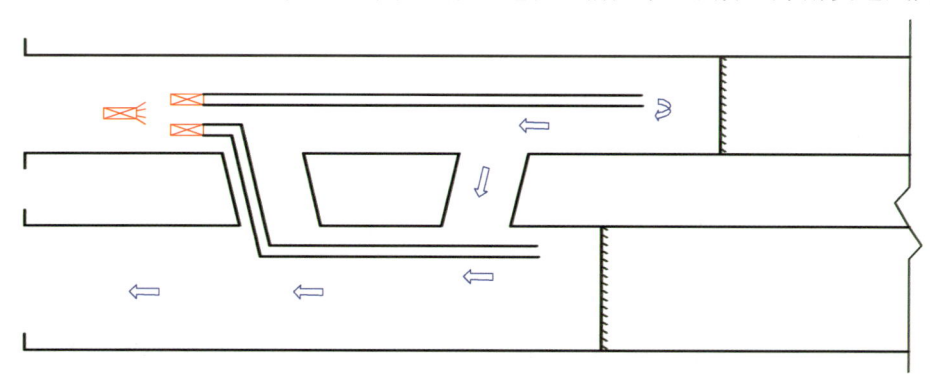

图 5.1-1 常规巷道式通风示意图

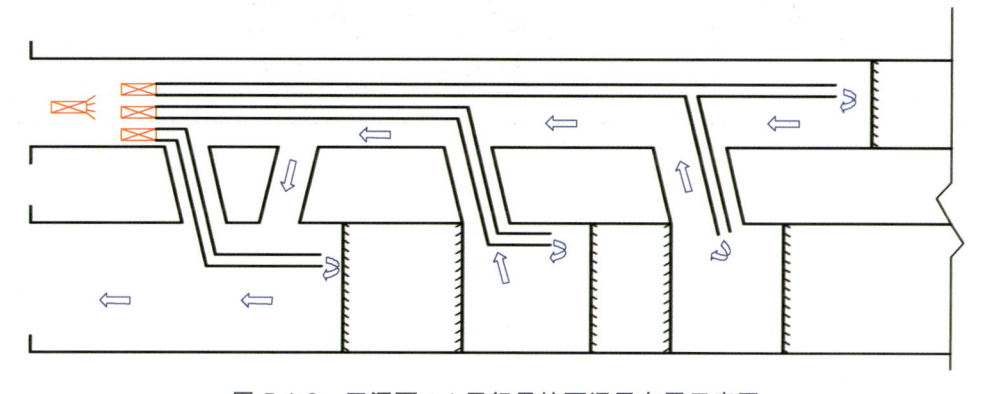

图 5.1-2 正洞面＋1 平行导坑面通风布置示意图

由图 5.1-2 可以看出，最前方正洞面与平行导坑掌子面采用分风的方式来供 2 个掌子面施工，由于前期通风设计是按一个平行导坑断面施工配置的通风设备，肯定无法满足 2 个掌子面同时施工所需，而更换通风设备代价很大，且平行导坑断面受限，无法布设更大直径的通风管，因此造成前方 2 个掌子面通风效果很差。

本项目的重难点主要包括：①杉阳隧道进口为反坡施工，在隧道进洞深度大于 5 km 后采用巷道式通风，如何保证通风效果；②合理布置射流风机的间距；③通风时间的安排；④通风设备功率选取；⑤如何最大程度地发挥已贯通斜井的通风效用。

5.2 特长单线隧道不同施工阶段通风方案研究

隧道开挖支护过程中，在钻孔、爆破、出渣、喷射混凝土等各个施工环节都会产生大量的游离二氧化硅粉尘，且粉尘能在空气中悬浮较长的时间，对施工人员的安全造成威胁，严重时甚至会导致自燃和爆炸。而相较于普通隧道，特长隧道在爆破后产生的粉尘需要更长的时间排出，且通风效果难以保证，本节将结合巷道式通风原理，设计特长隧道不同施工阶段的通风方案，并确定不同阶段的需风量，选定通风设备。

5.2.1 通风方案总体设计

进口平行导坑端与斜井已施工段贯通后进口工区通风布置共分两个阶段：进口正洞端没有与正洞增开第二掌子面贯通为第一阶段；进口正洞端与增开第二掌子面贯通为第二阶段。通风效果控制标准应符合相关行业标准。

1. 第一阶段

进口正洞端一个通风系统，16#横通道进正洞与平行导坑掌子面一个通风系统，通风系统示意如图 5.2-1 所示。

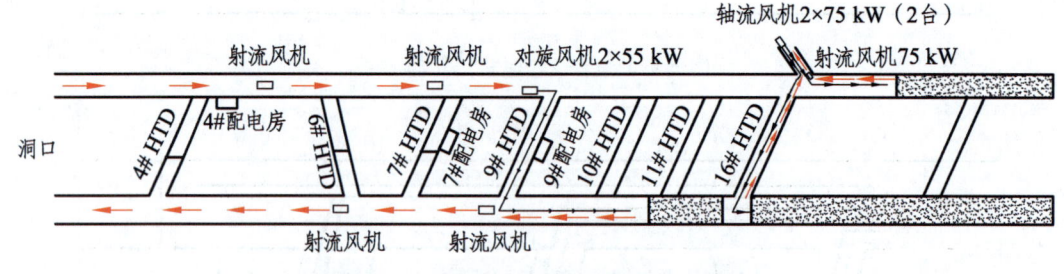

图 5.2-1 施工第一阶段通风系统示意图

（1）进口端正洞通风。

在平行导坑 9#加宽段（PDK93+100）位置放置一台 2×55 kW 对旋风机，对进口端正洞输送新鲜空气，对旋风机通过 9#变压器室 630 kV·A 变压器供电；污浊空气通过正洞运输通道排出，分别在 DK93+080、DK92+120、DK91+060 位置设置三台 75 kW 轴流风机向洞口方向接力抽排污浊空气，射流风机分别通过 9#变压器室 630 kV·A 变压器、7#变压器室 630 kV·A 变压器、4#变压器室 400 kV·A 变压器供电。

正洞和平行导坑通过最前方横通道连通，对除了 9#HTD（风袋通过）之外的其他横通道进行封闭（避免造成回风）。正洞每隔 1 000 m 左右设置一台射流风机，加强向外排出污风。

（2）平行导坑和正洞新开工作面通风。

在斜井口位置放置一台 2×75 kW 轴流风机对新开正洞工作面输送新鲜空气，相同位置放置一台 2×75 kW 轴流风机对平行导坑工作面输送新鲜空气，两工作面压出的污浊空气通过斜井排出。在斜井底部安放一台 75 kW 射流风机向斜井洞口方向加强污浊空气抽排。三台风机通过 16#变压器室 630 kV·A 变压器供电。为保证平行导坑通风质量，计划每隔 1 000 m 左右增加一台 2×37 kW 对旋风机接力通风，平行导坑每隔 1 000 m 左右增加一台 75 kW 射流风机向外排污风，由斜井排出。

2. 第二阶段

第二阶段通风布置在第一阶段通风布置的基础上取消进口段进风、排风，同时增加 22#横通道进正洞工作面，斜井口再增设一台 2×75 kW 轴流风机，共计三台，三台风机通过 16#变压器室 630 kV·A 变压器供电。为保证平行导坑通风质量，计划每隔 1 000 m 左右增加一台 2×37 kW 对旋风机接力通风，平行导坑每隔 1 000 m 左右增加一台 75 kW 射流风机向外排污风，由斜井排出。通风系统示意如图 5.2-2 所示。

图 5.2-2 施工第二阶段通风系统示意图

5.2.2 通风计算

1. 风量计算

（1）正洞通风计算。

① 计算参数确定。

供给每个人的新鲜空气量按 3 m³/min 计算；

控制通风按开挖爆破一次最大用药量 150 kg 计算；

放炮后通风时间为 30 min；

软式风管百米漏风率 1.3%，风管内摩擦系数为 0.01；

洞内风速不小于 0.25 m/s；

隧道内气温不超过 28 °C；

风带选用洛阳隧道局生产的普通型 1.5 m 风带。

② 风量计算。

按洞内允许最低风速计算风量：

$$\begin{aligned} Q_1 &= 60 \times A \times V \\ &= 60 \times 54.64 \times 0.25 \\ &= 819.6 \text{ m}^3/\text{min} \end{aligned} \quad (5.2\text{-}1)$$

式中：V——洞内最小风速，取 0.25 m/s；

A——整洞开挖断面面积，取 54.64 m²。

按洞内施工最多人数（按 60 人计）计算风量：

$$\begin{aligned} Q_2 &= q \times M \times K \\ &= 3 \times 60 \times 1.3 \\ &= 234 \text{ m}^3/\text{min} \end{aligned} \quad (5.2\text{-}2)$$

式中：q——每人需要的新鲜空气标准；

M——同一时间内洞内工作最多人数，取 60；

K——风量备用系数，取 1.3。

按爆破时最多药量计算风量：

$$\begin{aligned} Q_3 &= \frac{2.25}{t} \sqrt[3]{A \times B \times S^2 \times L^2 \times \frac{K}{P^2}} \\ &= \frac{2.25}{30} \sqrt[3]{150 \times 40 \times 54.64 \times 54.64 \times 301.3 \times 301.3 \times \frac{0.6}{1.35 \times 1.35}} \\ &= 844.5 \text{ m}^3/\text{min} \end{aligned} \quad (5.2\text{-}3)$$

式中：t——通风时间，取 30 min；

A——爆破的炸药用量，取 150 kg；

B——爆炸时有害气体成量，取 40 L；

S——巷道断面面积，取 54.64 m³；

K——考虑淋水使炮烟浓度降低的系数，取 0.6；

P——巷道计算长度范围内漏风系数，取 1.5；

L——巷道长度或临界长度，取 $L = 1\,307$ m。

取以上最大值 844.5 m³/min 作为工作面所需风量，则计算最大风量为：

$$\begin{aligned} Q_{\text{机}} &= p \times Q \\ &= 1.35 \times 1\,095.9 \\ &= 1\,140.1 \text{ m}^3/\text{min} \end{aligned} \quad (5.2\text{-}4)$$

式中：$Q_{\text{机}}$——计算最大风量；

p——系统漏风系数。

③ 所需风机压力计算。

使用风管直径 1.5 m，风管平均流速 $V = 9.25$ m/s。

风管内摩擦阻力 $h_1 = \lambda(L/D)\rho(V^2/2) = 684.5$ Pa

式中：λ——摩擦系数，根据使用经验取 0.01；

　　　L——通风管长，取 2 000 m；

　　　D——风管直径，取 1.5 m；

　　　ρ——空气密度，取 1.2 kg/m³。

风管内局部阻力 $h_{局} = \zeta\rho(V_2/2)$，按风管内局部阻力 h_1 的 5%考虑，则总阻力 $h = 684.5 \times 105\% = 718.7$ Pa。

（2）平行导坑通风计算。

① 计算参数确定。

供给每个人的新鲜空气量按 3 m³/min 计算；

控制通风按开挖爆破一次最大用药量 106 kg 计算；

放炮后通风时间为 30 min；

软式风管百米漏风率 1.3%，风管内摩擦系数为 0.01；

洞内风速不小于 0.25 m/s；

隧道内气温不超过 28 °C；

风带选用洛阳隧道局生产的普通型 0.8 m 风带。

② 风量计算。

按洞内允许最低风速计算风量：

$$Q_1 = 60 \times A \times V \\ = 60 \times 29 \times 0.25 \\ = 435 \text{ m}^3/\text{min}$$
（5.2-5）

式中：V——洞内最小风速，取 0.25 m/s；

　　　A——整洞开挖断面面积，取 29 m²。

按洞内施工最多人数（按 30 人计）计算风量：

$$Q_2 = q \times M \times K \\ = 3 \times 20 \times 1.3 \\ = 78 \text{ m}^3/\text{min}$$
（5.2-6）

式中：q——每人需要的新鲜空气标准；

　　　M——同一时间内洞内工作最多人数，取 20；

　　　K——风量备用系数，取 1.3。

按爆破时最多药量计算风量：

$$Q_3 = \frac{2.25}{t}\sqrt[3]{A \times B \times S^2 \times L^2 \times \frac{K}{P^2}}$$

$$= \frac{2.25}{30\sqrt[3]{106 \times 40 \times 29 \times 29 \times 397.3 \times 397.3 \times \frac{0.6}{1.35 \times 1.35}}} \quad (5.2\text{-}7)$$

$$= 427.6 \text{ m}^3/\text{min}$$

式中：t——通风时间，取 30 min；

A——爆破的炸药用量，取 106 kg；

B——爆炸时有害气体成量，取 40 L；

S——巷道断面面积，取 57 m³；

K——考虑淋水使炮烟浓度降低的系数，取 0.6；

P——巷道计算长度范围内漏风系数，取 1.5；

L——巷道长度或临界长度，$L = 1\,815$ m。

取以上最大值 435 m³/min 作为工作面所需风量，计算最大风量为：

$$\begin{aligned} Q_{机} &= P \times Q \\ &= 1.35 \times 435 \\ &= 587.3 \text{ m}^3/\text{min} \end{aligned} \quad (5.2\text{-}8)$$

式中：$Q_{机}$——计算最大风量；

P——系统漏风系数。

③ 所需风机压力计算。

使用风管直径 0.8 m，风管平均流速 $V = 16.8$ m/s。

风管内摩擦阻力 $h_1 = \lambda(L/D)\rho(V^2/2) = 4\,233.6$ Pa

式中：λ——摩擦系数，根据使用经验取 0.01；

L——通风管长，取 2 000 m；

D——风管直径，取 0.8 m；

ρ——空气密度，取 1.2 kg/m³。

风管内局部阻力 $h_{局} = \zeta\rho(V_2/2)$，按风管内局部阻力 h_1 的 5%考虑，则总阻力 $h = 4\,233.6 \times 105\% = 4\,445.3$ Pa。

（3）4 km 以上通风计算。

平行导坑施工 4 km 后，正洞平行导坑采用巷道式通风。风机安设在斜井口，平行导坑和正洞增开掌子面与风机的距离最远不超过 2 000 m，通风机设置经计算可知，正洞作业面所需控制风量为 1 140.1 m³/min（风速计算值最大），平行导坑作业所需控制风量为 587.3 m³/min（风速计算值最大）。

2. 通风设备选型

通风阻力因选择的风管直径和风机型号以及送风距离的不同会有很大差距。需要指出的是，如果选择的风管直径过小，会导致通风阻力过大，不能满足送风需要；如果选择的风管直径过大，又会造成浪费，且不利于施工组织。

下面只针对每个工区的实际情况，结合风机特性曲线和送风长度对通风阻力进行模拟计算，同时也对风机风管进行选型匹配。风管阻力曲线计算公式如下：

$$P = \frac{400\lambda\rho}{\pi^2 d^5} \times \frac{(1-\beta)^{\frac{2L}{100}}-1}{\ln(1-\beta)} \times Q_f^2 \quad (5.2\text{-}9)$$

式中：P——风管沿程阻力；

λ——摩阻系数，取 0.02；

ρ——空气密度；

d——风管直径；

β——风管平均百米漏风率，取 1.5%；

L——管路长度；

Q_f——风机工作点风量。

由于采用轴流巷道式通风，根据施工组织进度计划可知，其正洞和平行导坑送风管路最大长度不超过 1 000 m，正洞开挖面需风量为 1 140.1 m³/min、平行导坑开挖面需风量为 587.3 m³/min，这也是风管出口风量（均已经考虑平均百米漏风率 1.3%）。通过反复计算可得出：正洞选用 2×75 kW 轴流风机与 ϕ1.5 m 风管匹配比较合理，平行导坑选用 2×75 kW 轴流风机与 ϕ0.8 m 风管匹配比较合理。

计算结果如下：

进口工区正洞：风机风量为 2 352 m³/min>1 140.1 m³/min，风机静压为 4 600 Pa>718.7 Pa。

进口工区平行导坑：风机风量为 2 352 m³/min>587.3 m³/min，风机静压为 4 800 Pa>4 445.3 Pa。

根据相关工程现场调查，结合工程地质和水文地质情况的综合分析，工程区内的降水入渗按渗入量的大小可定性地分为四类：无入渗、极少量入渗、部分入渗、大部分入渗。地表水引发岩土体塌陷的机理较复杂，既有水的渗透动压力效应，又有水体的静力加载效应和软化效应。

5.3 不同通风模式隧道风流场分布规律及其通风效果研究

隧道施工中的粉尘控制方式主要依靠通风排尘，前面确定了不同施工阶段的通风方式和需风量，而隧道爆破后粉尘运移规律和通风控制效果则需要更加直观的表现，以指导下一步施工方案的优化。数值模拟方法则具有计算结果简单直观的特点，本节将采用数值模拟方法，研究爆破后粉尘的运移规律，评价当前通风方案的排尘效果，进一步指导实际施工通风。

5.3.1 隧道施工通风数值模拟计算方法

1. 基本假定

在使用 Fluent、ADINA 等流体计算软件对隧道施工通风进行数值模拟时，为了便于分析流体在隧道内的运动特性，需对隧道中的气体作出如下假定：

（1）假定隧道内气体都是不可压缩的。隧道施工通风阶段，隧道内的气体都为低速气流，马赫数均小于 0.3，并且由于隧道内外的温度、气压一般变化不大，气体的体积和密度的变化不大，故可将隧道施工通风过程中的气流看作不可压缩气体。

（2）假定隧道内气体都是连续介质。连续介质即认为流体质点间是没有空隙的，单位时间内流过各个断面的流体质量是一定的，由于气体分子直径远远小于气体分子间的间隙，故可将隧道施工通风过程中的气流看作连续介质。

（3）假定隧道壁面无法传热导热，隧道内流体运动时不产生热能，一般情况下隧道内的气体在转移过程中不会发生任何化学反应，故可将隧道壁面视为等温，将流体视为恒温。

2. 控制性方程

任何物体在运动转移过程中，都要遵循一定的物理定律。在隧道施工通风的研究分析中，一般将隧道内的气流看作紊流，在分析其运动规律时，这些气流需遵循质量守恒、动量守恒以及能量守恒三大定律。

（1）质量守恒方程（连续性方程）。

$$\frac{\partial \rho}{\partial t} + \frac{\partial(\rho u)}{\partial x} + \frac{\partial(\rho v)}{\partial y} + \frac{\partial(\rho w)}{\partial z} = 0 \qquad (5.3\text{-}1)$$

式中：ρ ——流体密度；

u ——速度在 x 方向上的分量；

v ——速度在 y 方向上的分量；

w ——速度在 z 方向上的分量。

（2）动量守恒方程（纳维-斯托克斯方程）。

$$\frac{\partial(\rho u)}{\partial t} + \nabla \partial(\rho uV) = \rho f_x + \frac{\partial \tau_{xx}}{\partial x} + \frac{\partial \tau_{yx}}{\partial y} + \frac{\partial \tau_{zx}}{\partial z} - \frac{\partial P}{\partial x} \qquad (5.3\text{-}2)$$

$$\frac{\partial(\rho v)}{\partial t} + \nabla \partial(\rho vV) = \rho f_y + \frac{\partial \tau_{yy}}{\partial y} + \frac{\partial \tau_{xy}}{\partial x} + \frac{\partial \tau_{zy}}{\partial z} - \frac{\partial P}{\partial y} \qquad (5.3\text{-}3)$$

$$\frac{\partial(\rho w)}{\partial t} + \nabla \partial(\rho wV) = \rho f_z + \frac{\partial \tau_{zz}}{\partial z} + \frac{\partial \tau_{xz}}{\partial x} + \frac{\partial \tau_{yz}}{\partial y} - \frac{\partial P}{\partial z} \qquad (5.3\text{-}4)$$

式中：f_x、f_y、f_z——x、y、z 方向上的广义单元质量力；

τ_{xx}、τ_{yy}、τ_{zz}、τ_{xy}、τ_{xz}——黏性应力在不同方向上的分量。

（3）能量守恒方程。

$$\frac{\partial(\rho E)}{\partial t}+\nabla[V(\rho E+\rho)]=\nabla\left[k\nabla T\sum_{j}J_{j}+(\tau_{\mathrm{eff}}V)\right]+S_{\mathrm{h}} \qquad(5.3\text{-}5)$$

式中：E——流体总能量；

k——有效热传导系数；

h_j——组分 j 的焓；

J_j——组分 j 的扩散通量；

τ_{eff}——有效应力张量；

S_{h}——用户自定义的热源项与化学反应热之和。

5.3.2 气-粒两相流模拟方法

本研究涉及隧道爆破后通风条件下粉尘的运移问题，流场中同时存在着空气和粉尘颗粒，是一种气-粒两相流问题，目前针对这种问题的模拟方法主要有欧拉-欧拉方法和欧拉-拉格朗日方法。

欧拉-欧拉方法在颗粒相体积占比较高的两相流动体系中应用较为广泛，在这种方法中，颗粒相被视为与连续介质性质相似的拟流体。颗粒相作为拟流体与连续相流体之间在空间上相互贯穿，两者均在欧拉坐标系下求解。该方法的优势在于全面考虑了颗粒相的输运特性，可以进行大规模工程问题计算。但该方法将颗粒相处理为均匀的拟流体，这与实际中气-粒两相流的不均匀性不相符，不能体现颗粒大小、密度等物理特性的区别，模拟结果中也不能反映出每个颗粒的运动规律。为此，近年来许多研究人员开始尝试采用欧拉-拉格朗日方法进行气-粒两相流的模拟计算。

欧拉-拉格朗日方法把流体作为连续相在欧拉坐标系下求解，而将颗粒视为离散相在拉格朗日坐标系下求解。与欧拉-欧拉方法相比，欧拉-拉格朗日方法保证了颗粒相离散的真实性，可以直接体现每个粒子的运动规律，因此更为合理。但这种方法也具有一定的局限性，若颗粒相浓度过高，会使计算量大大增加。因此，受限于目前计算机的运算性能，欧拉-拉格朗日方法通常适用于颗粒相所占体积分数在 10% 以下的流动问题。

隧道中粉尘所占的体积分数小于 10%，因此采用欧拉-拉格朗日方法进行隧道中粉尘运移的模拟计算。Fluent 中与之相对应的计算模型是 DPM（Discrete Phase Model，离散相模型），应用该模型可以解决稳态与非稳态粒子跟踪、颗粒的加热和冷却、颗粒燃烧、液滴的破碎和融合，以及相间耦合等多种涉及离散相的问题。隧道中粉尘随风流运动的过程中会受到湍流脉动的影响，针对这个问题可以采用 DPM 模型中的随机轨道模型进行处理，其物理思想简单，便于模拟颗粒的各种运动和反应特性，在工程计算领域应用十分广泛。在随机轨道模型中，沿着每个粒子轨道对粒子运动方程进行积分计算，流体速度采用瞬时速度，利用同样的方法对大量有代表性的颗粒轨道进行求解，就可以体现出湍流脉动对离散相颗粒的随机性影响。

5.3.3 不同模式下隧道施工通风数值模拟分析

1. 第一阶段进口端正洞通风数值模拟分析

（1）计算模型。

① 几何模型及网格划分。

利用 SpaceClaim 建立三维模型，隧道横断面尺寸采用杉阳隧道实际尺寸，模型长度为 150 m，隧道掌子面位于 $X\text{-}Y$ 平面，正洞内风管直径取 1.5 m，风管末端出口距离掌子面 5 m，建立第一阶段进口端正洞通风方案模型，使用 Fluent Meshing 水密工作流模块进行网格划分，兼顾计算精度与速度，网格划分结果如图 5.3-1 所示，模型包含 189 122 个单元、1 061 498 个面以及 771 058 个节点。

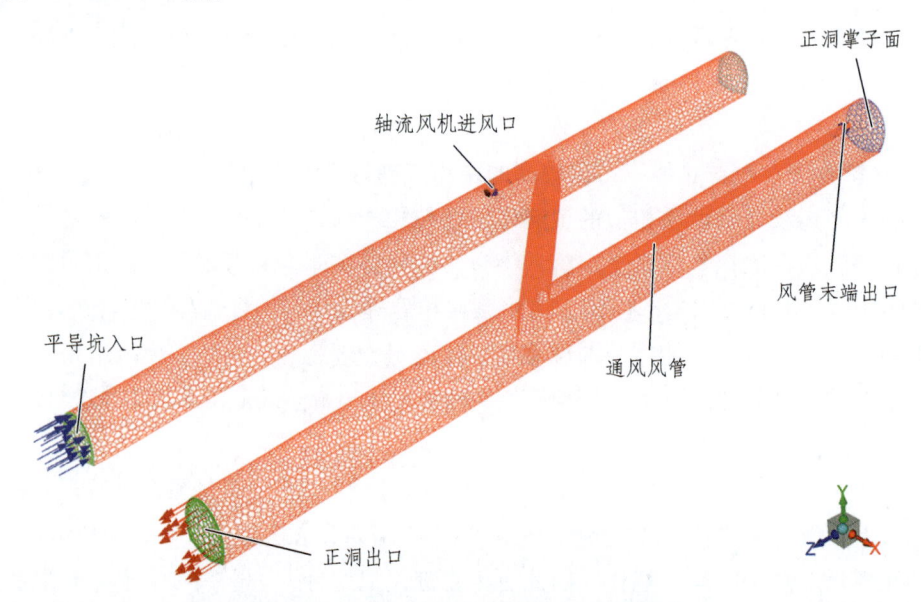

图 5.3-1 第一阶段进口端正洞通风模型

② 边界条件。

a. 入口边界条件：风管末端设置为速度入口边界条件，假定风管末端风速均匀分布且速度方向垂直于风管出口断面，按照风量计算结果取风速为 27.8 m/s；平行导坑入口端设置为速度入口边界条件，假定风速均匀分布且方向垂直于平行导坑横断面，速度按照洞内允许最低风速取 0.25 m/s。

b. 出口边界条件：正洞出口设置为压力出口边界条件，压力与大气压相同为 101 325 Pa。

c. 壁面边界条件：隧道掌子面、壁面和风管壁面设置为无滑移固定壁面边界，壁面的粗糙高度取 0.09 m，粗糙度系数取 0.55。

d. 平行导坑另一端设置为内部边界条件，轴流风机进风口设置为流量边界入口，流量按照通风设备选型结果取值为 48 kg/s。

e. 研究粉尘在隧道内的运动轨迹时，开启离散相（DPM）模型，设置隧道掌子面为惰性颗粒喷射源，模拟爆破作业后粉尘从掌子面溢出。

f. 空气密度为 1.225 kg/m³，操作温度为 28 ℃。

③ 离散相边界条件设定。

打开离散相模型，在正洞掌子面上加入粉尘源，进行风流-粉尘两相流动模拟计算，相关参数如所表 5.3-1 所示。

表 5.3-1　粉尘参数设置

喷射源参数	设置情况
喷射源类型	Surface（表面喷射）
喷射源	正洞掌子面
颗粒类型	惰性颗粒
材料	SiO_2
初始速度	$v_x = v_y = v_z = 0$
总质量流率	0.48 kg/s
最小颗粒直径	1.0×10^{-6} m
最大颗粒直径	10×10^{-4} m
平均直径	1.2×10^{-5} m
分布系数	2
直径组数目	1 000

④ 求解器设置。

湍流模型选择 Realizable k-epsilon 模型，粉尘扩散采用离散相模型。边界条件按上述设置。速度与压力耦合采用 SIMPLE 算法，压力差分采用 Standard 格式，动量、湍动能及湍流耗散项均采用 First Order Upwind 格式。采用瞬态计算，时间步长为 1 s，按照通风时间 30 min 设置时间步数 1 800 步。

（2）计算结果。

① 流场分析。

空气流动情况是评价通风方式的一个重要数据，它直接影响到隧道内的作业环境，进行流场分析是施工通风作业的基础。

计算结束时（1 800 s），选取距离正洞底部 1.5 m 的水平面进行观察，隧道内速度分布情况如图 5.3-2 所示。隧道内的气体大致流向：从平行导坑入口由射流风机输送到横通道前，再由轴流风机经风管输送到正洞掌子面前，再通过射流风机由正洞出口排出。图 5.3-2 中：

位置 1 为轴流风机入口位置，平行导坑内的空气在此处聚集进入风管，因此风速在这里增大。位置 2 在正洞掌子面附近为风管出风口，该处的流场矢量如图 5.3-3 所示。由于风管出口喷射而出的高速气体冲击到掌子面，使掌子面附近区域的气体高速流动，且流动的方向各不相同，按照流动特性可以将掌子面附近的流场分为 4 个区域，分别是风管前方的附壁射流区、由于气流冲击形成的覆盖于掌子面上的冲击射流区、与风管气体流动方向相反的回流区以及形成漩涡的涡流区，掌子面附近有较高的风速是保证吹散烟尘和防止有害气体积聚的重要条件。位置 3 为横通道，横通道及附近的流场如图 5.3-4 所示，平行导坑气体没有全部进入轴流风机，仍然有一部分在隧道内继续向前流入横通道，横通道横截面积较小，故此处气体流速较平行导坑更快，随后与正洞内的空气一同向正洞口流出。

截取该截面正洞中线上的六个点研究正洞内风速分布，各点距离正洞掌子面的距离分别为 2 m、20 m、70 m、90 m、120 m、150 m，风速计算结果如表 5.3-2 所示。从表中可以看到，从截点Ⅰ到截点Ⅲ风速逐渐变小，截点Ⅲ在横通道后方，截点Ⅳ在横通道前方，此时横通道空气流入正洞，洞内流率增大，因此该截点速度明显增加，随后空气速度逐渐降低，在 150 m 截点Ⅵ处速度为 1.62 m/s，风速大于隧道内允许最低风速，配合射流风机将取得更好通风效果。

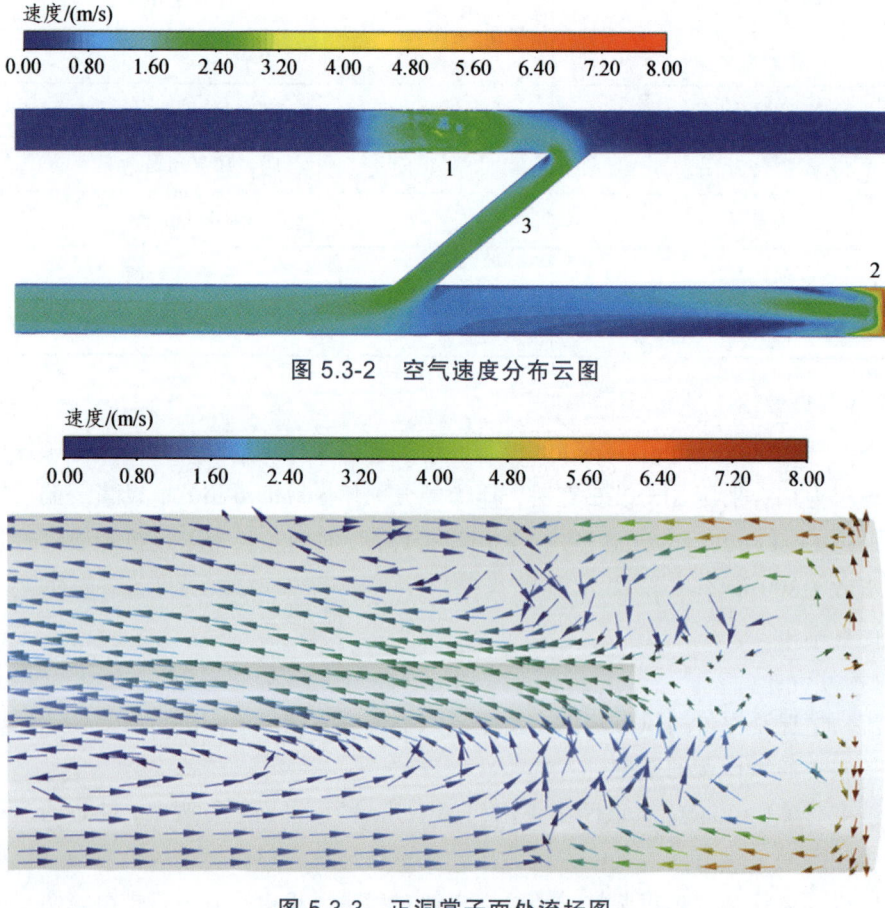

图 5.3-2　空气速度分布云图

图 5.3-3　正洞掌子面处流场图

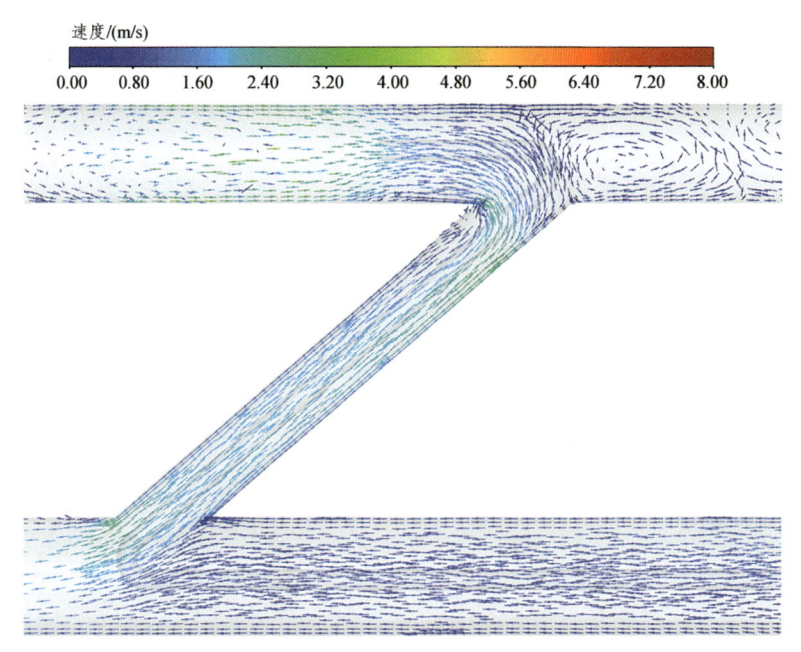

图 5.3-4　横通道附近流场图

表 5.3-2　不同截点风速

截点	I	II	III	IV	V	VI
距掌子面距离/m	2	20	70	90	120	150
风速/(m/s)	1.57	1.43	0.76	1.89	1.63	1.62

② 粉尘扩散分析。

通过离散相模型模拟通风条件下隧道爆破后粉尘在隧道内的运动轨迹，将正洞掌子面设为粉尘喷射源。由于粉尘产生于爆炸瞬间，爆破后的粉尘随风流不断向隧道外扩散排出，隧道空间内每一位置的粉尘浓度都在随时间不断变化，因此采用瞬态计算，观察计算时间内粉尘的运移情况，如图 5.3-5 所示。

由图 5.3-5 可以看出：隧道爆破后，粉尘从掌子面喷入隧道空间，受风管射出高速风流影响，粉尘向掌子面周边扩散。爆破后 1~30 s，受回风风流的影响，聚集在掌子面周边的粉尘主要沿隧道中线向洞口方向运移，在此过程中，粒径较大的粉尘沉降速度较快，快速下沉至隧道底板位置。粉尘主要集中在隧道周边洞壁，由于粉尘为瞬时污染物，且不断向洞口方向运移，粉尘分布表现为距离掌子面近的地方浓度低，距掌子面远的地方浓度高。30~90 s，粉尘接近横通道出风位置，在横通道出风的影响下，粉尘运移轨迹向洞口出风方向左侧偏移。90~120 s，部分粉尘通过横通道，运移速度加快，粉尘整体运移轨迹偏左。120~240 s，部分粒径较大的粉尘已到达隧道洞口并开始向外排出，此时正洞内粉尘浓度明显下降。爆破后 240~480 s 内，粉尘浓度下降速度逐渐变慢，这是由于悬浮在空气中的粉尘大多数为呼吸性粉尘，这些粉尘受重力作用影响较小，难以沉降，主要在风流携带下向隧道外排出。爆破后 480 s，除少部分粉尘被吸附在隧道底板，隧道内粉尘基本全部排出，可以继续进行作业。

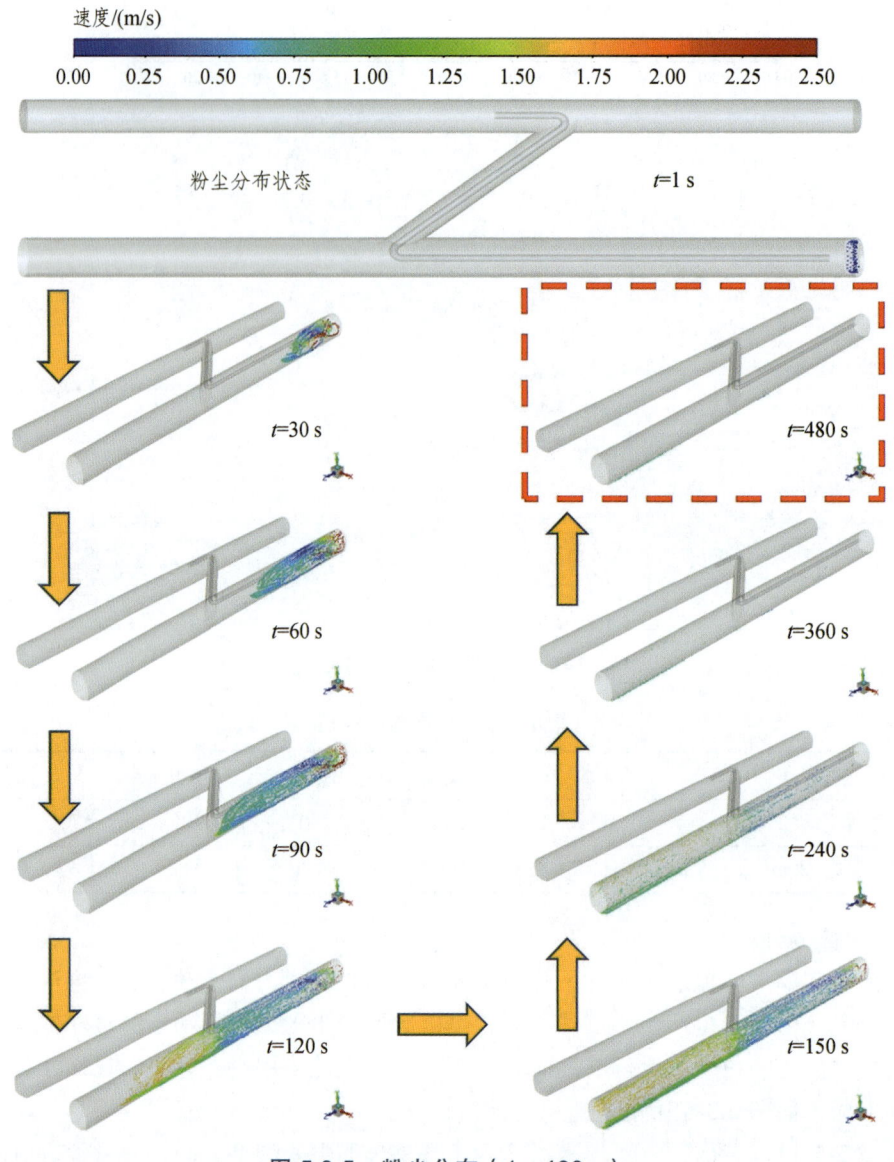

图 5.3-5 粉尘分布（1~480 s）

2. 第一阶段平行导坑和正洞新开工作面通风数值模拟分析

（1）计算模型。

① 几何模型及网格划分。

利用 SpaceClaim 建立三维模型，隧道横断面尺寸采用杉阳隧道实际尺寸，模型长度为 60 m，隧道掌子面位于 X-Y 平面，正洞内风管直径取 1.5 m，平行导坑内风管直径取 0.8 m，风管末端出口距离掌子面 5 m，建立第一阶段平行导坑和正洞新开工作面通风方案模型，使用 Fluent Meshing 水密工作流模块进行网格划分，兼顾计算精度与速度，网格划分结果如图 5.3-6 所示，模型包含 243 990 个单元、1 334 610 个面以及 945 848 个节点。

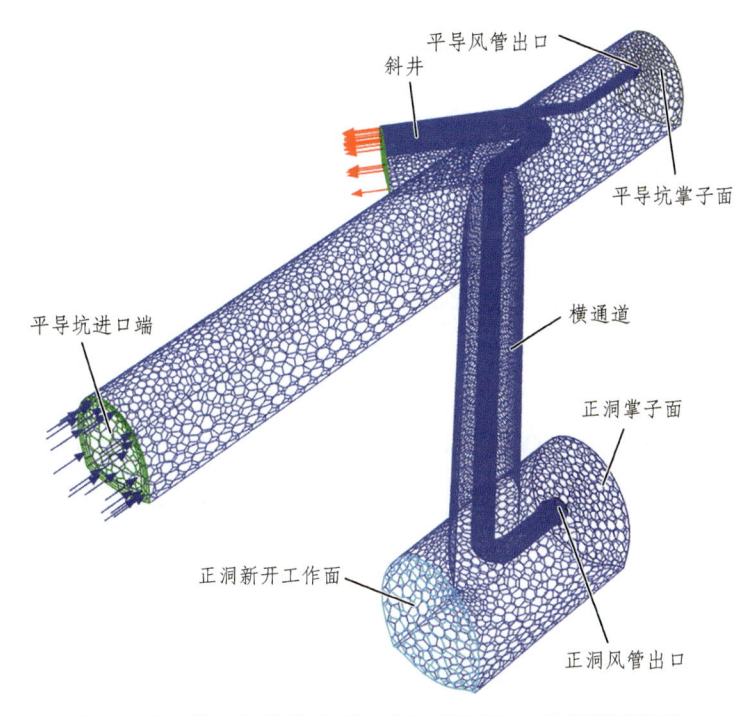

图 5.3-6　第一阶段平行导坑和正洞新开工作面通风模型

② 边界条件。

a. 入口边界条件：正洞风管末端设置为速度入口边界条件，假定风管末端风速均匀分布且速度方向垂直于风管出口断面，按照风量计算结果取风速为 27.8 m/s；平行导坑风管末端设置为速度入口边界，同样按照计算结果取风速为 12.4 m/s；平行导坑入口端设置为速度入口边界条件，假定风速均匀分布且方向垂直于平行导坑横断面，速度按照洞内允许最低风速取 0.25 m/s。

b. 出口边界条件：斜井口设置为压力出口边界条件，压力与大气压相同为 101 325 Pa。

c. 壁面边界条件：隧道掌子面，平行导坑坑掌子面、壁面和风管壁面设置为无滑移固定壁面边界，壁面的粗糙高度取 0.09 m，粗糙度系数取 0.55。

d. 研究粉尘在隧道内的运动轨迹时，开启离散相（DPM）模型，设置隧道掌子面为惰性颗粒喷射源，模拟爆破作业后粉尘从掌子面溢出。

e. 空气密度为 1.225 kg/m^3，操作温度为 28 ℃。

离散相边界条件和求解器设置与第一阶段进口端正洞通风方案相同。

（2）计算结果。

① 流场分析。

计算结束时（1 800 s），选取距离正洞底部 1.5 m 的水平面进行流场观察，隧道内部速度分布情况如图 5.3-7 所示。隧道内气体大致流向为：斜井口的轴流风机从外界抽入空气，分别通过风管送到平行导坑以及正洞新开掌子面，在两个掌子面分别形成回流，再通过射流风机将空气从斜井排出。图 5.3-8 与图 5.3-9 为正洞掌子面和平行导坑掌子面及斜井附近空气流场的局部放大图，风管出口喷射而出的高速气体冲击到掌子面，使掌子面附近区域的气体高速流动，且流动方向各不相同，同样的可将掌子面附近的流场分为风管前方的附壁射流区、由于气流冲击形成的覆盖于掌子面上的冲击射流区、与风管气体流动方向相反的回流区以及形成漩涡的涡流区，正洞掌子面的空气经回流进入横通道，随后由斜井排出，导洞掌子面空气则直接流向斜井排出。隧道内任意一点风速均大于 0.25 m/s，满足隧道施工中洞内最低风速要求。

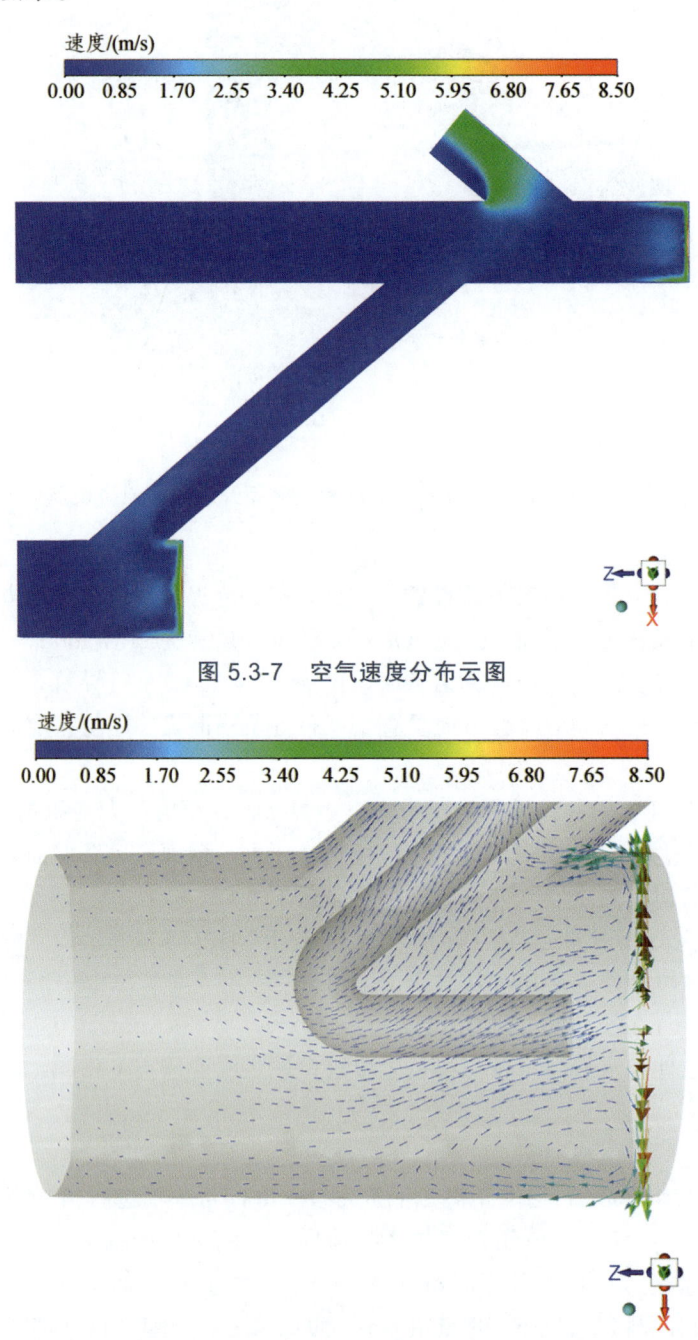

图 5.3-7　空气速度分布云图

图 5.3-8　正洞新开掌子面处流场图

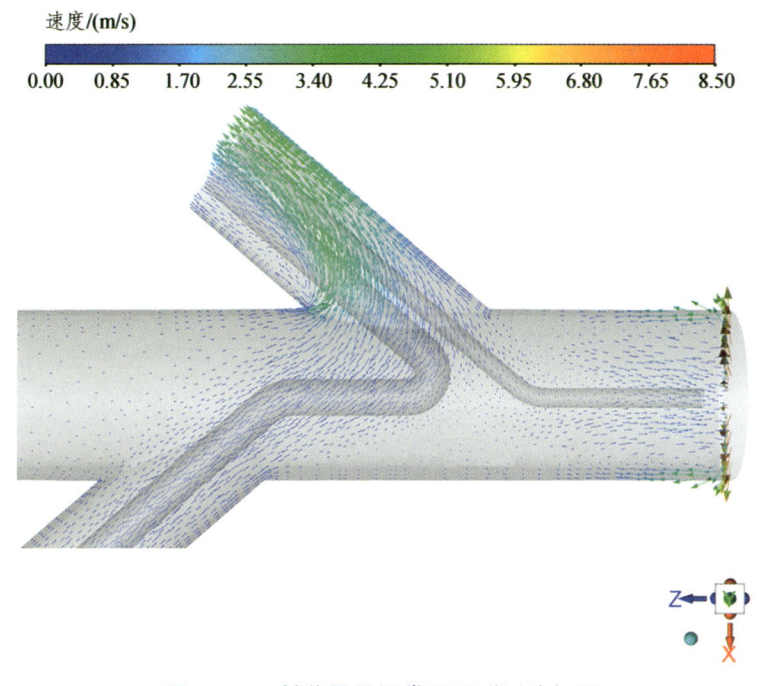

图 5.3-9　斜井及导洞掌子面附近流场图

② 粉尘扩散分析。

通过离散相模型模拟通风条件下隧道爆破后粉尘在隧道内的运动轨迹，将正洞以及平行导坑掌子面设为粉尘喷射源。由于粉尘产生于爆炸瞬间，爆破后的粉尘随风流不断向隧道外扩散排出，隧道空间内每一位置的粉尘浓度都在随时间不断变化，因此采用瞬态计算，观察计算时间内粉尘的运移情况，如图 5.3-10 所示。

由图 5.3-10 可以看出：隧道爆破后，在 0～1 s 内，粉尘从掌子面喷入隧道空间，受风管射出高速风流影响，粉尘向掌子面周边扩散，正洞新开掌子面的粉尘开始进入横通道。爆破后 1～30 s，受回风风流的影响，聚集在掌子面周边的粉尘主要由掌子面向横通道运移，在此过程中，粒径较大的粉尘沉降速度较快，快速下沉至隧道底板位置。粉尘主要集中在隧道周边洞壁，由于粉尘为瞬时污染物，且不断向洞口方向运移，粉尘分布表现为距离掌子面近的地方浓度低，距掌子面远的地方浓度高，平行导坑掌子面产生的粉尘开始由斜井排出。30～180 s，正洞掌子面产生的高浓度的粉尘接近布满横通道位置，在横通道出风方向的影响下，正洞掌子面产生的粉尘由斜井排出。180～420 s，悬浮的粉尘颗粒大部分通过横通道，在斜井处粉尘加速排出。420～540 s，悬浮粉尘基本排出斜井，部分粒径较大的粉尘则一直被吸附在隧道底板，此时正洞内粉尘浓度明显下降。爆破后 540～1 800 s 内，粉尘浓度下降速度逐渐变慢，这是由于悬浮在空气中的粉尘大多数为呼吸性粉尘，这些粉尘受重力作用影响较小，难以沉降，主要在风流携带下向隧道外排出，悬浮粉尘也逐步被排出。爆破后 1 800 s，仍有少部分粉尘被吸附在隧道底板，同时在隧道横通道与正洞交界位置存在陷入涡流内的少量粉尘不能被排出，除此之外隧道内粉尘基本全部排出，因此还需要结合如喷雾降尘等其他降尘措施，才可以完全清除隧道内的悬浮粉尘，方可继续进行作业。

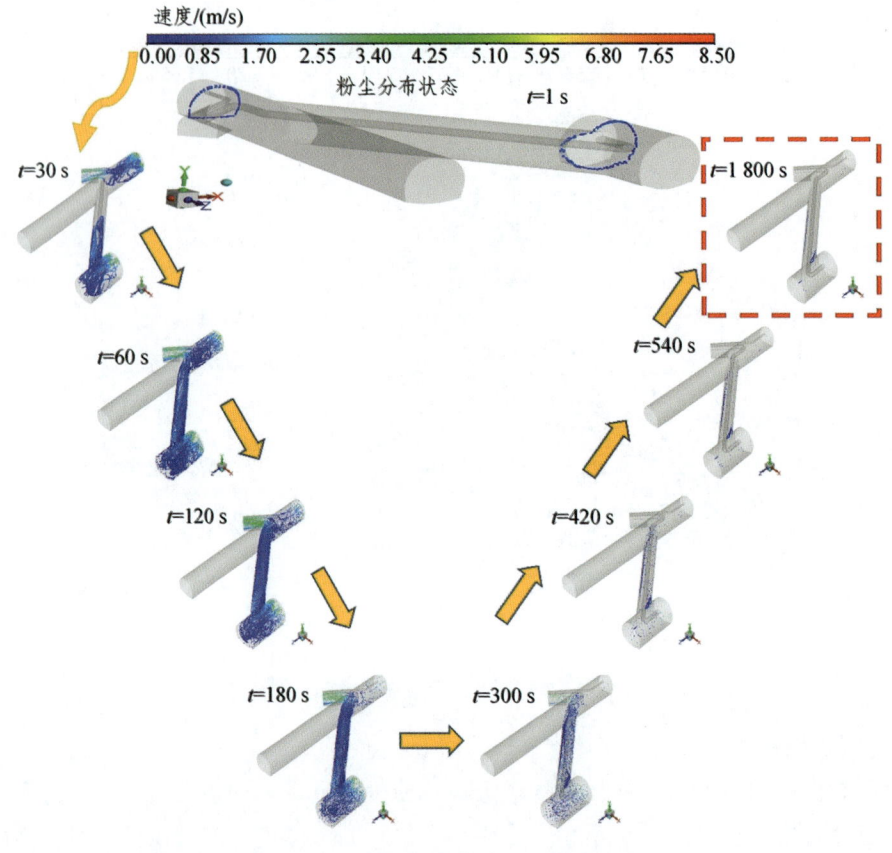

图 5.3-10　粉尘分布（1~1 800 s）

3. 第二阶段通风数值模拟分析

（1）计算模型。

①几何模型及网格划分。

利用 SpaceClaim 建立三维模型，隧道横断面尺寸采用杉阳隧道实际尺寸，模型长度为 460 m，隧道掌子面位于 X-Y 平面，正洞内风管直径取 1.5 m，平行导坑内风管直径取 0.8 m，风管末端出口距离掌子面 5 m，建立第二阶段平行导坑和正洞新开工作面通风方案模型，使用 Fluent Meshing 水密工作流模块进行网格划分，兼顾计算精度与速度，网格划分结果如图 5.3-11 所示，模型包含 2 145 352 个单元、12 730 604 个面以及 9 555 330 个节点。

② 边界条件。

a. 入口边界条件：两个正洞风管末端设置为速度入口边界条件，假定风管末端风速均匀分布且速度方向垂直于风管出口断面，按照风量计算结果取风速为 27.8 m/s；平行导坑风管末端设置为速度入口边界，同样按照计算结果取风速为 12.4 m/s；平行导坑以及隧道正洞入口端设置为速度入口边界条件，假定风速均匀分布且方向垂直于平行导坑横断面，速度按照洞内允许最低风速取 0.25 m/s。

b. 出口边界条件：斜井口设置为压力出口边界条件，压力与大气压相同为 101 325 Pa。

c. 壁面边界条件：隧道掌子面、平行导坑掌子面、壁面和风管壁面设置为无滑移固定壁面边界，壁面的粗糙高度取 0.09 m，粗糙度系数取 0.55。

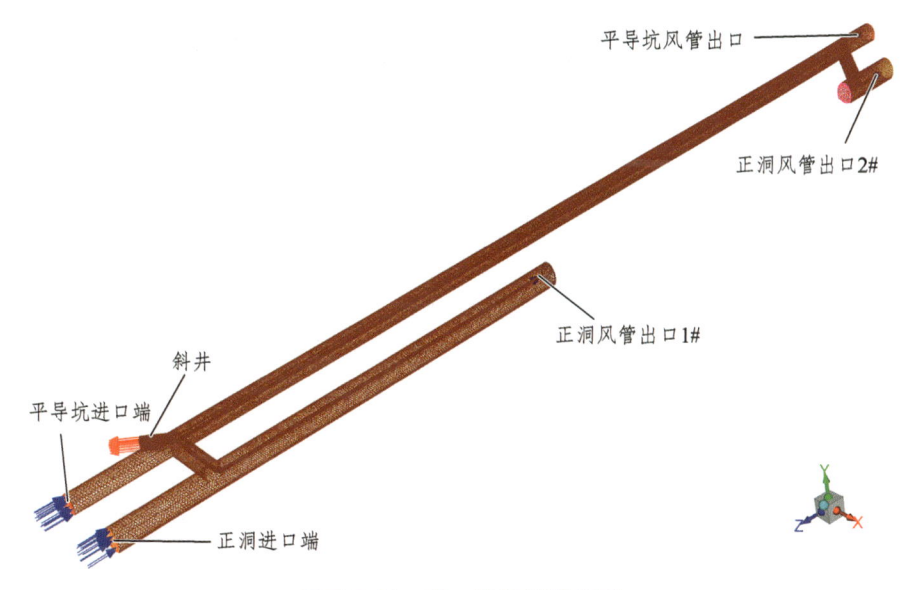

图 5.3-11 第二阶段通风模型

d. 研究粉尘在隧道内的运动轨迹时，开启离散相（DPM）模型，设置隧道掌子面为惰性颗粒喷射源，模拟爆破作业后粉尘从掌子面溢出。

e. 空气密度为 1.225 kg/m^3，操作温度为 28 ℃。

离散相边界条件和求解器设置与第一阶段进口端正洞通风方案相同。

（2）计算结果。

① 流场分析。

计算结束时（1 800 s），选取距离正洞底部 1.5 m 的水平面进行流场观察，隧道内部速度分布情况如图 5.3-12 所示。隧道内气体大致流向：斜井口的轴流风机从外界抽入空气，分别通过风管送到平行导坑以及正洞掌子面，在三个掌子面处分别形成回流，再通过射流风机接力将空气从斜井排出。图 5.3-13 与图 5.3-14 为斜井附近以及正洞掌子面和平行导坑掌子面附近空气流场的局部放大图，风管出口喷射而出的高速气体冲击到掌子面，使掌子面附近区域的气体高速流动，且流动方向各不相同，同样将掌子面附近的流场分为风管前方的附壁射流区、由于气流冲击形成的覆盖于掌子面上的冲击射流区、与风管气体流动方向相反的回流区以及形成漩涡的涡流区，正洞掌子面的空气经回流进入横通道，经横通道由斜井排出，导洞掌子面则直接流向斜井排出。隧道内任意一点风速均大于 0.25 m/s，满足隧道施工中洞内最低风速要求。

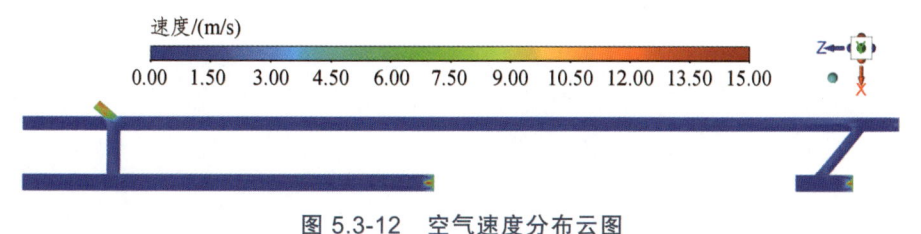

图 5.3-12 空气速度分布云图

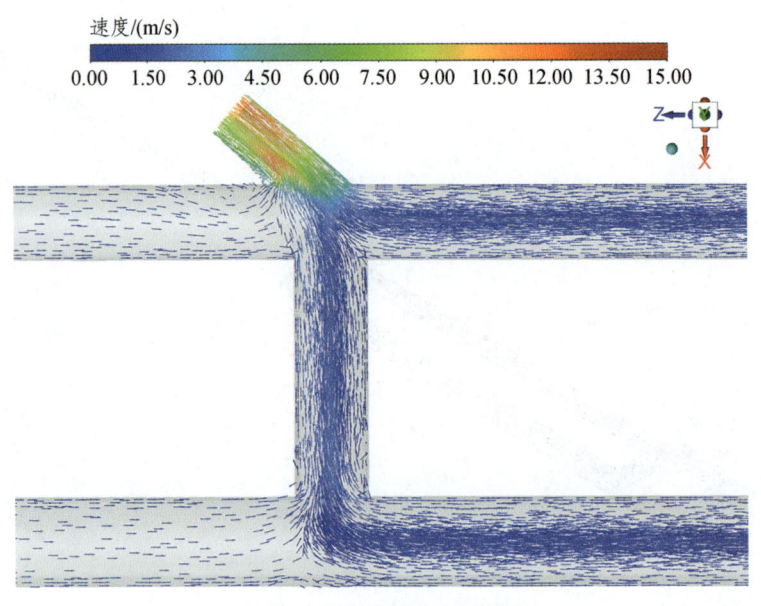

图 5.3-13　局部放大流场图 1

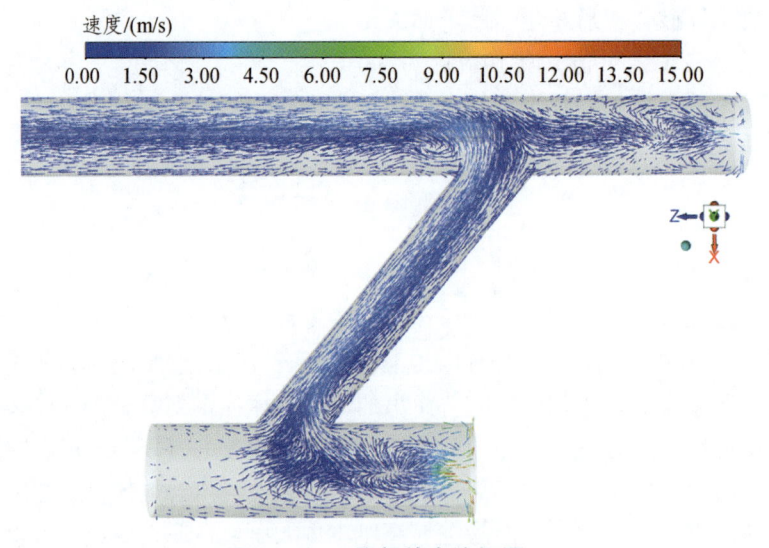

图 5.3-14　局部放大流场图 2

② 粉尘扩散分析。

通过离散相模型模拟通风条件下隧道爆破后粉尘在隧道内的运动轨迹，将正洞以及平行导坑掌子面设为粉尘喷射源。由于粉尘产生于爆炸瞬间，爆破后的粉尘随风流不断向隧道外扩散排出，隧道空间内每一位置的粉尘浓度都在随时间不断变化，因此采用瞬态计算，观察计算时间内粉尘的运移情况，如图 5.3-15 所示。

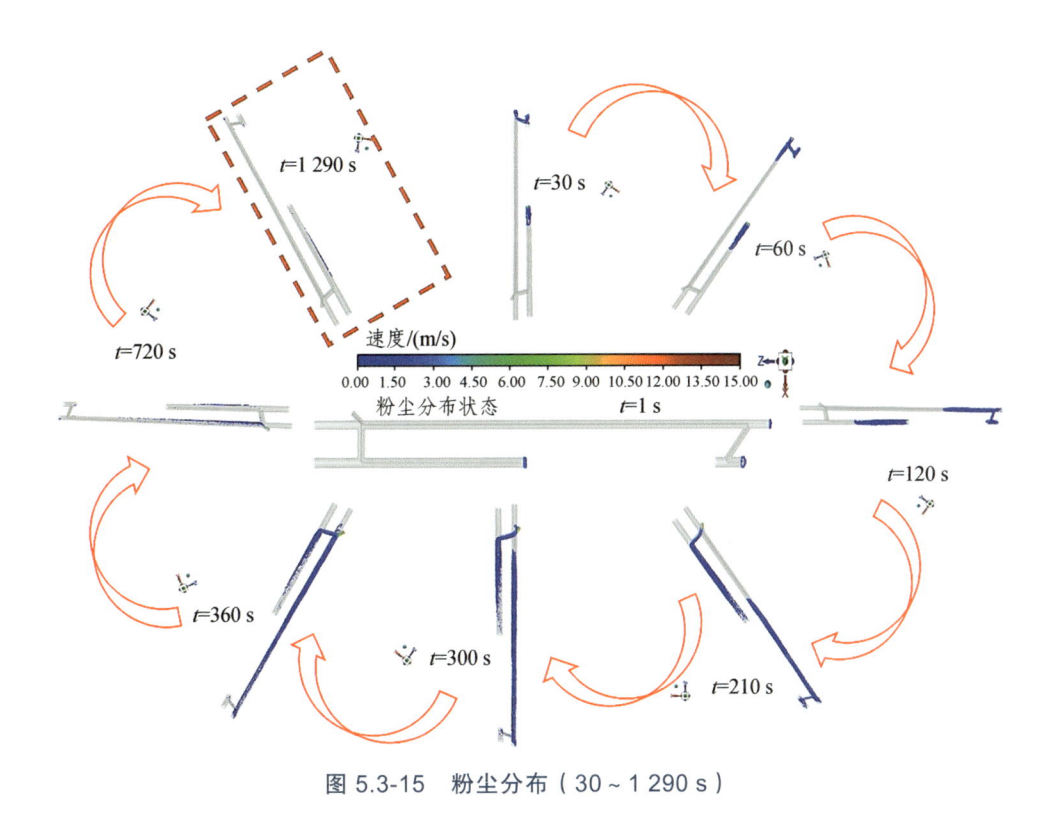

图 5.3-15　粉尘分布（30～1 290 s）

由图 5.3-15 可以看出：隧道爆破后，在 0～1 s 内，粉尘从掌子面喷入隧道空间，受风管射出高速风流影响，粉尘向掌子面周边扩散。爆破后 1～30 s，受回风风流的影响，聚集在掌子面周边的粉尘主要由掌子面向横通道运移，在此过程中，粒径较大的粉尘沉降速度较快，快速下沉至隧道底板位置。粉尘主要集中在隧道周边洞壁，由于粉尘为瞬时污染物，且不断向洞口方向运移，粉尘分布表现为距离掌子面近的地方浓度低，距掌子面远的地方浓度高，平行导坑掌子面产生的粉尘开始由斜井排出。30～120 s，正洞掌子面产生的高浓度的粉尘接近布满横通道位置。120～210 s，在横通道出风方向的影响下，正洞第一掌子面产生的粉尘由斜井排出。210～300 s，正洞第二掌子面的悬浮粉尘颗粒基本被排出正洞工作面进入导洞。300～360 s，平行导坑粉尘开始由斜井处加速排出。360～720 s，悬浮粉尘大部分排出斜井，部分粒径较大的粉尘则一直被吸附在隧道底板，此时正洞内粉尘浓度明显下降。爆破后 720～1 290 s 内，粉尘浓度下降速度逐渐变慢，这是由于悬浮在空气中的粉尘大多数为呼吸性粉尘，这些粉尘受重力作用影响较小，难以沉降，主要在风流携带下向隧道外排出，悬浮粉尘也逐步被排出。爆破后 1 290 s，仍有少部分粉尘被吸附在隧道底板，同时在平行导坑掌子面以及正洞第一掌子面附近位置存在陷入涡流内的少量粉尘不能被排出，除此之外隧道内粉尘基本全部排出，因此还需要结合喷雾降尘等其他降尘措施，才可以完全清除隧道内的悬浮粉尘，方可继续进行作业。

5.4　特长单线铁路隧道通风设备配套及智能控制技术

通过通风设计及数值模拟确定通风方案的可行性后，展开施工通风现场布置。现场通风配套设备的设置原则：充分利用现有设备，在满足通风效果的前提下，进行合理调配，减少新风机和风带的购入数量，控制现场配置风机总功率，降低功耗，减少隧道长期施工成本。

根据隧道工程规模、施工组织安排进行施工通风方案设计：依据洞内作业人数、稀释炮烟浓度、稀释内燃机械尾气、最低允许风速等确定供风量；依据施工方案选择施工通风方式和风管直径大小；确定管道的通风阻力；选择适当的通风机型号。

5.4.1　通风设备及配套技术

1. 通风机的安装

（1）根据选定的通风设备安装位置，平整场地，设置安装通风设备的基础和支架。

（2）将通风设备平放在预制好的支架上，调平、调整方向后用螺栓固定。通风设备的安装应符合设计要求及使用说明要求。电器控制柜安设在干燥、无尘、通风良好且便于风机司机操作的地方，接通电源，分别启动两台电机，检查电机旋转方向是否与箭头指向一致。

2. 风带安装

（1）根据风带的安装位置，确定膨胀螺栓的位置，为了做到风带安装的平直顺，衬砌过后的地方最好选择模板台车观察窗口作为膨胀螺栓的安装位置。

（2）膨胀螺栓安装间距：直径小于 1.5 m 的风管，膨胀螺栓的间距为 10 m；直径大于等于 1.5 m 的风管，膨胀螺栓的间距为 5 m。安装膨胀螺栓时要找平、找直。

（3）钢丝绳的安设。

分为两段：第一段，模板台车至风机位置；第二段，模板台车至开挖工作面。

第一段钢丝绳为连续钢丝绳，随着模板台车的移动而固定安设，在二次衬砌台车横梁上方焊接固定件，钢丝绳通过钢丝螺套和卡环固定在二次衬砌台车上，风带通过拱部模板与横梁之间的空隙穿过台车。

第二段钢丝绳每 15 m 安设一次，用钢丝螺套打结并固定在膨胀螺栓上，防止钢丝螺套失效，全部风带脱落。钢丝绳中间每隔一定距离用 8 mm 的铁丝做吊挂线，拉直后固定在膨胀螺栓上。

（4）安装风带。

① 检查风带及接头的质量，发现缺陷及时修补。

② 风带应折叠起来搬运，严禁将风带在地上拖拉。

③ 用拉链将两节风带连接在一起，风带进风口的外衬皮长度和出风口的内衬皮长度不小于 20 cm。连接风带时，进风口在外，出风口在内，内衬皮顺着风流方向。拉链拉完以后，最后把衬皮翻好，遮住拉链。

④ 将软风带进风口接在风机出风口上，绑两道软铁丝，并通过铁丝扣调紧，接头必须绑

扎牢固，严密平整。

⑤ 吊挂风带，先将风带上的吊环挂至钢丝上，高度以保证风管平直顺确定，然后再将两节风带用拉链连起，最后把风带拉直。

⑥ 风带挂好后，应从风机出风口处开始，重新调整一遍，使整条风带平直顺。

⑦ 试送风，将各台风机分别启动运转，检查电机、风机、风带有无异常，发现问题及时处理。现场情况如图 5.4-1 所示。

图 5.4-1　风带安装现场

3. 送　风

电工必须在接到通风工通知后方能送风。送风时，先启动一台电机，五分钟后再启动另一台电机。变级多速风机必须由低速到高速逐台稳定启动，即低速启动稳定后才能启动中速，中速稳定后才能启动高速。

4. 停风爆破

洞内实施爆破前，应对通风系统采取保护措施，避免冲击波对风带的冲撞，调整好风带与作业面之间的距离，该距离以不大于风流的有效射程为宜。一般根据隧道断面大小，把风带出风口距开挖工作面的距离控制在 $L=(4\sim5)A/2$（A 为隧道断面面积）内。

5. 送风排烟及有害气体

洞内起爆后开启风机，排除烟尘、有害气体及瓦斯。当隧道（普通隧道）内的烟尘、有害气体浓度降到允许浓度时，排烟过程结束。

6. 通风系统的管理、维护及辅助措施

（1）通风工对责任区内的通风系统须每班巡回检查一次，发现破损、爆裂、泄漏、拖挂、弯曲、褶皱、拉链脱开等要及时处理。

（2）定期测风压、风量、风速，并做好记录。

（3）经常检查和维修通风机具，检查通风设备的供风能力和动力消耗，检查风管有无损伤，损伤要修补。同时，通风机每一个月加注一次黄油。

（4）对于风带破损严重的应急处理措施：先用扎丝将风管缝补好，等不需要通风时把风管换掉。

（5）风带的修补：风带修补前先擦拭干净，干燥后，把比洞大的补丁（风带布）用塑焊枪加热，待表层胶化开后，用滚轮在补丁上滚动，从而把破损的风带补好。大洞用扎丝缝补后再用塑焊枪补，小洞直接用塑焊枪补。

（6）为保证通风效果，须及时接长风管，调整出风口至开挖工作面的距离。

（7）管理好进洞的运输道路和运输设备，防止划破风管。洞内不要停放闲置的汽车、梭矿车和堆积杂物，以免影响风流。

（8）管理好进洞的污染源，必要时对内燃机械设备加装空气净化装置。

（9）定期测试粉尘和有害气体浓度，并做好记录，发现超标及时反映。

（10）通风工做好通风记录。

（11）在开挖工作面装设水雾除尘设备，使之与空气中的粉尘碰撞，则尘粒附于小水滴上，被溶湿的尘粒凝聚成大颗粒，从而加快其降落速度，达到降尘的效果。

（12）模板台车、防水板台架、开挖喷浆台架设计制造时要给通风管路预留足够的净空，减少风管的损坏，保证通风管路的畅通。

（13）对各项专检仪器的日常维护检查检修要形成记录，确保每日正常运转。

7. 停机接长风管

随着掘进工作面的推进，应及时停机接长风带，使工作面处在风流作用范围内。

8. 回收与保管

隧道贯通后将风带回收洗净，修补破损的地方、更换已坏的拉链，折叠包装好，送仓库存放。将通风机拆下来，保养好，封存起来，以备再用。

9. 作业组织管理

根据现场实际情况进行风带、通风机的安装维护。通风班组由杂工、技术人员、电工、工班长组成。通风工根据隧道内开挖、仰拱、衬砌情况挂设风带、保护风带、更换风带。同时，工班长根据现场通风效果和工序控制风机的开停及通风量的大小，并保持与通风工的密切联系。通风作业人员数量与职责如表5.4-1所示。

表 5.4-1　通风作业人员数量与职责

序号	人员	数量	备注
1	技术员	2	负责通风技术工作，指导通风设备的安装和通风方案的调整，组织有关通风质量和劳动卫生状况的检测、记录和整理
2	工班长	2	领导组织通风班成员的工作
3	电工	2	操作、维护风机和配电柜
4	通风工	8	由杂工班担任，维护通风管路

5.4.2　主要资源配置

杉阳隧道进口通风风机配备如表 5.4-2 所示。

表 5.4-2　杉阳隧道进口通风风机配备

风机型号	功率	数量 平行导坑	数量 正洞	数量 总数	备注
SDDY-11NO6.7A 对旋风机	2×37 kW	2	1	3	根据平行导坑掘进长度增加
SDF-NO12.5	2×75 kW		1	1	
SDSNO12.5 射流风机	75 kW	1	3	4	
SDDY-111NO11A 对旋风机	2×55 kW	3	1	4	

5.4.3　通风管理

（1）成立专人的通风安装、使用、维修、维护的通风班组，每天进行巡检；负责通风机、通风管安装、维护，以及通风方式变换，并承担保证通风效果的责任。

（2）必要时根据检测结果及时对通风系统作局部调整，保证洞内气温不得高于 28 °C，一氧化碳和二氧化氮浓度在通风 30 min 后分别降到 30 mg/m^3 和 5 mg/m^3。

（3）进行钻眼，喷锚，出渣运输，安装格栅、钢架等作业时，风机要高速运转，确保洞内正常施工。

（4）风机的停运、关开、变速由监控中心专人负责调度指挥，并且做好相应的记录并签认后备查，其他任何人不准擅自停机。当移动模板台车时，风机采取低挡位供风，以保证供风的连续性。

（5）通风设施安装完正常运转后，每 10 d 进行 1 次全面测风，对掌子面和其他用风地点，根据实际需要随时测风，每次测风结果做好记录并写在测风地点的记录牌上。若风速不能满足规范要求，采用适当的措施，进行风量调节。

（6）定期在风管进风、出风口测一次风速及风压，并计算漏风率，如漏风率大于 2%，分析查找原因，尽早改正，确保送至掌子面的风量与设计相符。

5.4.4 施工通风安全保证措施

（1）通风作业人员要熟悉隧道施工环境、作业工序、通风仪器设备性能，岗前经专职培训合格后才允许进行通风作业。

（2）通风设备安装必须牢固，周围 5 m 内不得堆放杂物。通风设备应配有保险装置，发生故障时，能自动停机。

（3）风机司机要遵守操作规程，防止发生机械事故，做好防火、防触电工作；风机不运转时，务必切断电源。

（4）风机司机发现通风系统有异常、振动、火花等故障时，应立即通知人员做出处理。

（5）通风工应加强与风机司机的联系，风机司机在没有接到通风工的通知时，不能随意开关风机。

（6）不允许把重物放在通风管上，更不允许通风工站在通风管上作业。风管周围不得堆放尖锐物件，在安装风管时，风管线路下方的锚杆、钢筋应及时割掉，防止损坏风管。

（7）动力线、照明线不得安装在风管同侧。

（8）施工过程中必须对人员加强安全技术交底。

（9）长梯作业时做好防滑或踏空准备，系好安全带，同时应有其他通风工扶着梯子。

（10）高空作业必须佩戴安全帽，同时必须系好安全带。

（11）在使用紧线器时，一定要把握住力度，防止钢丝拉蹦，以免伤人。

（12）当在模板台车、台架上作业时，一定要抓牢站稳，防止坠落。

（13）隧道内任何时间禁止瞌睡和睡觉。

（14）响炮前必须退到安全距离以外避炮。

（15）随时注意洞内过往车辆，及时避让，保证个人人身安全。正在作业时，如有车辆过来，必须立即停止作业，以免被车碰到。

（16）通风工用电、接线必须找专职电工。

（17）洞内各项作业最小风量每人应供应新鲜空气 3 m^3/min，内燃机作业时不应小于 3（m^3/min）/kW。

5.4.5 智能通风施工技术

隧道施工风机选型通常由最困难的通风需求决定，即由所需的最大风量和最大空气阻力决定。因此，风机送风量和风压应等于或大于隧道所需要的最大需风量和最大空气阻力。在计算所需风量时，通常要考虑最多工作人员人数、爆破所需炸药量、最小风速和所有内燃机功率的总和。空气阻力的计算基于最大通风路径。然而，与整个施工周期相比，最大通风的持续时间非常短，并不总是需要最大风量。一味地按照设计对隧道进行通风，使得在某些时段提供了过大的风量，造成了能源的浪费。因此，针对隧道施工，需要一种能够根据隧道施工环境提供适当风量的智能控制系统，该系统可以根据隧道内的环境进行智能调控，当隧道环境状况恶劣时，控制风机提供更多的新鲜风进入隧道；当隧道环境良好时，控制风机提供足够而又不过量的新鲜风进入隧道，以此达到节能的目的。本节参考既有研究成果确定杉阳隧道智能通风技术。

1. 控制系统需求分析及算法确定

在智能控制系统的控制下，风机的送风量应能够由隧道实时的需风量决定，风机的风压应能够由隧道实时的风阻决定。可以通过下式描述智能控制系统中隧道环境因素与风机风量、压力的关系。

$$Q_{\text{fan}} = f(C_{\text{Gas}_1}, C_{\text{Gas}_2}, C_{\text{Gas}_3}, \cdots, C_{\text{Gas}_n}, C_{\text{dust}}, v_{\text{air}}, L, T) \qquad (5.4\text{-}1)$$

$$H_{\text{fan}} = f(R) \qquad (5.4\text{-}2)$$

式中：Q_{fan}——风机供风量；

H_{fan}——风机的输出风压；

$C_{\text{Gas}}, C_{\text{dust}}$——有害气体及粉尘浓度，通过污染物浓度表征环境状况；

v_{air}——隧道内风速；

L——隧道内实时长度；

T——隧道内温度；

R——隧道的通风阻力，和隧道长度正相关。

根据风机的特性，风机风量与转速成正比，风机风压与转速的平方成正比。风机转速与运行频率正相关，可以表示为：

$$\frac{Q}{Q'} = \frac{n}{n'} \qquad (5.4\text{-}3)$$

$$\frac{H}{H'} = \left(\frac{n}{n'}\right)^2 \frac{\rho}{\rho'} \qquad (5.4\text{-}4)$$

$$n = 60\frac{f_{\text{fan}}}{p} \qquad (5.4\text{-}5)$$

$$f_{\text{fan}} = \frac{np}{60} \qquad (5.4\text{-}6)$$

式中：Q、Q'——不同转速下风机的输出风量；

H、H'——不同转速下风机的输出风压；

n、n'——风机转速；

ρ、ρ'——介质密度；

f_{fan}——风机运行频率；

p——风机电机的极对数。

由以上公式可得：

$$Q_{\text{fan}} = f(f_{\text{fan}}) \qquad (5.4\text{-}7)$$

$$H_{\text{fan}} = f(f_{\text{fan}}) \qquad (5.4\text{-}8)$$

$$f_{\text{fan}} = f(C_{\text{Gas}_1}, C_{\text{Gas}_2}, C_{\text{Gas}_3}, \cdots, C_{\text{Gas}_n}, v_{\text{air}}, L, T) \quad (5.4\text{-}9)$$

这样的通风系统不仅能满足隧道施工的需求，还能减少不必要的用电，然而，如何获得与各种污染物浓度、隧道长度及阻力相匹配的风机供风量和风压，本研究对各阶段通风情况下粉尘的扩散进行了定性的分析，但无法准确得知隧道施工中特定环境所对应的风机频率。为获取隧道施工中环境参数和风机运行频率之间的关系，需要在杉阳隧道内进行现场测试以获取相关数据。

对于杉阳隧道，以粉尘浓度、温度和长度作为参数，输出值只有风机的运行频率，而神经网络可以较好地解决这类问题。RBF 神经网络（Radial Basis Function Neural Network）已被证明适用于解决涉及多个输入和一个输出的问题。例如，RBF 神经网络被用来研究相邻建筑物在风作用下的干扰效应（以干扰因子表示），该研究中输入层包含建筑相对位置、建筑高比、上游地形条件，输出层为干扰因子。与其他学习算法相比，RBF 神经网络的训练过程非常快，而且不会遇到局部极小问题，因此在解决这类问题时可以获得更好的结果。

由于 RBF 网络拓扑结构简单，能够很好地逼近任意精度的非线性函数，因此，采用 RBF 神经网络来确定风机运行频率与各种污染物浓度、隧道长度和阻力之间的关系。RBF 神经网络是一种使用监督训练技术进行学习的前馈神经网络，它包括三个不同的层：输入层、隐含层和输出层。RBF 作为隐含层神经元的"基"，形成隐含层空间。输入向量可以直接映射到隐含层空间，而不需要通过"权值"连接。一旦确定了 RBF 的中心点，也就确定了映射关系。隐含层空间到输出空间的映射是线性的，即网络是隐含层神经元输出的线性加权和。这里的"权重"是一个可调参数。网络从输入层到输出层的映射关系为非线性，对于可调参数，网络输出为线性。网络的"权值"可由线性方程直接求解，这样可以加快学习速度，避免局部最小值问题。

2. 智能控制系统的组成

隧道通风智能控制系统一般由四个子系统组成：安全监控系统、控制系统、通信系统和变频风机。安全监测系统负责对隧道内环境参数进行实时监测。控制系统使用 RBF 神经网络训练结果来计算和分析所需的工作频率。通信系统将控制系统的信号转换为变频风机可以识别的信号。

首先，系统通过自检后，读取隧道信息，包括隧道长度和内部工作人员数量，并计算基础频率；然后，控制系统读取安全监控系统数据，计算风机运行频率。计算和分析方法基于训练好的 RBF 神经网络。此外，考虑到风机的使用寿命，工作频率的频繁变化或突然变化会增加风机轴承的磨损。因此，系统设计当计算频率与风机实际工作频率的差值小于 3 Hz 时，计算频率不发送给风机变频器；当此值超过 3 Hz 时，计算出的频率将发送给风机变频器。根据对风机性能的研究发现，当风机频率变动小于 3 Hz 时，风量和风压的变化较小。为避免频繁改变频率，选择 3 Hz 作为阈值。

第 6 章 特长单线铁路隧道施工阶段排水技术

6.1 杉阳隧道涌水量预测研究

目前，深埋长大隧道涌水量预测方法主要有确定性数学模型方法、随机性数学模型方法等。确定性数学模型方法主要以水文地质比拟法和径流模数法等比较常用，本节根据杉阳隧道工程地质条件和《铁路工程水文地质勘察规范》（TB 10049—2014）选取大气降水入渗法、地下水径流模数法和地下水动力学法计算杉阳隧道不同区段的涌水量，为排水方案的制订奠定基础。

6.1.1 大气降水入渗法

大气降水入渗法是以区域水均衡为基本原理，根据水均衡原理，水在循环过程中始终保持平衡，查明隧道施工期水均衡各收入、支出部分之间的关系，把隧道涌水量当作排泄量，进而获得施工段的涌水量。此方法预测隧道涌水量的准确性取决于各均衡项和均衡要素的确定，当研究区补给、排泄明确时，其预测的准确性较高。

大气降水入渗法是简易水均衡法，地下水的补给来源主要为大气降水，其补给量的多少受降水强度、降水持续时间、地形及地表节理、裂隙的发育程度控制。其计算公式如下：

$$Q_\mathrm{S} = 2.74 \cdot \alpha \cdot W \cdot A \qquad (6.1\text{-}1)$$

式中：Q_S——隧道通过含水体地段的正常涌水量；

2.74——换算系数；

α——降水入渗系数，参考相关资料，结合经验值与区域特殊性取值；

W——年降水量，隧址区为 1 213.5 mm；

A——隧道集水面积。

根据计算，正洞段隧道最大涌水量在 DK92 + 200 ~ DK94 + 000 段达到 2 726.5 m³/d，丰水期最大涌水量（按平水期 1.65 倍）为 4 498.7 m³/d；平行导坑段隧道最大涌水量在 PDK91 + 350 ~ PDK95 + 130 段达到 4 850.50 m³/d，丰水期最大涌水量（按平水期 1.65 倍）为 8 003.32 m³/d。计算结果如表 6.1-1 所示。

表 6.1-1 大气降水入渗法计算结果

区段里程	隧道长度 L/m	汇水面积 A/km²	入渗系数 α	正常涌水量 Q_S/(m³/d)	最大涌水量 Q_{max}/(m³/d)
DK90+145～DK92+240	2 095	2.16	0.19	1 364.58	2 251.55
DK92+200～DK94+000	1 800	3.28	0.25	2 726.49	4 498.71
DK94+000～DK95+200	1 200	1.94	0.15	9 67.57	1 596.49
DK95+200～DK97+500	2 300	2.60	0.25	2 161.24	3 566.05
PDK91+350～PDK95+130	3 780	5.21	0.28	4 850.50	8 003.32
PDK95+130～PDK97+072	1 942	3.59	0.25	2 984.18	4 923.89

6.1.2 地下水径流模数法

地下水径流模数法和降水入渗法一样,也是一种简化后的水均衡法。这种方法在近年来的山岭隧道的涌水量预测中被广泛运用,它将隧道开挖时的涌水量视为稳定值,即隧道涌水量为区域影响范围所有地下水的总和,区域内的所有地下水在开挖之后全部都变为了隧道涌水。径流模数也称为"地下径流率",指的是单位面积含水层的地下水径流量。它表示某地区内地下径流水量的大小。在获取径流模数时,需要对地区内地表水流量、降雨量、蒸发量等进行测量。该计算公式如下:

$$Q_S = 86.4 \times M \times A \quad (6.1\text{-}2)$$

式中:Q_S——隧道通过含水体地段的正常涌水量;

86.4——换算系数;

M——径流模数,参考相关资料,结合经验值与区域特殊性取值;

A——隧道含水体的地下集水面积。

根据计算,正洞段隧道最大涌水量在 DK92+200～DK94+000 段达到 2 587.4 m³/d,丰水期最大涌水量(按平水期 1.65 倍)为 4 269.2 m³/d;平行导坑段隧道最大涌水量在 PDK91+350～PDK95+130 段达到 4 713.01 m³/d,丰水期最大涌水量(按平水期 1.65 倍)为 7 776.46 m³/d。计算结果如表 6.1-2 所示。

表 6.1-2 地下水径流模数法计算结果

区段里程	隧道长度 L/m	汇水面积 A/km²	径流模数 M/[L/(s·km²)]	正常涌水量 Q_S/(m³/d)	最大涌水量 Q_{max}/(m³/d)
DK90+145～DK92+240	2 095	2.16	6.80	1 269.04	2 093.92
DK92+200～DK94+000	1 800	3.28	9.13	2 587.37	4 269.16
DK94+000～DK95+200	1 200	1.94	5.62	942.00	1 554.30
DK95+200～DK97+500	2 300	2.60	9.21	2 068.93	3 413.74
PDK91+350～PDK95+130	3 780	10.47	0.28	4 713.01	7 776.46
PDK95+130～PDK97+072	1 942	3.59	9.32	2 890.84	4 769.89

6.1.3 地下水动力学法

该理论是铁道部第二勘测设计院岩溶研究所在模型试验和多种现场试验的基础上,于1988年提出的。压强差是指岩土体空腔与松散介质的接触面上下侧水、气流体,因水位变化而产生相应的压强差值。此值水位上升时为正,水位下降时为负。该理论认为压强差作用于松散盖层土体,使土体受力变形、散离,以致塌陷。

地下水动力学法又被称为水文地质解析法,以地下水动力学为基本原理,简化隧址区水文地质条件,建立水文地质概念模型,在确定了初始条件、边界条件后,对地下水流动建立数学解析式,从而预测出隧道涌水量。本节以地下水动力学中的稳定流理论和非稳定流理论为基础,根据《铁路工程水文地质勘察规范》推荐方法,采用古德曼经验式、佐藤邦明经验式和铁路经验公式计算杉阳隧道正常涌水量和最大涌水量。

（1）古德曼经验式。

古德曼经验式可用来计算隧道最大涌水量,理论基础为以 Dupuit 稳定井流公式为代表的稳定流理论,并未做太大修正,并且指出影响半径取降深值的4倍作为经验值。其计算公式如下：

$$Q_0 = L \frac{2\pi \cdot K \cdot H}{\ln \frac{4H}{d}} \tag{6.1-3}$$

式中：Q_0——隧道通过含水体地段的最大涌水量;

　　　L——隧道通过含水体的长度;

　　　K——含水体渗透系数,参考相关资料,结合经验值与区域特殊性取值;

　　　H——静止水位至洞身横断面等价圆中心距离;

　　　d——洞身横断面等价圆直径。

（2）《铁路工程水文地质勘察规范》经验公式。

本公式出自《铁路工程水文地质勘察规范》(TB 10049—2014),是根据日本2个隧道、苏联1个坑道和我国2个隧道的最大涌水量、正常涌水量、平均渗透系数、平均含水体厚度等资料,经相关分析后得出,并广泛应用于我国的隧道勘察中。

$$Q_S = L \times H \times K(0.676 - 0.06K) \tag{6.1-4}$$

$$Q_0 = L(0.025\,5 + 1.922\,4K \times H) \tag{6.1-5}$$

式中：Q_S——隧道通过含水体地段的正常涌水量。其他符号意义同式（6.1-3）。

由表 6.1-3 可知,用古德曼公式计算,杉阳隧道正洞段最大涌水量在 DK92 + 200 ~ DK94 + 000 段达到 59 130.63 m³/d,平行导坑段最大涌水量在 PDK91 + 350 ~ PDK95 + 130 段达到 145 925.43 m³/d；利用《铁路工程水文地质勘察规范》经验公式计算,正洞段隧道最大涌水量在 DK92 + 200 ~ DK94 + 000 段达到 60 601.5 m³/d,平行导坑段最大涌水量在 PDK91 + 350 ~ PDK95 + 130 段达到 103 864.5 m³/d。

表 6.1-3 地下水动力学法计算结果

区段里程	L/m	K/(m/d)	H/m	D/m	古德曼公式 Q_{max}/(m³/d)	《铁路工程水文地质勘察规范》经验公式 Q_S/(m³/d)	《铁路工程水文地质勘察规范》经验公式 Q_{max}/(m³/d)
DK90+145~DK92+240	2 095	0.19	45	12	41 559.78	11 904.48	34 487.93
DK92+200~DK94+000	1 800	0.25	70	12	59 130.63	20 821.5	60 601.5
DK94+000~DK95+200	1 200	0.15	60	12	22 651.69	7 203.6	20 792.52
DK95+200~DK97+500	2 300	0.25	41	12	56 645.65	15 583.08	45 379.23
PDK91+350~PDK95+130	3 780	0.28	54	12	145 925.43	35 582.56	103 864.5
PDK95+130~PDK97+072	1 942	0.25	66	12	83 962.01	21 180.42	61 648.98

6.1.4 涌水量预测结果分析

各方法正常涌水量预测结果如表 6.1-4 所示，最大涌水量预测结果如表 6.1-5 所示。结果表明,使用大气降水入渗法与地下水径流模数法对杉阳隧道正常涌水量的预测结果较为接近,二者与《铁路工程水文地质勘察规范》经验公式对杉阳隧道正常涌水量的预测结果差异较大;《铁路工程水文地质勘察规范》经验公式和古德曼经验式对杉阳隧道最大涌水量的预测结果较为接近。其中,DK92+200~DK94+000 段为泥岩夹砂岩,岩石节理裂隙较发育,各方法预测结果均在此段呈现明显增大的现象;DK90+145~DK92+240 段为石英砂岩夹泥岩,DK94+000~DK95+200 段为泥岩夹砂岩,地下水位埋深较大,各方法预测涌水量结果明显减小;DK95+200~DK97+500 段由于含水岩组渗透性较大,预测结果较 DK90+145~DK92+240 段和 DK94+000~DK95+200 段有所增大。虽然各方法计算结果存在偏差,但是涌水量预测结果整体趋势较为一致,均呈现 DK92+200~DK94+000 段预测结果最大,其余区段较小,其中 DK94+000~DK95+200 段的涌水量呈最小的趋势；PDK91+350~PDK997+072 段的变化趋势与 DK90+145~DK97+500 段类似。

表 6.1-4 正常涌水量计算结果　　　　　　单位：m³/d

区段里程	大气降水入渗法 Q_S	地下水径流模数法 Q_S	《铁路工程水文地质勘察规范》经验公式 Q_S
DK90+145~DK92+240	1 364.58	1 269.04	11 904.48
DK92+200~DK94+000	2 726.49	2 587.37	20 821.5
DK94+000~DK95+200	967.57	942.00	7 203.6
DK95+200~DK97+500	2 161.24	2 068.93	15 583.08
PDK91+350~PDK95+130	4 850.50	4 713.01	35 582.56
PDK95+130~PDK97+072	2 984.18	2 890.84	21 180.42

表 6.1-5 最大涌水量计算结果   单位：m³/d

区段里程	大气降水入渗法 Q_{max}	地下水径流模数法 Q_{max}	古德曼经验式 Q_{max}	《铁路工程水文地质勘察规范》经验公式 Q_{max}
DK90+145～DK92+240	2 251.55	2 093.92	41 559.78	34 487.93
DK92+200～DK94+000	4 498.71	4 269.16	59 130.63	75 307.86
DK94+000～DK95+200	1596.49	1 554.30	22 651.69	20 792.52
DK95+200～DK97+500	3 566.05	3 413.74	56 645.65	453 79.23
PDK91+350～PDK95+130	8 003.32	7 776.46	145 925.43	103 864.5
PDK95+130～PDK97+072	4 923.89	4 769.89	83 962.01	61 648.98

将计算结果与地质资料中的隧道涌水量预测值进行对比，如图 6.1-1 所示。

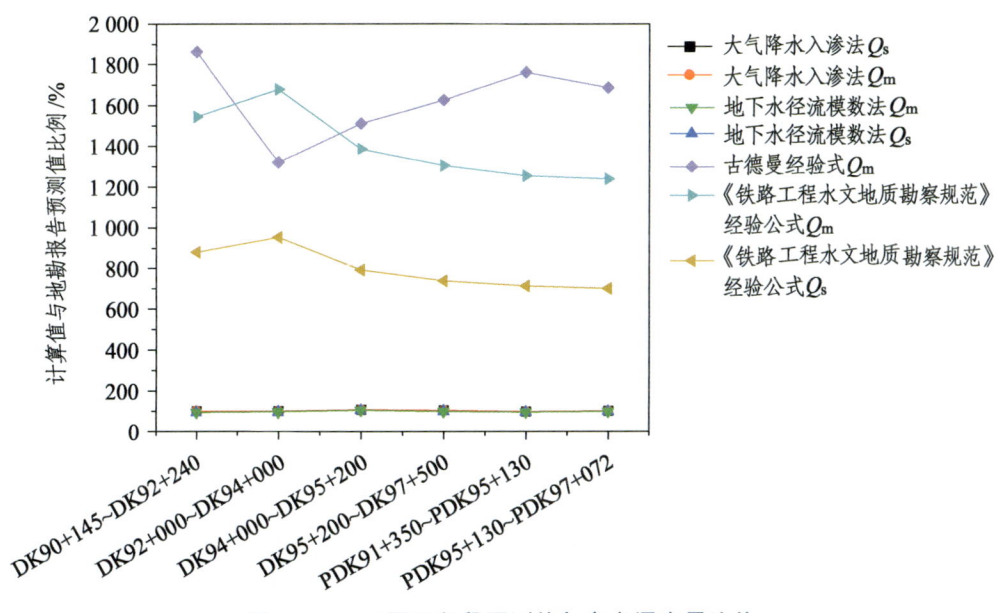

图 6.1-1 不同里程段预测值与参考涌水量比值

由图 6.1-1 可知，大气降水入渗法涌水量与资料所给值的比值为 98.8%～106.4%，平均 101.1%；地下水径流模数法涌水量与资料所给值的比值为 93.7%～103.6%，平均 96.7%；古德曼经验式法涌水量与资料所给值的比值为 1 318.4%～1 860.3%，平均 1 626.7%；《铁路工程水文地质勘察规范》经验公式法正常涌水量与资料所给值的比值为 701.3%～952.1%，平均 796.3%；《铁路工程水文地质勘察规范》经验公式法最大涌水量与资料所给值的比值为 1 237.2%～1 679.1%，平均 1 400.3%。各种涌水量预测方法都有其局限性和适用性，针对杉阳隧道，预测精度从高到低依次为大气降水入渗法、地下水径流模数法、《铁路工程水文地质勘察规范》经验公式法、古德曼经验式法。其中，古德曼经验式法和《铁路工程水文地质勘察规范》经验公式法预测值严重偏大，古德曼经验式法是参考值的 13～18 倍，《铁路工程水文地质勘察规范》经验公式法是参考值的 12～14 倍；地下水径流模数法预测精度一般；大气降水入渗法预测精度最高，预测值与参考值相差 2%左右。

6.2 杉阳隧道排水方案

6.2.1 排水依据

本隧道地质条件复杂，洞身穿越多套地层，岩性以可溶岩为主，隧道穿越多处断层、背斜和向斜，地质构造复杂，地下水类型以土层孔隙潜水、基岩裂隙水和构造裂隙水为主。预测各里程涌水量如表 6.2-1 所示。

表 6.2-1 预测涌水量   单位：m³/d

区段里程	正常涌水量 Q_S	最大涌水量 Q_{max}
DK90 + 145～DK92 + 240	1 354	2 234
DK92 + 200～DK94 + 000	2 718	4 485
DK94 + 000～DK95 + 200	909	1 500
DK95 + 200～DK97 + 500	2 111	3 483
PDK91 + 350～PDK95 + 130	4 981	8 219
PDK95 + 130～PDK97 + 072	3 020	4 983

6.2.2 总体方案

（1）隧道进口工区自 DK91 + 350 往大里程施工为反坡排水。具体里程如下：平行导坑 PDK91 + 350～PDK97 + 055 段长 5 705 m，正洞 DK91 + 350～DK97 + 072 段长 5 722 m。施工过程中，以平行导坑排水为主，在 PDK95 + 130 处设斜井一个，PDK91 + 350～PDK95 + 130 段在进口排水，PDK95 + 130～PDK97 + 072 段在斜井排水。反坡施工采用梯级排水，分阶段实施。在开挖掌子面附近设移动泵站临时集水坑，随着反坡施工长度增加，在洞内增设泵站。进口段平行导坑将水及时抽入固定泵站集水坑，再由泵站抽至反坡最高点流至洞外沉淀池，沉淀净化后排放。正洞将水及时抽入固定泵站集水坑，再由泵站抽至洞外沉淀池，沉淀净化后排放。斜井段将水及时抽入固定泵站集水坑，再由泵站抽至洞外沉淀池，沉淀净化后排放。

（2）水泵功率根据隧道涌水量大小分阶段配置。

（3）土建工程、排水管路、电线路一次性安装到位。

（4）已施工段落集水仓及水泵设置均满足现场要求，不做调整；未施工段落，平行导坑在 PDK96 + 000 处设置 1 个集水仓，正洞在 DK95 + 700 设置 1 个集水仓。反坡排水泵站位置及水流方向如图 6.2-1 所示。

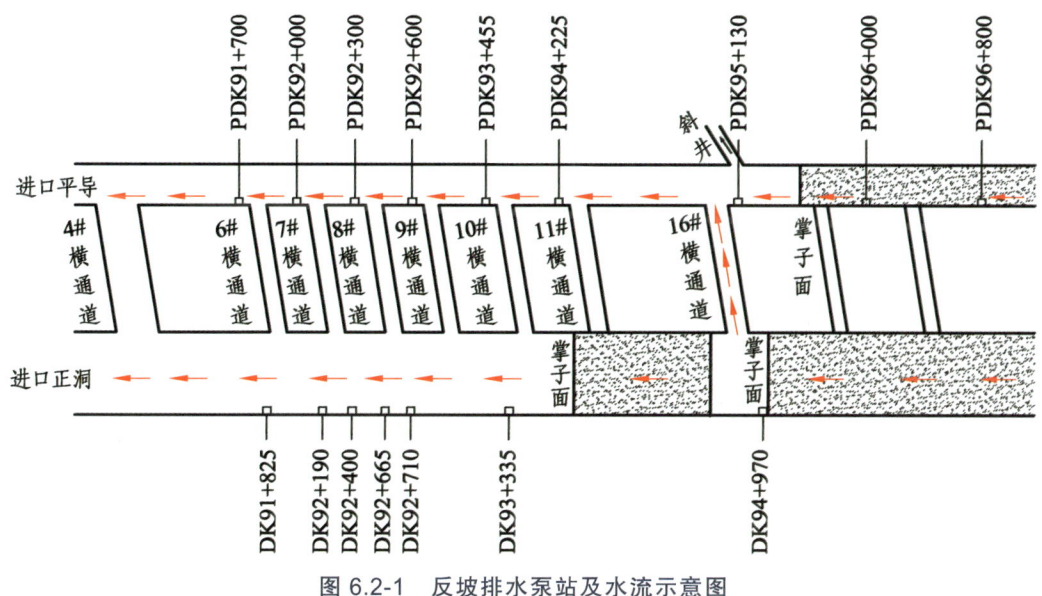

图 6.2-1 反坡排水泵站及水流示意图

6.2.3 不同区段排水方案

1. PDK95+130~PDK97+055 段

平行导坑在 PDK96+000 和 PDK96+800 处设置 2 个集水仓为增级泵站，根据杉阳隧道裂隙水发育情况，隧道排水管路按最大涌水量从斜井分级布置到位。正常情况按延米涌水量计算使用排水管。

（1）PDK95+130~PDK96+000 段。

① 抽排水流程。

掌子面积水、仰拱端头积水通过移动泵站→XJ1#泵站→XJ2#泵站→洞口沉淀池。

② 排水钢管设置。

a. 移动泵站至 XJ1#泵站排水钢管设置：考虑后 1 055 m 反坡排水，在此段安装 3 根 DN200 排水钢管一次性布设到位。

b. 泵的功率根据现场实际涌水量大小调整。

（2）PDK96+000~PDK96+800 段。

① 抽排水流程。

掌子面积水、仰拱端头积水通过移动泵站→PD7#泵站→XJ1#泵站→XJ2#泵站→洞口沉淀池。

② 排水钢管设置。

a. 移动泵站至 PD7#泵站排水钢管设置：安装 2 根 DN200 排水钢管一次性布设到位。

b. 泵的功率根据现场实际涌水量大小调整。

（3）PDK96+800~PDK97+055 段。

① 抽排水流程。

掌子面积水、仰拱端头积水通过移动泵站→PD7#泵站→XJ1#泵站→XJ2#泵站→洞口沉淀池。

② 排水钢管设置。

a. 移动泵站至 PD7#泵站排水钢管设置：安装 2 根 DN200 排水钢管一次性布设到位。

b. 泵的功率根据现场实际涌水量大小调整。

2. DK94＋910～PDK97＋072 段

正洞在 DK94＋970 处设置 1 个集水仓为增级泵站（ZD16#-1），DK94＋910～＋970 段为顺坡排水，流至 ZD16#-1 泵站。自 DK95＋200（17#横通道）往大里程只设移动泵站，均通过横通道流至平行导坑，再由平行导坑抽排至洞外。根据杉阳隧道裂隙水发育情况，隧道排水管路按最大涌水量布置，正常情况按延米涌水量计算使用排水管。

① 抽排水流程。

掌子面积水、仰拱端头积水通过移动泵站→ZD16#-1→XJ1#泵站→XJ2#泵站→洞口沉淀池。

② 排水钢管设置。

a. 移动泵站至 ZD16#-1 泵站或者横通道处排水钢管设置：在每段安装 2 根 DN200 排水钢管一次性布设到位。

b. 泵的功率根据现场实际涌水量大小调整。

6.2.4 杉阳隧道进口反坡排水计算

根据杉阳隧道基岩裂隙发育情况，隧道排水管路按区间涌水量每 300～800 m 设置一个泵站，排水管采用 ϕ200 钢管。平行导坑掌子面至 PDK95＋280，K91＋350～K95＋130 段从进口排水，K95＋130～K97＋072 段从斜井排水。正常情况按延米涌水量计算使用排水管。

正洞和平行导坑泵站位置及水泵设置分别如表 6.2-2 和表 6.2-3 所示。

表 6.2-2 正洞泵站位置

泵站位置	泵站编号	区段汇水量/(m³/d)	水泵型号	功率/kW	抽水量/(m³/h)	个数	总抽水量/(m³/h)	总功率/kW	集水仓尺寸（深×宽×高）/m	备用
DK91＋825	ZD1#	1354	WQ100-100	25	100	1	200	50	5.25×4×3.5	25 kW 1 台
			WQ100-100	25	100	1				
DK92＋190	ZD2#		WQ100-100	25	100	2	300	68.5	5.25×4×3.5	45 kW 1 台
			WQ100-35-18.5	18.5	100	1				
DK92＋400	ZD3#	1800	WQ100-100	25	100	1	150	32.5	5.25×4×3.5	
			WQ50-30-7.5	7.5	50	1				
DK92＋665	ZD4#		WQ100-100	25	100	1	100	25	5.25×4×3.5	25 kW 1 台
DK92＋710	ZD5#		WQ50-30-7.5	7.5	50	2	100	15	5.25×4×3.5	
DK93＋335	ZD6#		WQ100-100	25	100	1	200	50	5.25×4×3.5	25 kW 1 台
			WQ100-100	25	100	1				
总计						12	1 050	241		

表 6.2-3　平行导坑泵站位置

泵站位置	泵站编号	区段汇水量/(m³/d)	水泵型号	功率/kW	抽水量/(m³/h)	个数	总抽水量/(m³/h)	总功率/kW	集水仓尺寸（深×宽×高）/m	备用
PDK91+700	PD1#	2 234	WQ100-100	25	100	2	350	50	5.25×4×3.5	25 kW 1台
			WQ50-30-7.5	7.5	50	1		7.5		75 kW 1台
			WQ100-100	25	100	1		25		
PDK92+000	PD2#		WQ100-100	25	100	3	430	75	5.25×4×3.5	45 kW 1台
			WQ30-30-5.5	5.5	30	1		5.5		55 kW 1台
			WQ100-35-18.5	18.5	100	1		18.5		
PDK92+300	PD3#		WQ100-100	25	100	2	300	50	5.25×4×3.5	45 kW 1台
			WQ100-100	25	100	1		25		55 kW 1台
PDK92+600	PD4#	4 485	WQ100-100	25	100	1	230	25	5.25×4×3.5	25 kW 1台
			WQ100-35-18.5	18.5	100	1		18.5		
			WQ30-30-5.5	5.5	30	1		5.5		
PDK93+455	PD5#		WQ100-100	25	100	1	330	25	5.25×4×3.5	
			WQ130-30-22	22	130	1		22		
			WQ100-35-18.5	18.5	100	1		18.5		
PDK94+225	PD6#	1 500	WQ100-100	25	100	1	410	25	5.25×4×3.5	
			WQ130-30-22	22	130	1		22		
			WQ100-35-18.5	18.5	100	1		18.5		
			WQ50-30-7.5	7.5	50	1		7.5		
			WQ30-30-5.5	5.5	30	1		5.5		
斜井PDK95+138	XJ1#		IS125-100-250	75	200	2	400	150	5.25×4×3.5	
0+50	XJ1（辅1）		WQ30-30-5.5	5.5	30	1	30	5.5		
0+115	XJ1（辅2）		WQ30-30-5.5	5.5	30	1	30	5.5		
0+170	XJ1（辅3）	1 500	WQ30-30-5.5	5.5	30	1	30	5.5		
0+235	XJ1（辅4）		WQ30-30-5.5	5.5	30	1	30	5.5		
0+250	XJ1（辅5）		WQ30-30-5.5	5.5	30	1	30	5.5		
0+300	XJ2#		WQ100-100	25	100	2	380	50	5.25×4×3.5	
			WQ50-30-7.5	7.5	50	1		7.5		
			WQ30-30-5.5	5.5	30	1		5.5		
			WQ100-100	25	100	1		25		
PDK96+000	PD7#	4 983	WQ150-25-45	45	150	3	450	135	5.25×4×3.5	1台备用
PDK96+800	PD8#	3 483	WQ150-25-45	45	150	3	450	135	5.25×4×3.5	
PDK94+970	ZD16#-1	4 983	WQ150-25-45	45	150	3	450	135	5.25×4×3.5	1台备用

6.3 排水设备选型及排水系统布置

6.3.1 不同区段排水量计算

1. 计算方法

（1）泵的排水能力（流量）。

$$Q = \frac{C}{M}q \tag{6.3-1}$$

式中：C——涌水不均匀系数，取 1.3～1.5；

　　　M——水泵的时间利用系数，取 0.6～0.65；

　　　q——涌水量。

（2）水泵扬程。

$$H = (L_1 + L_2)\sin\alpha(1+K) \tag{6.3-2}$$

式中：L_1——排水钢管长度；

　　　L_2——吸水管长度；

　　　K——管路阻力换算扬程系数，见表 6.3-1；

　　　α——排水管路的倾角。

（3）水泵轴功率。

$$N = \frac{QH\gamma}{3\,600 \times 102 \times \eta} \tag{6.3-3}$$

式中：γ——水的容量，1.0～1.1 t/m³；

　　　η——水泵效率，取 0.50～0.60；

　　　H——扬程；

　　　Q——流量。

（4）排水管直径。

$$D = 1.88\sqrt{\frac{q}{v}} \tag{6.3-4}$$

式中：D——排水管直径；

　　　v——水在排水钢管内的平均速度，取 1.5～2.2 m/s；

　　　Q——流量。

（5）吸水管直径。

$$d_1 = d + 25 \tag{6.3-5}$$

式中：d_1——吸水管直径；

　　　d——排水管直径。

（6）吸水管最大长度。

$$L_s = \frac{H_s + 0.5}{\sin \alpha} \tag{6.3-6}$$

式中：H_s——水泵允许吸上真空高度；

0.5——莲蓬头上面的水位高度；

α——排水管路的倾角。

（7）管路阻力换算扬程系数。

管路阻力换算扬程系数如表 6.3-1 所示。

表 6.3-1 管路阻力换算扬程系数 K

实际扬程/m	管路直径/mm		
	200 以下	250~350	350 以上
	K/%		
10	30~50	20~40	10~20
10~30	20~40	15~30	5~15
30 以上	10~30	10~20	3~10

2. PDK95+130~PDK96+000 段水泵及管路计算

（1）参数计算。

移动泵站计算：里程 PDK95+130~PDK96+000 段，按 870 m 一个泵站，涌水量及扬程按 870 m 计算，即 4 983÷1 925×870 = 2 252 m³/d。

泵站涌水量计算：2 252/24 = 93.8 m³/h

水泵排水能力按 1.2 倍涌水量计算：93.8 m³/h × 1.2 = 112.6 m³/h

水泵扬程计算：$\alpha = \tan^{-1} i$（i 为隧道纵坡，取 $i = 20.4‰$）

由于间距为 870 m，高差为 17.76 m，根据表 6.3-1，K 取 0.3。

$$H = (L_1 + L_2)\sin\alpha(1+K) = (870+0) \times \sin(\arctan(0.020\ 4)) \times (1+0.3) = 23.1\ \text{m}$$

水泵功率计算：$N = \dfrac{QH\gamma}{3\ 600 \times 102 \times \eta} = \dfrac{93.8 \times 23.1 \times 1\ 000}{3\ 600 \times 102 \times 0.6} = 9.83\ \text{kW}$

水管直径计算：$D = 1.88\sqrt{\dfrac{Q}{v}} = 1.88\sqrt{\dfrac{93.8}{1.85}} = 13.4\ \text{cm}$

（2）水泵选型。

移动泵站选用污水泵最大级型号为 WQ150-20-45（流量 150 m³/h，扬程 25 m，功率 45 kW。流量：150 m³/h>93.8 m³/h 满足要求。扬程：25 m>23.1 m 满足要求），其他按流量和距离逐级使用，具体水泵配置如表 6.3-2 所示。

表 6.3-2 杉阳隧道移动泵站水泵配置

型号	流量/（m³/h）	扬程 H/m	功率/kW	配置位置	备注
WQ150-25-45	150	25	45	移动泵站	配一台，备用一台
WQ100-15-25	100	15	25	移动泵站	配一台，备用一台
WQ80-10-10	80	10	10	移动泵站	配一台，备用一台
WQ60-10-8	60	10	8	移动泵站	配一台，备用一台
WQ30-8-5	30	8	5	移动泵站	配一台，备用一台

3. PDK96+000 ~ PDK96+800 段水泵及管路计算

（1）参数计算。

移动泵站计算：里程 PDK96+000 ~ PDK96+800 段，距 PD7#泵站最大距离 800 m，涌水量及扬程按 800 m 计算，即 3 483÷1 925×800 = 1 447.5 m³/d。

泵站涌水量计算：1 447.5/24 = 60.3 m³/h

水泵排水能力按 1.2 倍涌水量计算：60.3 m³/h × 1.2 = 72.4 m³/h

水泵扬程计算：$\alpha = \arctan i$（i 为隧道纵坡，取 i = 20.4‰）

由于间距为 800 m，高差为 16.32 m，根据表 6.3-1，K 取 0.4。

$H = (L_1 + L_2)\sin\alpha(1+K) = (800+0) \times \sin[\arctan(0.0204)] \times (1+0.3) = 21.2$ m

水泵功率计算：$N = \dfrac{QH\gamma}{3\ 600\times102\times\eta} = \dfrac{19.2\times6.76\times1\ 000}{3\ 600\times102\times0.6} = 0.54$ kW

水管直径计算：$D = 1.88\sqrt{\dfrac{Q}{v}} = 1.88\sqrt{\dfrac{72.4}{1.85}} = 11.76$ cm

（2）水泵选型。

移动泵站选用污水泵最大级型号为 WQ150-25-45（流量 150 m³/h，扬程 25 m，功率 45 kW。流量：150 m³/h>72.4 m³/h 满足要求。扬程：25 m>21.2 m 满足要求），其他按流量和距离逐级使用，具体水泵配置如表 6.3-3 所示。

表 6.3-3 杉阳隧道移动泵站水泵配置

型号	流量/（m³/h）	扬程 H/m	功率/kW	配置位置	备注
WQ150-25-45	150	25	45	移动泵站	配一台，备用一台
WQ100-15-25	100	15	25	移动泵站	配一台，备用一台
WQ80-10-11	80	10	11	移动泵站	配一台，备用一台
WQ60-10-8	60	10	8	移动泵站	配一台，备用一台
WQ30-8-5	30	8	5	移动泵站	配一台，备用一台

4. PDK96+800 ~ PDK97+055 段水泵及管路计算

（1）参数计算。

移动泵站计算：里程 PDK96+800 ~ PDK97+055 段，距 PD8#泵站最大距离 255 m，涌水量及扬程按 255 m 计算，即 3 483÷1 925×255 = 461.4 m³/d。

泵站涌水量计算：461.4/24 = 19.2 m³/h

水泵排水能力按 1.2 倍涌水量计算：19.2 m³/h × 1.2 = 23.1 m³/h

水泵扬程计算：$\alpha = \tan^{-1} i$（i 为隧道纵坡，取 $i = 20.4‰$）

由于间距为 255 m，高差为 5.2 m，根据表 6.3-1，K 取 0.3。

$$H = (L_1 + L_2)\sin\alpha(1+K) = (255+0) \times \sin(\arctan(0.020\,4)) \times (1+0.3) = 6.76\ m$$

水泵功率计算：$N = \dfrac{QH\gamma}{3\,600 \times 102 \times \eta} = \dfrac{23.1 \times 6.67 \times 1\,000}{3\,600 \times 102 \times 0.6} = 0.7\ kW$

水管直径计算：$D = 1.88\sqrt{\dfrac{Q}{v}} = 1.88\sqrt{\dfrac{23.1}{1.85}} = 6.64\ cm$

（2）水泵选型。

移动泵站选用污水泵最大级型号为 WQ30-8-5（流量 30 m³/h，扬程 8 m，功率 5 kW。流量：30 m³/h>23.1 m³/h 满足要求。扬程：8 m>6.76 m 满足要求），其他按流量和距离逐级使用，具体水泵配置如表 6.3-4 所示。

表 6.3-4 杉阳隧道移动泵站水泵配置

型号	流量/(m³/h)	扬程 H/m	功率/kW	配置位置	备注
WQ30-8-5	30	8	5	移动泵站	配一台，备用一台

5. PDK96+800～PDK97+055 段水泵及管路计算

（1）参数计算。

移动泵站计算：里程 DK94+970～DK97+072 段，按最大横通道间距 360 m 设置移动泵站，涌水量及扬程按 360 m 计算，即 4 983÷2 102×360 = 853.4 m³/d。

泵站涌水量计算：853.4/24 = 35.6 m³/h

水泵排水能力按 1.2 倍涌水量计算：35.6 m³/h × 1.2 = 42.7 m³/h

水泵扬程计算：$\alpha = \arctan i$（i 为隧道纵坡，取 $i = 20.4‰$）

由于间距为 360 m，高差为 7.34 m，根据表 6.3-1，K 取 0.3。

$$H = (L_1 + L_2)\sin\alpha(1+K) = (360+0) \times \sin(\arctan(0.020\,4)) \times (1+0.3) = 9.5\ m$$

水泵功率计算：$N = \dfrac{QH\gamma}{3\,600 \times 102 \times \eta} = \dfrac{42.7 \times 9.5 \times 1\,000}{3\,600 \times 102 \times 0.6} = 1.84\ kW$

水管直径计算：$D = 1.88\sqrt{\dfrac{Q}{v}} = 1.88\sqrt{\dfrac{42.7}{1.85}} = 9\ cm$

（2）水泵选型。

移动泵站选用污水泵最大级型号为 WQ100-15-25（流量 100 m³/h，扬程 15 m，功率 25 kW。流量：100 m³/h>42.7 m³/h 满足要求。扬程：15 m>9.5 m 满足要求），其他按流量和距离逐级使用，具体水泵配置如表 6.3-5 所示。

表 6.3-5　杉阳隧道泵站水泵配置

型号	流量 /（m³/h）	扬程 H/m	功率 /kW	配置位置	备注
WQ100-15-25	100	15	25	移动泵站	配一台，备用一台
WQ80-10-10	80	10	10	移动泵站	配一台，备用一台
WQ60-10-8	60	10	8	移动泵站	配一台，备用一台
WQ30-8-5	30	8	5	移动泵站	配一台，备用一台

6.3.2　排水系统布置

1. 泵站设置

泵站宜选址在围岩级别低、岩体坚硬稳定、有利于隧道水外排的地点。泵站设置应尽量避开软弱围岩段，因软弱围岩段本身稳定性较差，节理裂隙极发育，遇水软化、抗剪强度降低，且岩体自身胶结作用降低，加上岩体自重，容易产生坍塌等地质灾害。

施工过程中设置了移动泵站和固定泵站，固定泵站结构尺寸为 5.25 m×4 m×3.5 m（长×宽×深），根据隧道开挖后的涌水量确定泵站容量如下：

（1）移动泵站：3 m×2 m×1 m = 6 m³（随掌子面掘进前移）。

（2）XJ1#泵站：按应急响应时间 3 mim 确定容量，即平行导坑涌水量 4 983÷24÷60×3 = 10.38 m³，则 5.25 m×4 m×3.5 m（长×宽×高）= 73.5 m³>10.38 m³，XJ1#泵站容积设计符合要求。

2. 泵站水仓设计及排水钢管布置

（1）已衬砌段排水钢管固定在衬砌边墙上，每隔 5 m 位置用角铁或钢筋固定。未衬砌段排水钢管需用钢筋或角铁在初期支护边墙上固定，采用铁丝或钢筋吊起，高度控制在仰拱填充面上 50 cm。

（2）泵站四周应设防护栏杆，贴反光条，避免人员及机械落入。

（3）泵站仰拱设 25 cm 厚 C20 混凝土墙封堵中心排水沟，混凝土墙后方仰拱填充不浇筑作为泵站，泵站右侧预留 40 cm×40 cm 过管槽。

（4）排水钢管之间、排水钢管与水泵之间通过法兰盘、异径接头连接。

（5）泵站设在线路左侧，沟底面为仰拱二衬顶面，上设 I20b 工字钢及上铺 1 cm 钢板。

（6）当涌水量大仰拱临时集水坑水泵无法满足要求时，增加水泵（启用 150 排水软管及水泵）。若采取上述措施也无法满足要求时，将隧道内风水管改为排水钢管，直接排出洞外。

（7）考虑到隧道设计涌水量大的特点，隧道风水管预设接口。当发生上述情况时，可在较短时间安装备用水泵。

3. 电力配置

综合考虑隧道施工组织，合理布置洞内变压器。同时 1 台 100 kW 发电机作备用电源，应急响应时间设置在 3 min 以内。

4．排水管理

（1）人员配置。

人员配置如表 6.3-6 所示。

表 6.3-6　人员配置

名称	单位	数量
班长	名	2（两班倒）
修理工	名	2
电工	名	2
抽水工	名	3
安全员	名	3
合计	名	12

架子队专门设抽水班组，班组设班长两名，每两班倒。抽水班与文明施工班一起统一由安质部进行管理。

（2）材料配置。

材料配置如表 6.3-7 所示。

表 6.3-7　材料配置

材料名称	规格型号	单位	数量	备注
变压器	630 kV	台	7	
变压器	400 kV	台	1	
变压器	250 kV	名	1	
水管	$\phi 200$	m	29 990	

第 7 章

特长单线铁路隧道物流信息化管理技术

7.1 物流运输 4G 移动信号全覆盖技术

在特长单线铁路隧道物流信息化管理过程中，确保高效稳定的洞内移动信号全覆盖和安全可行的物流运输调度指挥显得尤为重要。这些技术是实现洞内实时监测、优化施工进度、提升数据传输能力的关键保障。良好的通信信号全覆盖能够确保洞内各岗位及时、稳定地接收通信信号，使指挥中心能够随时与不同工作单位、不同施工区段进行协调沟通，实时获取洞内车辆的位置、状态以及其他关键信息，从而做出安全合理的调度控制。因此，实现洞内移动信号全覆盖，保证洞内信号的高效稳定是特长单线铁路隧道物流信息化管理技术不可或缺的技术条件，这不仅是迫切需要进行技术创新的领域，更是推动隧道建设行业现代化、提高核心竞争力的战略选择。

7.1.1 洞内通信信号全覆盖

为了实现洞内通信信号全覆盖，通过调研总结、专家论证等方法，提出了两套洞内通信信号覆盖方案。

方案一：实现洞内无线电信号全覆盖，并采用无线电对讲机进行洞内通信。其具体措施是在洞内每 500 m 布设无线电中继基站，基站之间通过光缆连接，实现无线电对讲机与洞内基站之间无缝连接。

方案二：实现洞内电信网络全覆盖，并采用支持 Wi-Fi 信号的公网对讲机进行洞内通信。具体措施是在洞口设置专用电信网络和无线路由器，并采用桥接方式进洞，每 500 m 布设一个网络桥接站作为网络信号中继基站，在基站之间分布 4～5 个无线 AP 发射器，作为洞内 Wi-Fi 站点，使对讲机在洞内各处均可连接上 Wi-Fi 网络。

7.1.2 洞内定位信号全覆盖

目前，能够实现隧道洞内定位信号全覆盖的技术有多种，包括超宽带（Ultra Wide Band，UWB）技术、全球卫星导航系统（Global Navigation Satellite System，GNSS）、惯性导航系统（Inertial Navigation System，INS）、感知无线电（Cognitive Radio）技术、射频识别（Radio Frequency Identification，RFID）技术、蓝牙定位技术、基于无线电信号指纹识别的定位技术等。在进行隧道施工时,需要根据具体施工环境、工程预算和设计要求选择合适的定位技术。

通过调研总结和具体实践应用证明,UWB 技术可实现特长单线铁路隧道洞内定位信号全覆盖,满足工程预算和设计要求。UWB 技术能够对洞内车辆及人员进行实时定位,用于室内定位可以实现 10~30 cm 的精确定位精度,系统主要包含 UWB 信号基站及移动定位芯片。其 UWB 脉冲使用频段大于 3GHz 以上,相比于 2.4GHz(手机、Wi-Fi 信号)频段来说,UWB 信号绕射性能很差,相当于点对点的通信,但正是因为这个特点使得 UWB 技术具有先天的测距性能优势。

1. UWB 定位基站的部署原则

二维定位是基于三角定位算法实现的,如图 7.1-1 所示。为了确保良好的定位精度,需要保证标签与至少 3 个基站之间可靠的测距。在理想情况下,标签和至少 3 个基站是可见的,即它们之间没有遮挡物,这种情况下可以获得最佳的定位精度。

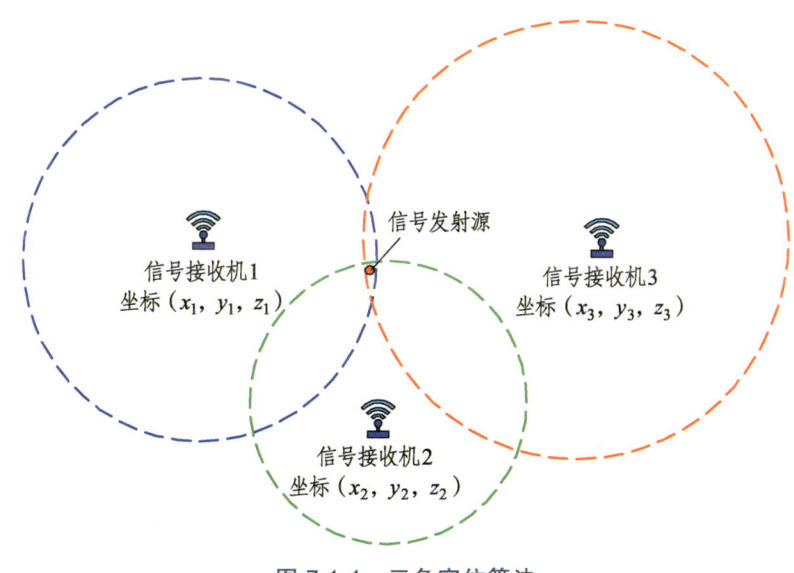

图 7.1-1　三角定位算法

2. 定位原理说明

为了实现准确定位,在需要进行定位的空间中预先安装信号接收器,并建立一个自定义的直角坐标系,通过信号发射源发射脉冲信号,该光速信号以光速 C 进行传播,当脉冲信号到达三个信号接收机时,分别会有对应的接收时间 T_1、T_2 和 T_3。通过将光速 C 与接收时间 T 相乘,可以计算出三个距离 L_1、L_2 和 L_3。根据这三个距离,在坐标系中绘制三个以对应距离为半径的圆,这三个圆的交集处就是信号发射源的位置。

3. 定位基站布置原则

在进行定位基站布置时,为了达到较高的定位精度(10~30 cm),推荐按照长宽比接近 1∶1 的原则进行定位基站部署,如图 7.1-2 所示(图中红色圆圈代表定位基站)。长宽比接近 1∶1 是指如果该空间的宽度为 10 m,那么基站在长度方向最好小于 10 m 部署,原因在于长宽比过大会导致精度因子变差,进而导致定位精度变差。通过保持长宽比接近 1∶1,可以使得基站的部署更加均匀、合理，有助于减小误差和不确定性对定位精度的影响。

图 7.1-2　定位精度要求较高时的定位基站布置原则

在进行定位基站布置时，若定位精度要求不高，如只需满足 1 m 内的定位精度，则可以按照长宽比不超过 1∶3 的原则进行定位基站布置，如图 7.1-3 所示（图中红色圆圈代表定位基站）。

图 7.1-3　定位精度要求不高时的定位基站布置原则

在进行定位基站布置时，若存在较大的设备遮挡，则需要增加基站密度，保证标签与至少 3 个基站之间可靠的测距，确保良好的定位精度。如图 7.1-4 所示，中间位置存在 3 m 高的金属罐体，那么需要新增绿色基站使得在左右区域能够保证最基本的定位条件。

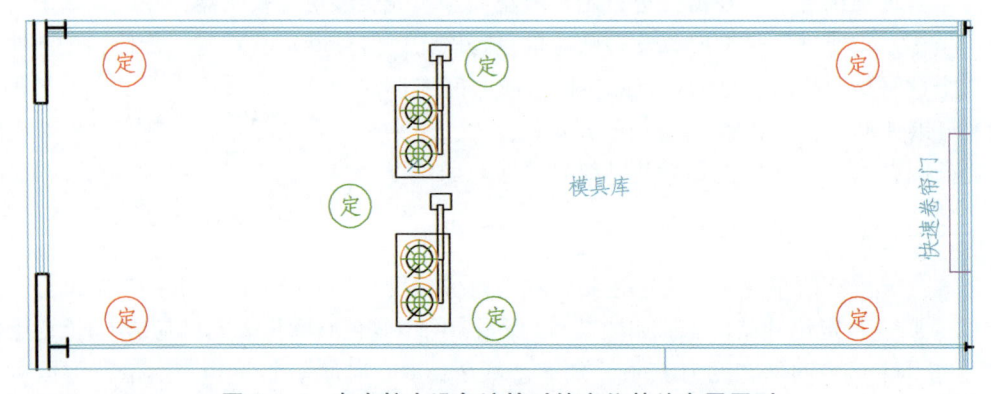

图 7.1-4　存在较大设备遮挡时的定位基站布置原则

在只有三个基站的情况下，尽可能将其安装成锐角三角形，避免出现布置为钝角三角形的情况，如图 7.1-5 所示。这是因为在锐角三角形中，三个基站之间的夹角较小，这意味着它们之间的角度测量更加敏感和准确。相比之下，钝角三角形由于角度较大，会引入更多的不确定性和误差，从而对系统的精度产生负面影响。因此，在布置基站时，尽量避免出现钝角三角形的情况，并选择布置成锐角三角形，有助于提高定位系统的精度和可靠性。

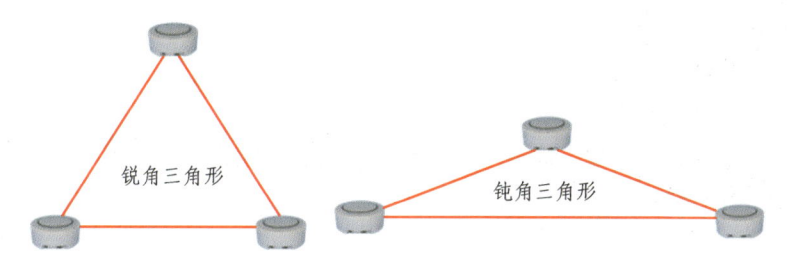

图 7.1-5　基站布置示意图

4. 定位基站安装位置选择

杉阳隧道定位基站的安装位置需要从定位天线不要贴近金属物、远离液体和高功率设备、安装的工作环境在视野开阔处等方面进行考虑。为了让基站辐射覆盖性能更佳，安装高度为 3～8 m，同时适度离开墙体。在隧道内安装 UWB 定位基站时，用直径 45 mm 钢管将基站固定在墙壁上，基站和墙壁保持 40 cm 以上距离，如图 7.1-6 所示。

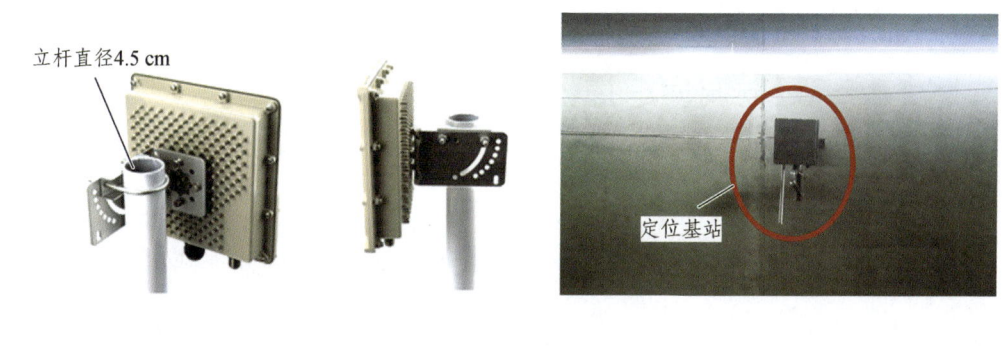

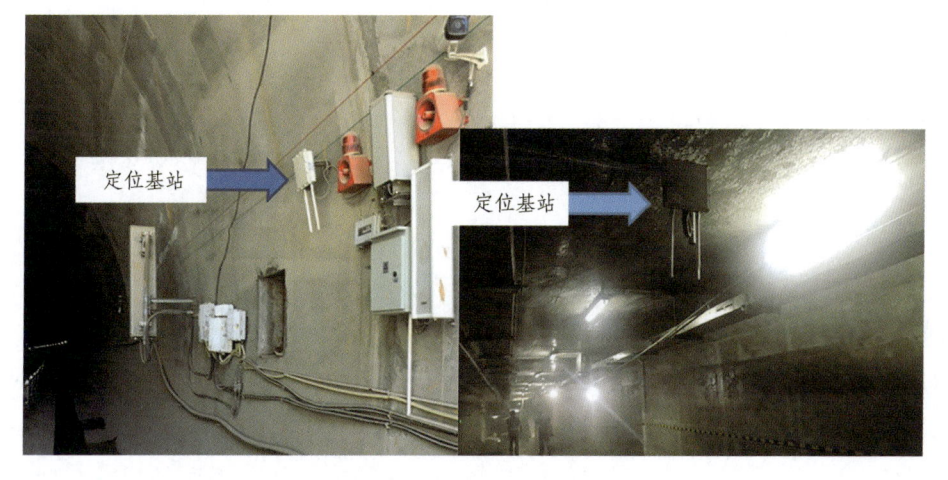

图 7.1-6 定位基站安装现场

7.2 物流运输调度指挥关键技术

在特长单线铁路隧洞特殊施工环境中，为确保物流运输的安全流畅，需要高效便捷、安全可行的物流运输调度指挥技术，避免洞内造成交通堵塞，保障整个洞内物流运输调度顺利进行。物流运输调度指挥关键技术包含三个部分，分别为物流运输调度指挥体系、平行导坑运输功能恢复技术和物流运输管理优化技术。

7.2.1 物流运输调度指挥体系

1. 人员配置

在洞口设置调度室，安排两人负责洞内车辆总调度，白天晚上各安排一人。在相应横通道口处设置两人协助调度，同样是白天晚上各安排一人，根据工作面推进情况，协助调度往前转移。

2. 设备配置

结合洞内布设的通信信号基站，为总调度、协助调度、技术员、安全员、带班人员及每个出渣车司机配备无线电对讲机，便于各个部门工作人员进行实时通信，并在队部预备不少于5台的备用对讲机，用于替换发生故障的对讲机。

3. 车辆定位系统

建立车辆定位系统，主要包括洞内UWB信号基站及车辆移动定位芯片。系统基于UWB基站与定位芯片实现快速感知，实时反馈车辆所在位置及运输行进方向，并将车辆位置信息以图像形式直观显示，实时传输至洞口调度室（图7.2-1），以供调度室合理规划车辆避让位置。

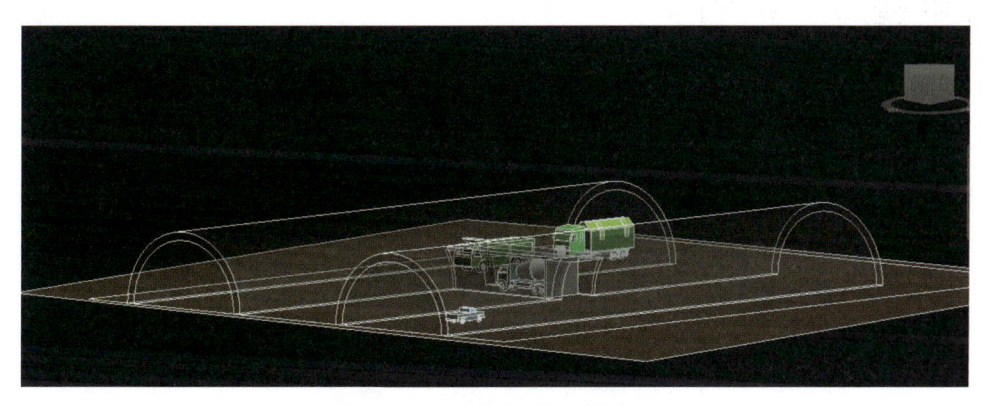

图 7.2-1　车辆位置实时图像

4．物流运输体系

进行物流运输时，坚持"平行导坑进、正洞出"的原则，根据平行导坑运输及施工组织推进情况，分三个阶段建立物流运输体系。

第一阶段：平行导坑恢复运输功能前，从洞口至 28#横通道区段，在正洞内通行，采用附近横通道错车，通过 28#横通道转入平行导坑（1#正洞贯通后，通过 26#横通道转入平行导坑），在平行导坑内通行，平行导坑为双车道断面，不影响正常通行，如图 7.2-2 所示。

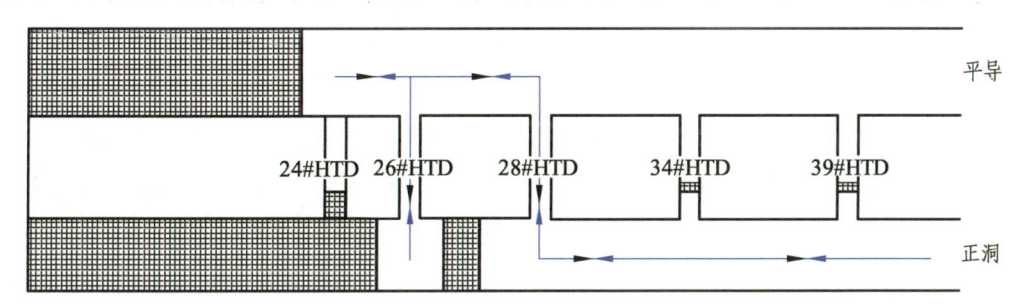

图 7.2-2　第一阶段物流运输示意图

高峰期调度：根据工序写实量化分析，在最不利时进行调度。以杉阳隧道具体施工为例，最不利时有平行导坑及一个正洞掌子面出渣，一个正洞掌子面喷射混凝土，配足出渣车数量，掌子面出渣按一次性出完计算，出渣车洞内行驶速度为 12 km/h，混凝土运输车洞内行驶速度为 10 km/h，每车装渣需 8 min，平行导坑超前平转正工作面 400 m，出渣时行驶在正洞内的两车间隔时间约 2 min，在正洞内基本是两个车在两个横通道区间行驶。混凝土运输车根据工序分析，每 30 min 一车进洞行驶，洞口至 28#横通道长 4 756 m，根据具体车速计算，第一辆混凝土运输车与出渣车相遇于 38#、39#横通道处，根据掌子面优先、混凝土运输车让出渣车的原则，混凝土运输车提前倒车在 38#、39#横通道内避让两辆出渣车，再往前行驶一个横通道后继续避让出渣车，依次类推，如图 7.2-3 所示。低峰期时由总调度观察来往车辆数量，提前预判横通道口，及时通知需避让的车辆倒入横通道内，确保掌子面正常施工。

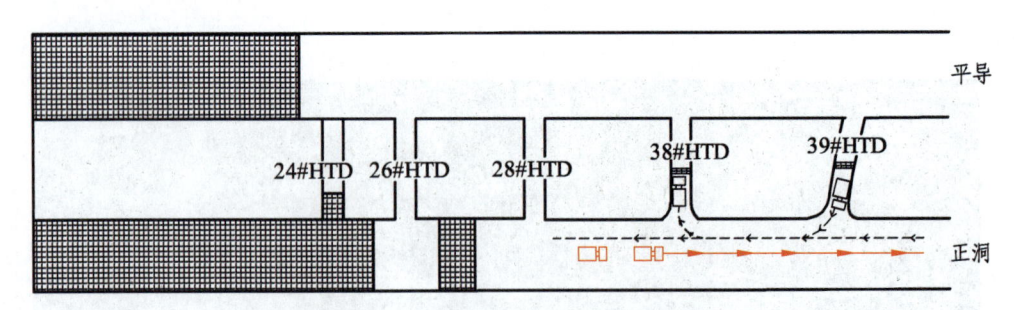

图 7.2-3　高峰期运输调度避让示意图

第二阶段：在平行导坑恢复运输功能后，洞口至 26#横通道段从平行导坑进，通过 26#横通道转入正洞，从正洞出，形成循环回路，28#横通道至平行导坑掌子面均为双车道断面，车辆可相对错车，无须调度，如图 7.2-4 所示。

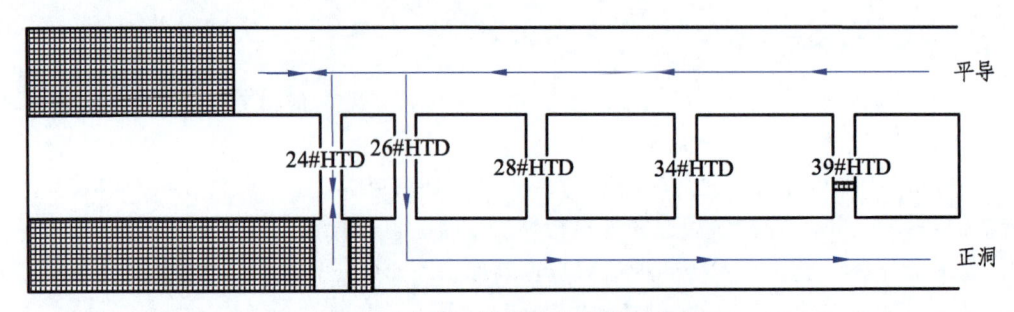

图 7.2-4　第二阶段物流运输示意图

第三阶段：在平行导坑贯通后，剩余工程主要包括二次衬砌、水沟电缆槽及无砟轨道。此时洞内调度主要考虑混凝土运输车的调度需求，根据具体施工内容进行量化分析后获知最不利时，将 38#、34#、29#、26#横通道作为平转正通道，配备 12 辆混凝土运输车，此时所有横通道全部打通。同时，需制定实施性的施工组织设计，以保证施工顺利进行。结合横通道施作情况，按段规划迂回绕行行车路线，由总调度观察车辆分布情况及来往行车数量，预判能避让车辆的错车道及横通道，及时通知相关车辆进行避让，确保物流运输通畅，如图 7.2-5 所示。

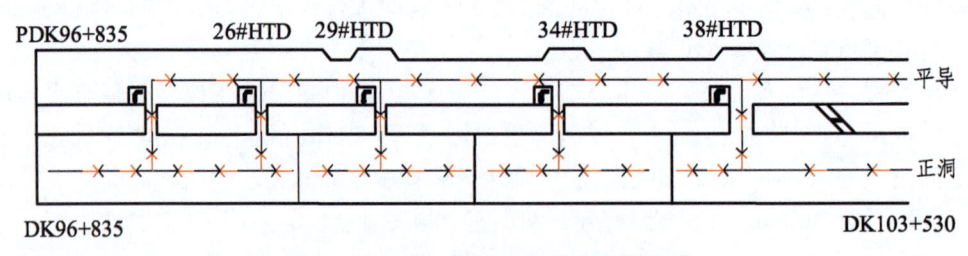

图 7.2-5　第三阶段物流运输示意图

当开展缺陷整治工作时，洞内需进行迂回绕行运输。在已施工段落根据施工情况形成小循环回路。需及时明确物流运输主、辅，进出顺序，会车点等，形成物流运输路线，如图 7.2-6 所示，并挂设在洞口、车队住所、管理人员居地等处。

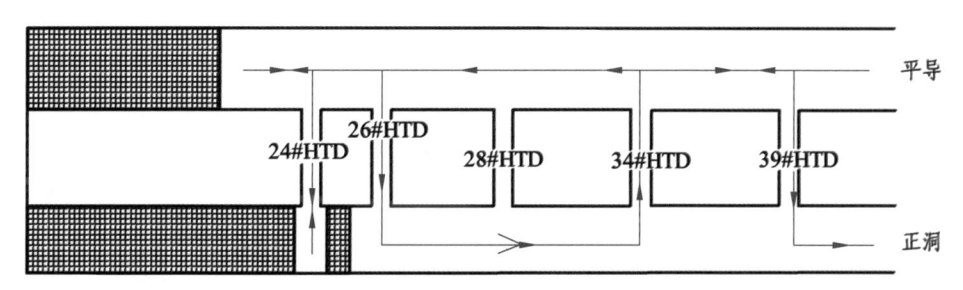

图 7.2-6　缺陷整治迂回绕行运输示意图

7.2.2　平行导坑运输功能恢复技术

1. 平行导坑清淤及底板拆换

为恢复平行导坑运输功能，使之与正洞形成物流循环，需要对具体工程出口平行导坑进行清淤及破碎底板拆换修补作业。以杉阳隧道出口平行导坑清淤及底板拆换为例，出口平行导坑需清理段落约 4 480 m，其中约 1 300 m 平行导坑底板需进行拆换，由大里程向小里程进行清理工作，在清淤过程中并对破损底板进行修补。统计结果如表 7.2-1 所示。

表 7.2-1　杉阳隧道平行导坑清淤及底板拆换施工统计

横通道编号	与平行导坑相交里程	区段长度/m	淤泥工程量/m	底板破损长度/m	资源配置	清理时间 开始时间	清理时间 结束时间	备注
洞口	PDK103+533							
42#	PDK103+252	280.8	336.96	38	120 挖机 1 台（带破碎头）、40 装载机 1 台、农用四轮车 3 台、人工 16 个，两班倒施工	2020-4-4	2020-4-5	
41#	PDK103+105	147	176.4	65		2020-4-5	2020-4-6	
40#	PDK102+775	330	396	63		2020-4-6	2020-4-8	
39#	PDK102+537	238	285.6	69		2020-4-8	2020-4-10	
38#	PDK102+090	447	536.4	35		2020-4-10	2020-4-13	
36#	PDK101+638	452	542.4	68		2020-4-13	2020-4-15	
35#	PDK101+168	470	564	29	120 挖机 1 台（带破碎头）、40 装载机 1 台、农用四轮车 4 台、人工 16 个，两班倒施工	2020-4-15	2020-4-18	
34#	PDK100+703	465	558	86		2020-4-18	2020-4-21	
33#	PDK100+238	465	558	92		2020-4-21	2020-4-24	
31#	PDK99+748	490	588	86		2020-4-24	2020-4-28	
30#	PDK99+432	316	379.2	256		2020-4-28	2020-4-30	
29#	PDK99+046	385.56	462.7	59		2020-4-30	2020-5-3	
28#	PDK98+772	274.44	329.3			2020-5-3	2020-5-5	
合计		4 760.8	5 713	946				

2. 修整断面净空尺寸

为恢复平行导坑运输功能，使之与正洞形成物流循环，对断面净空尺寸不满足通车要求的段落进行断面净空尺寸修整作业，在不影响流水的情况下，确保断面净空不小于 3.2 m×4.5 m（宽×高）。统计结果如表 7.2-2 所示。

表 7.2-2　杉阳隧道平模筑及初期支护拆换统计

里程		区段长度/m	断面尺寸（宽×高）/m	施作情况	整改内容	整改时间		备注
						开始时间	结束时间	
PDK102+330	PDK102+335	5	3.2×5.1	已施作模筑	破除模筑及初期支护，重新施作	2020-5-5	2020-5-8	
PDK102+334	PDK102+338	4	2.9×5.1	未施作模筑	破除初期支护，重新施作	2020-5-8	2020-5-10	
PDK102+352	PDK102+358	6	3.2×4.5	已施作模筑	破除模筑及初期支护，重新施作	2020-5-10	2020-5-13	
PDK102+370	PDK102+373	3	3.1×4.3	已施作模筑	破除模筑及初期支护，重新施作	2020-5-13	2020-5-15	
PDK102+380	PDK102+385	5	3.2×4.3	已施作模筑	破除模筑及初期支护，重新施作	2020-5-15	2020-5-17	
PDK102+389	PDK102+393	4	3.0×3.48	已施作模筑	破除模筑及初期支护，重新施作	2020-5-17	2020-5-19	
合计		27						

7.2.3　物流运输管理优化技术

1. 加强车辆驾驶员的培训、宣贯，确保物流运输通畅

由架子队队长或洞口总调度定期对车辆驾驶员进行培训、宣贯，尽快熟练物流运输系统，明确运输路线及车辆避让原则，一旦运输线路调整，需及时通知到每一个洞内作业人员。

2. 横通道增加会车提示标志

在每个横通道设置一个灯箱，灯箱内明示横通道编号，另配有可移动会车标志 8 个，在需转弯的横通道口挂设，运输线路调整时，及时拆换提示标志，如图 7.2-7 所示。

3. 优化车辆指挥系统，提高运输效率

所有进洞车辆由总调度统一指挥，在每个车辆车门、车头、车尾分别设置带有反光标志的编号。优先安排确保掌子面施工的车辆通行，尤其是优先安排占用工序时间较长的出渣车通行。出渣前，出渣车提前在掌子面后方排列就位，争取每循环有足够车辆完成一次性出渣，减少洞内错车、会车时间，提高运输效率。

图 7.2-7　出渣车设置反光标志编号示意图

第 8 章 特长单线铁路隧道测量控制技术

8.1 特长单线铁路隧道测量误差控制技术

特长隧道控制测量包括洞外控制测量和洞内控制测量，控制测量又由平面控制测量和高程控制测量两部分组成。洞外平面控制测量方法大致有 GNSS 静态测量、三角网测量和电磁波测距导线测量。近年来，随着 GNSS 技术的迅速发展，在进行长大隧道修建时多数采用 GNSS 技术布设洞外平面控制网，该技术具备测量精度高、可全天候作业、作业效率高、布网成本低和观测处理自动化等优点。在洞外平面控制网施测完成后，须通过导线测量的方式将洞外坐标系统传递至隧道内，以此作为后续隧道掘进施工控制的基准。若洞外控制网作为洞内导线的坐标基准出现了偏差，随着测量的延伸偏差将会逐步增大，势必导致隧道无法精准地贯通，因此，洞外平面控制测量对隧道的顺利贯通起着关键控制作用。

特长隧道控制测量不同于常规的控制测量，它跨越地区范围大，地带狭长，工作量较大，洞内导线测量光线不足，并受高温、高压、高湿度以及高粉尘的影响，施工面狭窄，环境较差。因此，洞外控制测量采用 GNSS 控制网测量，洞内控制测量采用导线测量，高程控制测量采用水准测量。

8.1.1 洞外测量控制技术

1. 洞外控制网布设及布点原则

在进行 GNSS 网选点时，要遵循以下原则：

（1）测站点首先应满足隧道施工测量使用方便；

（2）测站点点位必须考虑点位选择的主要技术条件（例如避开对卫星信号有强烈干扰的无线电信号源），尽可能考虑 GNSS 定位的其他技术要求；

（3）点位交通方便，便于机组到达；

（4）GNSS 与水准同测点点位应选在隧道所在地区地形变化总趋势上；

（5）如果点位周围有成片高度角大于 15°的障碍物存在，可在选点时绘制测量点位环视图，在时段设计时，用优选同步观测时段的方法解决不满足 GNSS 测量技术要求所存在的问题。

2. CPⅠ控制点埋桩

根据线路平面图，CPⅠ控制点沿线路敷设，距线路中线 50～1 000 m、稳固可靠且不易被施工破坏的地方，每 4 km 左右布设一对 CPⅠ控制点，每个 CPⅠ控制点都方便置镜。此外，CPⅠ控制点位的选取应满足以下要求：

（1）点位便于安置 GPS 接收机，周围视野开阔，便于 GPS 卫星信号的接收。

（2）离大功率无线电发射源（电视台、微波站）的距离不小于 200 m，离高压输电线距离不小于 50 m。

（3）附近无强烈干扰卫星信号接收的物体，尽量避开大面积水域。

（4）GPS 点位均选在稳定、牢固、不易破坏且容易寻找、使用方便的地方。

（5）CPⅠ控制点首次编号以 CPⅠ冠号，从起点开始，按里程增加方向依次编号为 CPⅠ01，CPⅠ02，…，CPⅠ159，…，CPⅠ169-1。

（6）CPⅠ控制桩埋设采用现场现浇方式，标石埋设如图 8.1-1 所示。埋石后，在桩面上用红油漆标记点名，并在附近水泥电杆、墙壁、水泥地或岩石上注记点名、方向和距离。

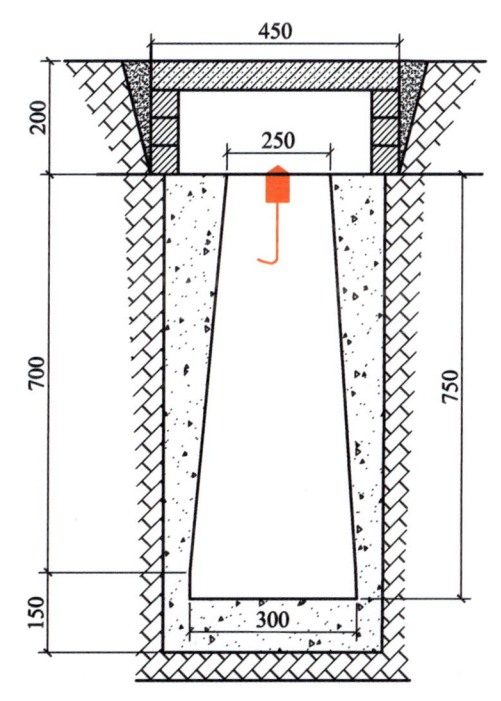

图 8.1-1　CPⅠ控制点标石埋设图（单位：mm）

（7）所有 CPⅠ控制点均在现场填写点位说明，丈量至明显地物的距离，绘制点位示意图，制作点之记。在内业资料整理时，点之记成果用中望 CAD 绘制，同时提供纸质和电子文件。

3. 平面控制网测量

（1）投入使用的主要测量仪器如表 8.1-1 所示。

表 8.1-1　平面控制网测量仪器

序号	仪器名称	品牌	型号	精度	数量	鉴定有效期
1	GPS 接收机	天宝	R8S	5 mm + 1×10^{-6}·D	8 台	全部为 2022-7-14

注：D 为距离（km）。

（2）主要作业技术指标如表 8.1-2 所示。

表 8.1-2　作业技术指标

级别项目		二等	三等
静态测量	卫星高度角/(°)	≥15	≥15
	有效卫星总数	≥4	≥4
	时段长度/min	≥90	≥60
	观测时段数	≥2	1~2
	数据采样间隔/s	10~60	10~60
	PDOP（位置精度衰减因子）或 GDOP（几何精度衰减因子）	≤6	≤8

天线的对中采用精密对点器，对点精度小于 1 mm，每时段观测前后分别量取天线高，误差不大于 2 mm，取两次平均值作为最终结果，如表 8.1-3 和表 8.1-4 所示。

表 8.1-3　GNSS 测量的精度指标

控制网级别	基线边方向中误差	最弱边相对中误差
二等（CPⅠ）	≤1.3″	1/180 000
三等（CPⅡ）	≤1.7″	1/100 000

注：当基线长度小于 500 m 时，一、二、三等边长中误差应小于 5 mm。

表 8.1-4　GNSS 接收机的精度指标

级别	一等	二等	三等
a/mm	≤5	≤5	≤5
b/(mm/km)	≤1	≤1	≤1

注：a—接收机固定误差（mm）；b—接收机比例误差系数。

（3）GNSS 测量施测概况。

本次独立控制网采用 8 台仪器施测，2 站测完 GPS 平面网，进洞联系边必须为 GPS 直接观测边，尽可能使进出口多联测基线边，全网采用网联式构网，具体布设网形如图 8.1-2 所示。

GNSS 测量要求：

① 观测组必须严格遵守调度命令，按规定时间同步观测同一组卫星。当没按计划到达点位时，及时通知其他各组，并经观测计划编制者同意后对观测时段作必要调整，观测组不得擅自更改观测计划。

② 经检查，接收机的电源电缆、天线电缆等项连接正确，接收机预置状态和工作状态正常后，方能启动接收机开始测量。

③ 每个时段观测前后，各量取天线高一次，两次量测值互差不得大于 2 mm，取平均值作为最后天线高。当互差超限时，查明原因，提出处理意见并记入测量手簿。观测中，作业员应使用 2H 铅笔逐项填写测量手簿。

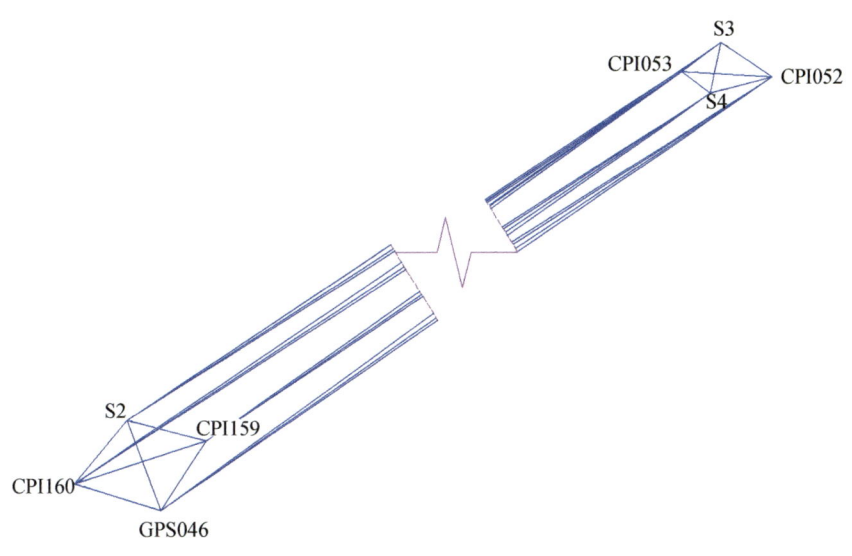

图 8.1-2 杉阳隧道平面独立控制网

④ 接收机开始记录数据后，及时将测站名、测站号、时段号、天线高等信息记录在手簿上。同时注意仪器的警告信息，及时处理各种特殊情况。

⑤ 一个时段观测过程中，严禁进行以下操作：关闭接收机重新启动，进行自测试，改变接收设备预置参数，改变天线位置，按关闭和删除文件功能键等。

⑥ 静置和观测期间应防止仪器震动，不得移动仪器，要防止人员或其他物体碰动天线或阻挡信号。

⑦ 在作业过程中，不在天线附近使用无线电通信。当必须使用时，对讲机应距天线 10 m 以上，车载电台应距天线 50 m 以上。

⑧ 经检查，调度命令已执行完毕，所有规定的作业项目已完成并符合要求，记录和资料完整无误，且将点位标识和觇标恢复原状后方可执行下一个调度命令。

（4）GNSS 网基线解算及精度分析。

控制网基线解算采用广播星历，按仪器制造商提供的 LGO 软件按静态相对定位模式进行。外业观测结束后首先对观测基线进行处理和质量分析，检查基线质量是否符合规范要求。删除工作状态不佳的卫星数据，在卫星残差图上观察某个卫星在某段时间内的残差是否过大且有明显的系统误差，删除该时间段，不让其参与平差。统计 GNSS 控制网观测值残差及基线向量残差，分析 GNSS 控制网基线向量网自身的内符合精度。基线解算结果应满足《全球导航卫星系统（GNSS）测量规范》规定的指标要求。

① 由若干条独立基线边组成的独立环和附和路线的各坐标分量（W_x，W_y，W_z）及全长 W_s 闭合差应满足下式的规定：

$$\begin{cases} W_x \leqslant 3\sqrt{n}\sigma \\ W_y \leqslant 3\sqrt{n}\sigma \\ W_z \leqslant 3\sqrt{n}\sigma \\ W_s \leqslant 3\sqrt{3n}\sigma \end{cases} \quad (8.1\text{-}1)$$

式中：n——闭合环边数；

W_x、W_y、W_z——坐标分量闭合差；

W_s——环的全长闭合差；

σ——标准差，$\sigma = \sqrt{a^2 + (b \times d)^2}$。其中 a 为固定误差，取 5 mm；b 为比例误差，取 1 mm/km；d 为弦长。

② 按《全球定位系统（GPS）测量规范》要求，同一基线不同观测时段重复基线较差，应满足下式要求：

$$d_s \leq 2\sqrt{2}\sigma \qquad (8.1-2)$$

式中：d_s——基线较差；

σ——相应等级规定的精度。

运用 LGO 静态数据处理软件解算得到的相关统计，如表 8.1-5 ~ 表 8.1-7 所示。

表 8.1-5　独立控制网重复观测基线较差统计

重复观测基线数	重复观测基线较差 d_s/mm			
	$0<d_s\leq 3$	$3<d_s\leq 7$	$7<d_s\leq 15$	$d_s>15$
28	15	1	12	0

表 8.1-6　独立控制网独立环闭合差较差统计

独立环数	独立环闭合差 d_s/mm			
	$0<d_s\leq 3$	$3<d_s\leq 7$	$7<d_s\leq 15$	$d_s>15$
21	10	5	5	1

表 8.1-7　独立控制网平面控制网整网计算精度统计

项目名称	对应基线或点名	对应最大值/mm	限差/mm	是否合格
重复基线较差（重复基线总数 28 条）	CPI159-S3	14	41.3	是
独立环闭合差（闭合环总数 21 个）	CPI052-S4-CPI160	$W_x = -2.0$	57.1	是
	CPI052-S4-CPI160	$W_y = -16.7$	54.7	是
	CPI052-S4-S3	$W_z = 8.8$	26	是
	CPI052-S4-CPI160	$W_s = 18$	98.8	是

由以上表格可知：独立控制网测得所有重复观测向量较差、独立环闭合差均满足规范限差要求，基线解算成果可靠。

8.1.2 洞内测量控制技术

隧道的控制测量跟一般的控制测量不同，隧道内没有 GPS 卫星信号，无法实现高精度的 GPS 静态控制测量；大部分隧道是随着掘进进行控制测量，随着隧道的掘进，离洞口越远的地方导线点的精度越低，有可能影响到隧道的横向贯通误差精度。

1. 洞内平面控制测量方案比选

洞内平面控制测量主要目的是为了确保隧道正确掘进并且高精度贯通。由于隧道工作面较为狭窄，故导线测量成为洞内控制的主要方式。在洞外 GNSS 平面控制网的基础上，洞内导线布设一般采用下列几种形式：

（1）单导线。

如图 8.1-3 所示，单导线测量布设方案简单，观测工作量较少，布设灵活，但由于没有多余观测和其他约束条件，在实际工作中即使发生错误也无法检查，同时随着导线长度的增加，端点横向误差增大。单导线适用于比较短（隧道长度<1 km）、贯通要求比较低的隧道，因为单导线对方向控制很弱，并且图形强度很弱，容易造成横向摆动。

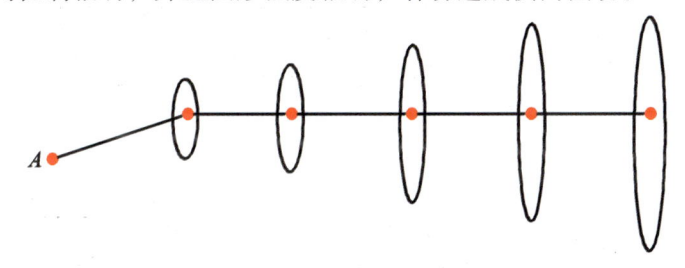

图 8.1-3　单导线

（2）导线环。

如图 8.1-4 所示，通过施测可以求出 5 和 5′的坐标以及两点间距离，与实测的 5-5′距离较差作检核，可以做到步步有检核。导线环布网方式适用于较短隧道，但其图形强度、检核条件较单导线多。因此，对于长度小于 1 km 的隧道而言是比较合适的布网方式。

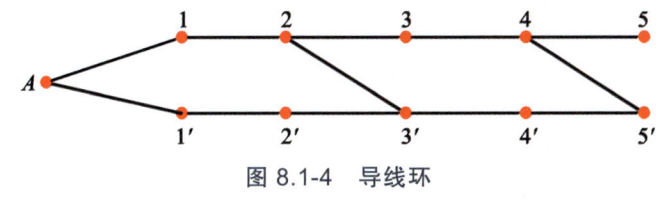

图 8.1-4　导线环

（3）主副导线环。

如图 8.1-5 所示，单双线分别表示副导线、主导线。主副导线均要测角，但副导线不测距而主导线需要。实线处闭合环平差后，当虚线处闭合环生成时，可以借助 3 点处平差后角度计算 3-4 方位角，这样有助于提高贯通面横向误差的精度，同时减少了副导线测边工作量。

对于中长隧道，模拟数据表明，主副导线环是比较适宜的洞内布网方式之一。其优点是通过平差后，虚线处形成第二闭合环时，能够控制隧道前进方向，从而保证隧道能够按规定精度贯通；缺点是网型强度不高，角度测量误差对横向贯通误差制约严重，因此不适合于长大隧道布网。

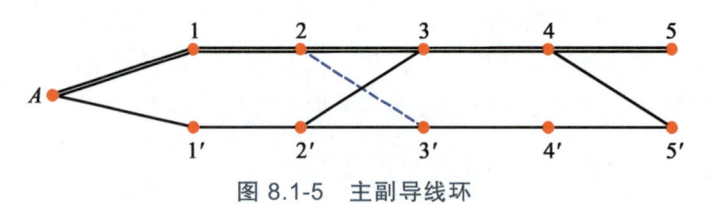

图 8.1-5　主副导线环

（4）全导线网。

如图 8.1-6、图 8.1-7 所示，并行导线在两点之间交叉，每一个新点通过两条路线测量得出坐标（如 3 点坐标由 2 和 2′两点得出），与实测 2-2′的距离作较差进行检核。布设全导线网主要目的是让控制网变成"肥网"，网型强度很高，对提高横向贯通误差精度增益很大。全导线网基本适用于所有的隧道洞内布网。但对于较短隧道，其测量工作强度较大，造成工作量、费用等的不必要浪费，所以要综合考虑取舍。

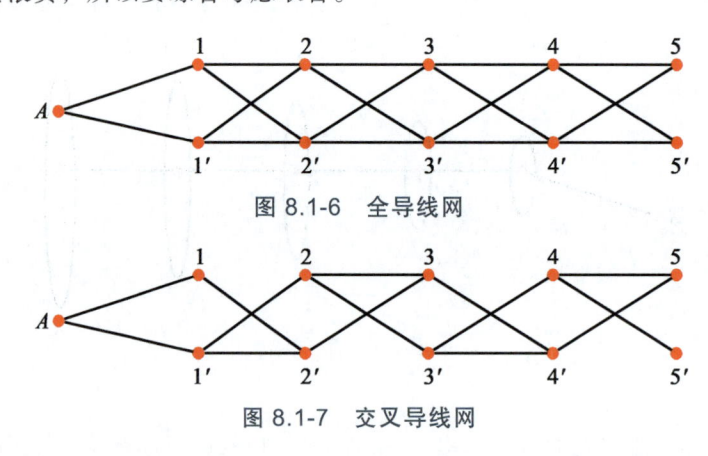

图 8.1-6　全导线网

图 8.1-7　交叉导线网

交叉导线网相比全导线网而言，减少了接近一半的工作量，有效避免了旁折光对隧道边墙测边的影响，并且网型强度得到保证，有利于点位破坏时及时进行测点的补测。全导线网与交叉导线网均适应于长大隧道洞内控制测量。

（5）菱形导线。

如图 8.1-8 所示，菱形导线是交叉导线的一个特例。其优点是没有进行靠近洞边的边长观测，可以有效减小旁折光对边长观测的影响，并且网型强度较高；缺点是测点不能传算两次来求取其平均值，比如 2 只能由 1 求出，而 1 对其贡献全无。菱形导线对于横向贯通误差的贡献介于全导线网与交叉导线网之间。

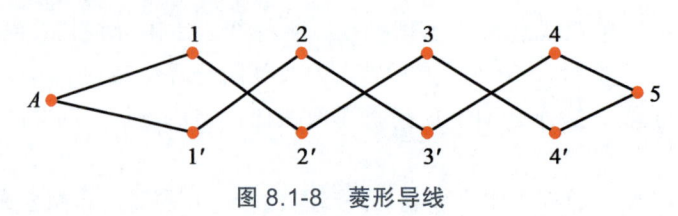

图 8.1-8　菱形导线

综上所述，采用交叉导线网更好。为增加检核，应每隔一条侧边闭合一次，成为由重叠四边形构成的交叉导线网。

2. 交叉导线布网控制点埋设要求

（1）以多边形导线环构成导线网进行平面控制测量，导线网布设在主洞内，平行导坑由主洞最前段导线点通过横通道进行测量控制。

（2）隧道主洞内平面控制点采用强制对中装置埋设于边墙内衬上（如图8.1-9所示），一般直线地段≥200 m，曲线地段≥70 m，以此减少洞内测站数，削弱误差的积累。

（3）当洞内情况较复杂时，可以临时采用短边和特殊短边，一旦有条件时，须及时改善短边条件并加以补测，以避免方位误差过大产生有害影响。每次建立新点，都必须检测前一个旧点是否稳定，确认旧点没有发生位移，才能用来发展新点。

（4）其他隧道平面控制点埋设于底板上，应尽量将导线边放长，导线点应布设在避免施工干扰、稳固可靠的地段，沿中线附近布设，以削弱旁折光对水平角测量精度的影响，再者导线点应成对埋设，埋设时成对的两个导线点应在里程方向前后错开 5~10 m，左右错开 0.5~1 m，以便于观测和防止导线点在使用过程中产生混淆。

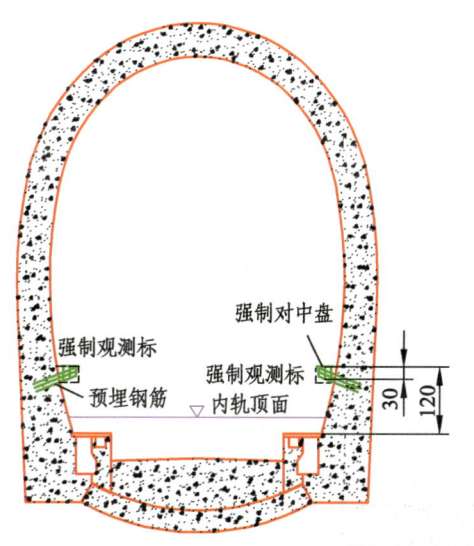

（a）隧道内强制对中装置布设示意图　　（b）现场强制对中装置埋设

图 8.1-9　隧道洞内控制导线埋桩位置图（单位：cm）

3. 洞内平面控制测量技术要点

（1）隧道洞内控制测量是在施工条件下进行的，因此隧道内照明、温度、排烟通风等因素对测量有比较大的影响。为适应洞内的温度和湿度，仪器进洞后必须晾露 30~40 min 后才能使用。如果洞内外空气条件相差较大，仪器开机后应进行各项参数改正后方可使用。

（2）洞口控制点是距贯通点最远的点，其测角误差对贯通的影响最大。洞口控制点又是由洞外引向洞内的测角站，对贯通也有举足轻重的作用。因此，观测时间宜选在夜间各项条件较稳定后或气象稳定的阴天进行。进洞后第一对导线点向洞外控制点观测时，也应该如此。

（3）当导线边长小于 15 m 时，需在各个测回间将仪器棱镜严格对中。导线测量时，需做点位稳定性检测，在直线地段只检核角度，在曲线地段还要检核边长。

（4）洞内导线网应采用测角精度优于 1″，测边精度不低于 $3\ mm + 2 \times 10^{-6}D$ 的电子全站仪观测。

（5）导线测量操作按照《新建铁路工程测量规范》执行。

4. 洞内高程控制测量技术要点

（1）隧道洞内高程控制测量的目的是由洞口高程控制点向洞内传递高程，即测定洞内各高程控制点的高程，作为洞内施工高程放样的依据。

（2）洞内应每隔 200~500 m 设立一对高程控制点。高程控制点可选在导线点上，也可根据情况埋设在隧道的顶板、底板或边墙上。

（3）三等及以上的高程控制测量应采用水准测量，四、五等可采用水准测量或光电测距三角高程测量。

（4）当采用水准测量时，应进行往返观测；当采用光电测距三角高程测量时，应进行对向观测，高程导线宜构成闭合环。

8.1.3 线路水准基点测量控制技术

1. 水准点选点埋石

（1）水准基点每 2 km 左右设置一个。重点工程（大桥、特殊路基结构）及地形复杂地段结合结构物的分布情况适当增设。水准点距线路中线距离为 50~300 m，水准点尽量与 CPI、CPII 平面控制点共桩，不能共桩时均进行单独设置标石。与水准点共桩的 CPI、CPII 均满足水准标石的埋设规格。水准点标石尺寸如下：预制混凝土桩尺寸顶部为 20 cm×20 cm，底部为 25 cm×25 cm，长为 75 cm，中心标为 20 特制半圆头不锈钢。水准点均选在土质坚实、安全僻静、观测方便和利于长期保存的地方。埋石后，在桩面上用红油漆标记点名，并在附近水泥电杆、墙壁、水泥地或岩石上标记点名、方向和距离（水准标石埋设规格如图 8.1-10 所示）。

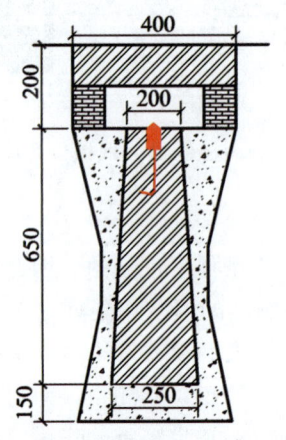

1—盖板；2—地面；3—保护井；4—素土；5—混凝土。

图 8.1-10 控制点标石埋设图（单位：mm）

（2）水准基点编号以"BM"冠号，沿线路里程增加方向依次编号为 BM01，BM02，…，BM50。

（3）所有水准点均在现场填写点位说明，并丈量至明显地物的距离，绘制点位示意图，标明到达水准点位详细交通路线。在内业资料整理时，点之记成果用中望 CAD 绘制，同时提供纸质版和电子版文件。

2. 技术要求

（1）水准测量的主要技术要求和主要精度要求详见表 8.1-8。

表 8.1-8　水准测量的主要技术要求

等级	水准仪最低型号	水准尺类型	视距 光学	视距 数字	前后视距差 光学	前后视距差 数字	测段的前后视距累积差 光学	测段的前后视距累积差 数字	视线高度 光学（下丝读数）	视线高度 数字	数字水准仪重复测量次数
三等	DS1	铟瓦	≤100	≤100	≤2.0	≤3.0	≤5.0	≤6.0	三丝能读数	≥0.35	≥1 次

本标段拟采用天宝 DINI03 电子水准仪及其配套的铟钢条码尺进行三等水准复测工作，技术标准依据上述水准仪精度进行，如表 8.1-9 所示。

表 8.1-9　水准观测主要精度要求

等级	每千米水准测量偶然中误差 M_Δ	每千米水准测量全中误差 M_W	测段、路线往返测高差不符值/mm 平原	测段、路线往返测高差不符值/mm 山区	测段、路线的左右路线高差不符值/mm	附合路线或环线闭合差/mm 平原	附合路线或环线闭合差/mm 山区	检测已测段高差值/mm
三等	≤3	≤6	$\pm 12\sqrt{K}$	$\pm 2.4\sqrt{n}$	$\pm 8\sqrt{K}$	$\pm 12\sqrt{L}$	$\pm 15\sqrt{L}$	$\pm 20\sqrt{R_i}$

注：① K 为测段或路线长度（km）；L 为水准路线长度（km）；R_i 为检测段长度（km）；n 为测段水准测量站数。
② 当山区水准测量每千米测站数 $n \geq 25$ 站以上时，采用测站数计算高差测量限差。

（2）水准测量计算取位应符合表 8.1-10 的规定。

表 8.1-10　水准测量计算取位

等级	往（返）测距离总和/km	往（返）测距离中数/km	各测站高差/mm	往（返）测高差总和/mm	往（返）测高差中数/mm	高程/mm
三等水准	0.01	0.1	0.01	0.01	0.1	0.1

3. 施测概况

（1）外业观测按三等水准测量的技术要求进行。逐点复核相邻水准点之间的高差，通过复测高差与设计高差进行比较确认设计单位所交的高程控制点精度是否满足精度要求，水准控制网线路如图 8.1-11 所示。

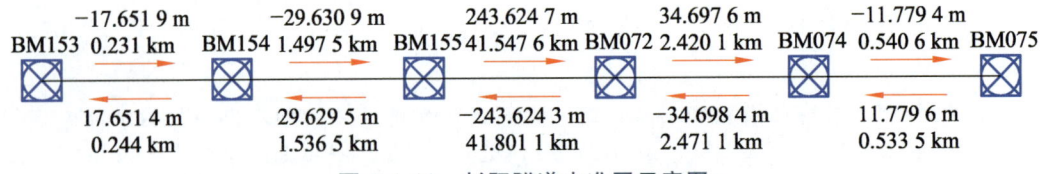

```
         -17.651 9 m              -29.630 9 m          243.624 7 m          34.697 6 m           -11.779 4 m
BM153    0.231 km      BM154      1.497 5 km   BM155   41.547 6 km  BM072   2.420 1 km   BM074   0.540 6 km   BM075
  ⊠─────────────────────⊠──────────────────────⊠──────────────────────⊠──────────────────────⊠──────────────────────⊠
         17.651 4 m                29.629 5 m          -243.624 3 m         -34.698 4 m          11.779 6 m
         0.244 km                  1.536 5 km          41.801 1 km          2.471 1 km           0.533 5 km
```

图 8.1-11　杉阳隧道水准网示意图

（2）外业观测步骤。

① 三等水准复测采用精密电子水准仪及配套的钢瓦水准标尺，按《国家三、四等水准测量规范》三等水准测量要求作业。

② 水准路线采用往返观测，并沿同一条路线进行。

观测顺序：后—前—前—后。

③ 测量时，保证前后视距相等，减少仪器 i 角对高差观测的影响。

④ 作业前及使用过程中检查与校正 i 角，保证 i 角绝对值在作业过程中均不超过 15″。

⑤ 采用尺撑辅助安置水准尺，确保水准尺在观测时处于竖直状态。

⑥ 为了保证水准尺的稳定性，选用 5 kg 尺垫，将尺垫安放在坚实的地方踩实以防止尺垫下沉。

⑦ 在连续各测站上安置水准仪的脚架时，使其两脚与水准线路的方向平行，而第三脚轮换置于线路方向的左侧与右侧。

⑧ 水准路线采用往返观测，并沿同一条路线进行。每一测段均采用偶数站结束，由往测转为返测时，互换前后尺再进行观测。

（3）高程平差计算及精度分析见表 8.1-11。

表 8.1-11　往返测高差统计

起点	终点	距离/km	往测高差/m	返测高差/m	较差/mm	限差/mm	高差均值/m
BM074	BM075	0.541	0.534	-11.779 38	11.779 62	0.24	-11.779 50
BM072	BM074	2.420	2.471	34.697 62	-34.698 39	0.77	34.698 01
BM155	BM072	41.548	41.801	243.626 28	-243.624 60	1.68	243.625 44
BM154	BM155	1.492	1.536	-29.630 89	29.629 53	1.36	-29.630 21
BM153	BM154	0.231	0.244	-17.651 92	17.651 46	0.46	-17.651 69

每千米水准测量的高差偶然中误差：0.36 mm

水准测量作业结束后，每条水准路线按测段往返高差不符值计算偶然中误差 M_Δ，该值按下列公式计算：

$$M_\Delta = \pm \sqrt{\frac{1}{4n}\left[\frac{\Delta \cdot \Delta}{L}\right]} = \pm 0.36 \text{ (mm)} \quad (8.1\text{-}3)$$

式中：Δ——测段往返高差不符值；

L——测段长；

n——测段数。

本次水准复测，往返测高差较差≤$12\sqrt{L}$，每千米高差中数的偶然中误差为 0.36 mm，满足三等水准测量每千米高差中数的偶然中误差小于 ± 3 mm 的要求，数据质量可靠，成果质量优良。

8.2　三维激光扫描隧道超欠挖控制技术

隧道超欠挖分析是将掌子面现场开挖轮廓面的测量数据与设计开挖基准面进行比对分析，将隧道净空侧定义为内侧，那么位于基准面外侧则为超挖，位于基准面内侧为欠挖，而对于恰好在基准面上的称为无超欠挖。在使用钻爆开挖方式进行铁路隧道施工时，掌子面开挖轮廓的超欠情况是值得关注的问题，因为这将直接影响施工进度和成本的投入。超挖需要使用同级混凝土进行填筑，欠挖需要进行二次爆破或修整凿除等，否则将影响后续施工质量与安全。因此，分析隧道超欠挖情况是隧道施工过程中的关键环节，对隧道快速稳定掘进有着重要意义。传统测量方法是运用全站仪进行单点测量，所测量数据点较为离散化，难以全面反映掌子面开挖断面的真实情况，数据获取速度慢，影响施工进度。

随着时代的发展，科技水平不断提高，测绘领域的仪器设备逐步得以创新，继 GNSS 空间定位技术之后，于 20 世纪 90 年代中期出现的三维激光扫描技术近年来得以迅速发展，该技术突破了传统单点测量数据的局限，能够快速准确地获取大量三维坐标数据。鉴于该技术的诸多优点，目前在工程测量、医学、文物保护、地质灾害变形监测和复杂工业设备测量中有着广泛应用，并有着显著成效。基于三维激光扫描技术能够快速有效地采集掌子面开挖的全息数据，运用后处理软件构建空间三维模型，进而便于对隧道任意断面的空间数据实施全面细致的分析，更好地判断隧道的超欠挖情况。

以大瑞铁路杉阳隧道为研究对象，利用站式三维激光扫描仪 FARO Focus M70 对采用钻爆开挖的隧道开挖轮廓进行点云数据采集，借助专业点云数据分析处理软件对点云进行拼接、去噪和抽稀等处理，借助专业点云数据分析处理软件将基于仪器自由坐标系的点云数据转换至施工坐标系中，以便于进一步进行隧道超欠挖数据的分析研究。基于实测三维点云数据与隧道设计断面进行对比分析，从三维全息模型、隧道横截面、采样点超欠挖、采样点偏差、区段内超欠挖面积和体积等多方面展开深入研究。将成果数据作为指导下一循环钻爆作业的依据，对开挖成效的分析及方案优化有一定价值，逐步调整开挖技术，进而达到控制隧道超欠挖、节约施工成本的目的。

8.2.1　三维激光扫描原理及现场数据采集

1. 三维激光扫描仪工作流程

使用三维激光扫描仪获取隧道的超欠挖数据时，可以对隧道内部表面进行面状式三维扫描，使用扫描仪自带软件对获得的大量点数据信息进行站点拼接、标定等处理，得到高密度、高精度的点云数据。将三维模型与扫描的点云进行嵌套，可以方便地生成隧道横断面数据，再将这些数据与设计断面轮廓数据进行比对便可获得该断面的超欠挖数值。三维激光扫描仪的工作流程如图8.2-1所示。

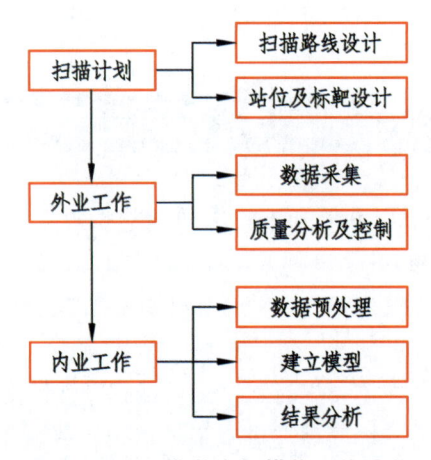

图 8.2-1　三维激光扫描仪工作流程

2. 站式三维激光扫描仪坐标测量原理

站式三维激光扫描仪在进行三维点云测量时以仪器定义中心为坐标原点建立坐标系，如图8.2-2所示。点 O 为仪器中心同为自定义坐标系的坐标原点，X 轴在横向扫描面内，Y 轴也在横向扫描面内且与 X 轴垂直，Z 轴与横向扫描面垂直。基于激光测距原理测得目标点与仪器中心间的距离 S，精密时钟控制编码器同步测量每个激光脉冲横向扫描角度值 α 和纵向扫描角度值 β，则任意扫描点 P 的坐标可表示为：

$$\begin{cases} X = S\cos\beta\cos\alpha \\ Y = S\cos\beta\sin\alpha \\ Z = S\sin\beta \end{cases} \quad (8.2\text{-}1)$$

式中：X、Y 和 Z 分别表示被测物的点云坐标值；其他参数含义同上。

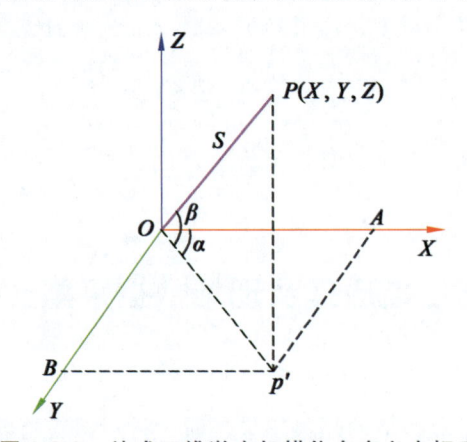

图 8.2-2　站式三维激光扫描仪自定义坐标系

3. 现场数据采集

采用具有自动锁定棱镜功能（减少人为对点误差）的天宝 S8 全站仪和站式三维激光扫描仪 FARO Focus M70，对 V 级围岩掘进段落 DK96+239.6～+242 2.4 m 长度范围内掌子面开挖情况进行数据采集，图 8.2-3 为现场数据采集情况。三维激光扫描仪架设于距离掌子面约 15 m 的中间位置，该仪器无须严格对中整平操作，将三角支架与仪器连接稳固后即可进入量测状态。仪器前方两个白色的球形棱镜是与该扫描仪相适配的三维扫描球形标靶，其主要作用在后期数据处理时进行坐标转换。这两个三维扫描球形标靶需稳固安置于扫描仪前方 0.6～5 m 之间的任意位置，且两个三维扫描球形标靶间的距离应不小于 5 m，两个三维扫描球形标靶的棱镜面必须朝向事先架设好的全站仪，以便对其进行坐标测量。在用全站仪对两个三维扫描球形标靶进行坐标测量时，棱镜常数和杆高均须设置为零，且在整个扫描过程中必须保持稳定不动。

图 8.2-3　现场测量

8.2.2　三维激光扫描精度验证及效率对比

为验证所使用的三维激光扫描仪 FARO Focus M70 的测量精度，在杉阳隧道内随机分散布设 10 个三维扫描球形标靶，其中 2 个用于点云数据的坐标转换，另外 8 个（分别命名为 A～H）与天宝 S8 全站仪所测三维坐标值进行比对分析，将两者所测 X、Y 和 Z 坐标结果差值绘制成雷达图，如图 8.2-4 所示。

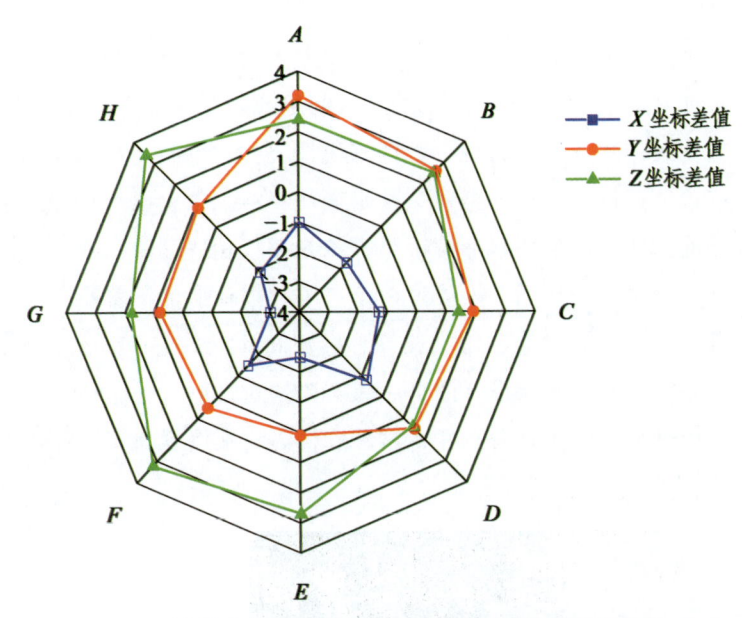

图 8.2-4 三维激光扫描仪与全站仪所测坐标结果（单位：mm）

从图 8.2-4 可以看出，利用三维激光扫描仪与全站仪测量的坐标差值最大不超过 4 mm，利用公式计算求得水平点位中误差 $m_{xy}=\pm 0.56$ mm，高程中误差 $m_z=2.45$ mm，满足铁路工程测量规范要求，进而验证了此款三维激光扫描仪应用于隧道超欠挖监测的可行性。

前面对 FARO Focus M70 三维激光扫描仪测量精度进行了分析验证，该仪器与全站仪测量效率对比分析见表 8.2-1，可以看出，使用三维激光扫描仪的工作效率远远高于传统测量，尤其是现场测量效率。受洞内环境影响（如水汽、烟尘、光亮度差等），在隧道中运用全站仪进场监控量测时，难免会存在一定的观测误差，因此，运用该设备进行数据采集不仅提高了工作效率，还可以一定程度地减少人员观测误差对测量精度的影响。

表 8.2-1 全站仪测量与激光扫描仪效率比较

比较项目	传统测量	激光扫描
测量点数	200	~2 000 000
数据采集时间/h	1	0.5
数据处理时间/h	2	1

8.2.3 三维激光扫描后处理及隧道超欠挖分析

基于站式三维激光扫描仪 FARO Focus M70 获取的三维点云数据无法直接应用于隧道超欠挖分析，必须对其进行坐标转换，利用数据采集过程中测得的两个三维扫描球形标靶的实际坐标，将基于自由坐标系的三维点云数据转换至现场施工坐标系中，图 8.2-5（a）和图 8.2-5（b）分别为基于仪器自由坐标系和转换至施工坐标系后的点云全息视图。

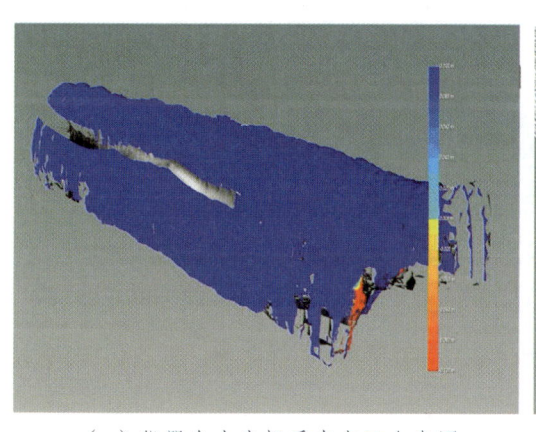

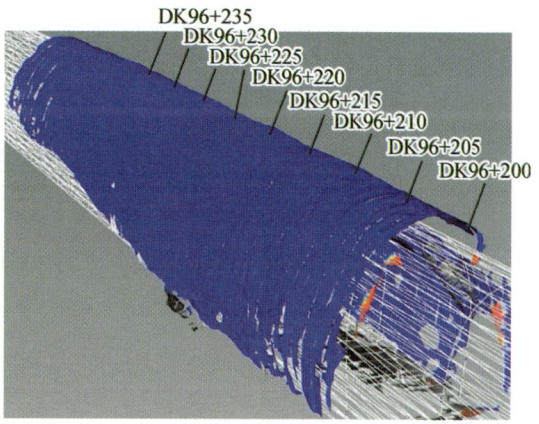

（a）仪器自由坐标系中点云全息图　　　　（b）转换至施工坐标系中点云全息图

图 8.2-5　点云全息视图

图 8.2-6 为隧道超欠挖三维示意图，图中黑色直线为设计线路，绿色曲面为该区段隧道设计开挖轮廓面，红色曲面为经坐标转换后的三维激光点云数据。如图所示，红色激光点云数据在绿色设计曲面外侧为超挖区域，反之为欠挖区域，红色与绿色相交的地方为无超欠挖区域。

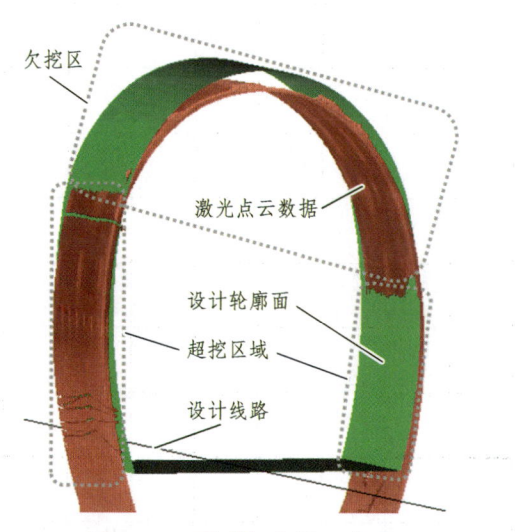

图 8.2-6　隧道超欠挖示意图

将杉阳隧道现场获取的三维点云数据进行处理分析，并将其与设计开挖轮廓线进行对比得到所测区段的展开图，如图 8.2-7 所示，该扫描区段采用新奥法进行隧道掘进施工，由小里程向大里程方向开挖，DK96 + 240 ~ DK96 + 242 里程段为开挖临空面扫描结果。从图中可以看出，此扫描区段存在严重的超挖现象，由色谱图例可以看出超挖量在 0.4 ~ 1.0 m 之间，这无疑增大了施工成本，且因出渣量及初期支护喷混凝土量增加影响了施工进度，因此控制隧道超挖现象对施工进度与成本的把控是至关重要的。

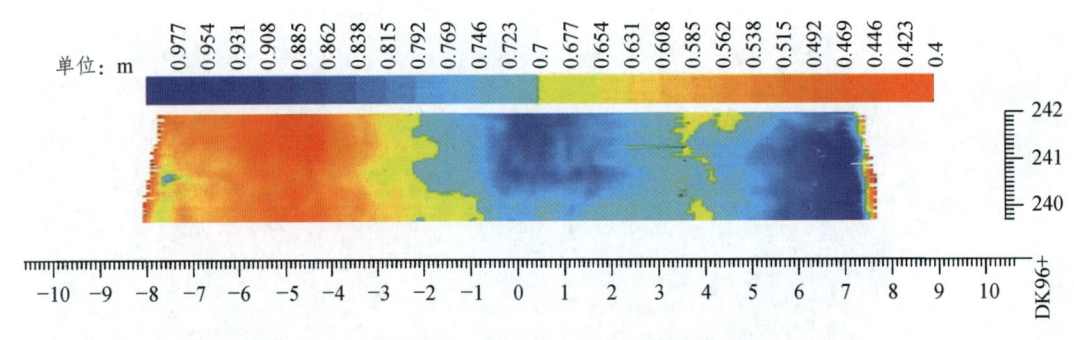

图 8.2-7 DK96+222～DK96+242 范围的净空分析展开图

为进一步量化分析所测区段掌子面超挖情况，将扫描得到的点云数据与设计开挖轮廓进行对比，如图 8.2-8 所示。

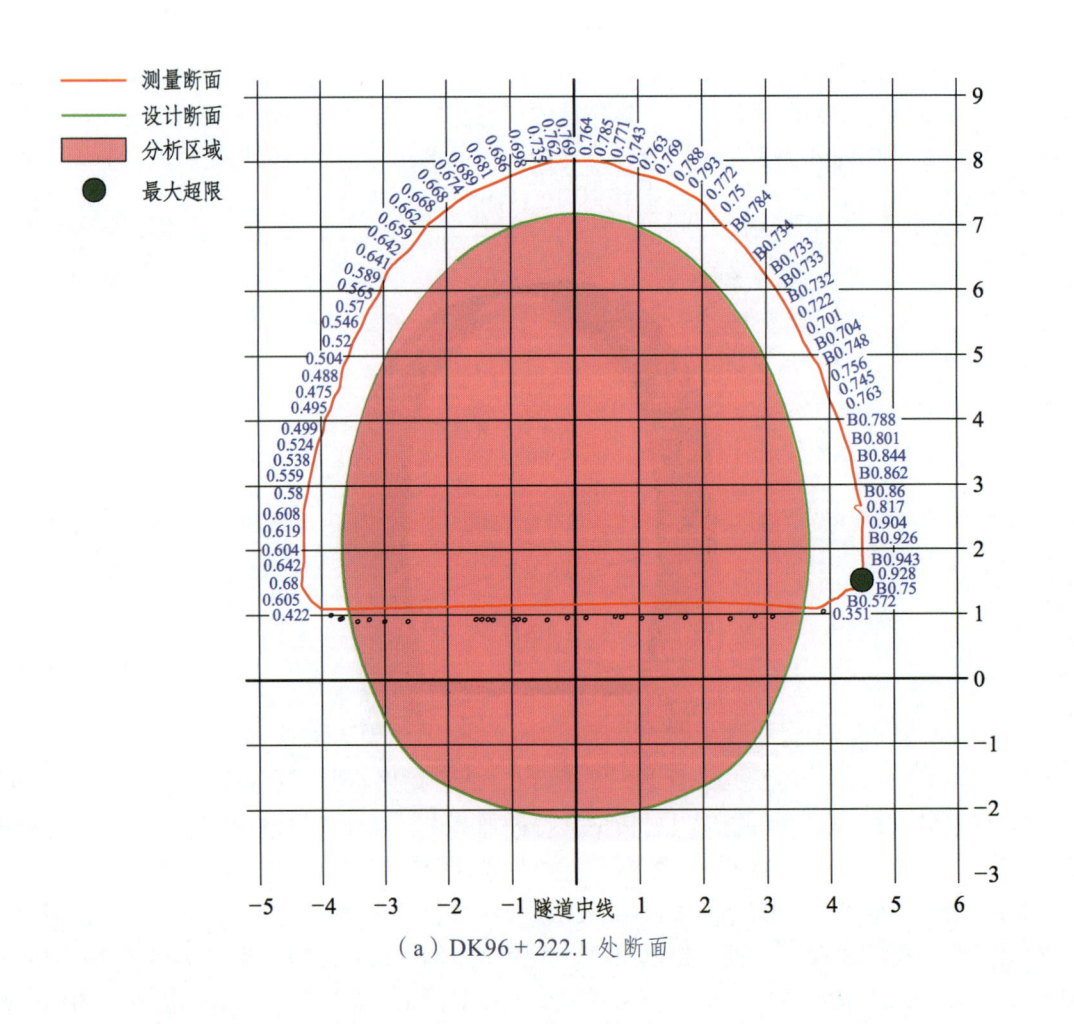

（a）DK96+222.1 处断面

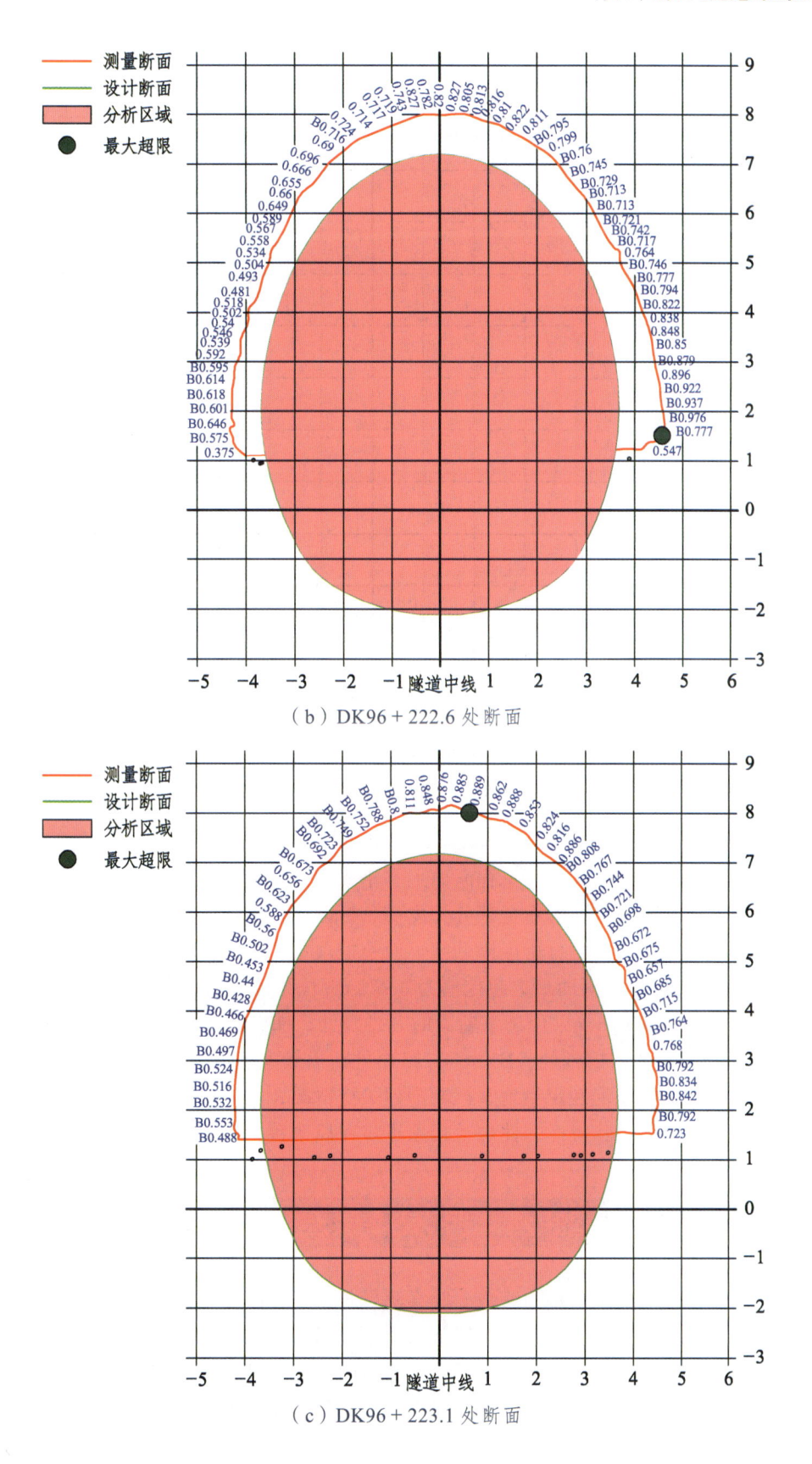

(b) DK96+222.6 处断面

(c) DK96+223.1 处断面

(d) DK96+223.6处断面

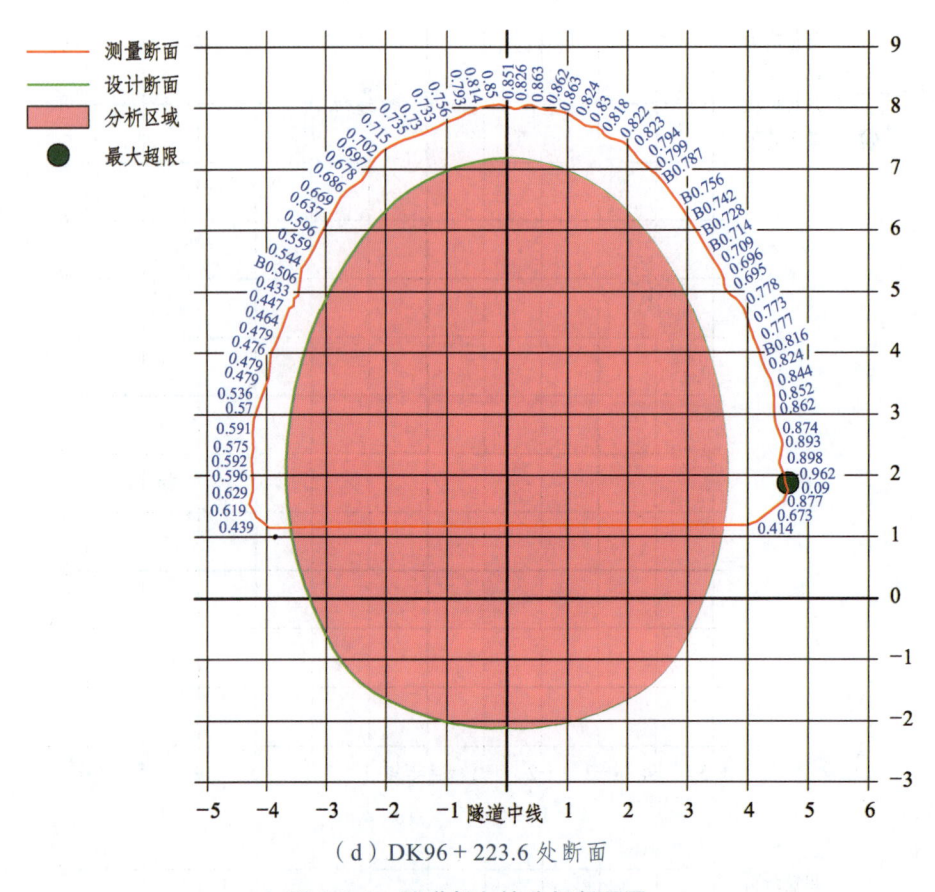

图 8.2-8　隧道超欠挖分析断面图

图 8.2-8 为将所测掌子面全息图与设计开挖断面叠加后每隔 0.5 m 进行剖切得到的断面图，图中不规则红色曲线即为剖切里程断面上掌子面的开挖轮廓线，绿色规则线条为设计开挖断面，设计开挖断面所包围的粉色部分为主要分析区域，图中绿色原点表示该断面中最大超挖位置。从图中可以看出所分析区段的掌子面超挖现象显著，线路左侧超挖量小于拱顶及线路右侧。DK96+222.1 处断面最大超挖值为 0.928 m，位于该断面的右拱脚处；DK96+222.6 处断面最大超挖值为 0.976 m，位于该断面的右拱脚处；DK96+223.1 处断面最大超挖值为 0.943 m，位于该断面的右拱脚处；DK96+223.6 处断面最大超挖值为 0.976 m，位于该断面的拱顶偏右处。由此可以定性定量地掌握隧道超欠挖情况，将分析数据结果与现场施工工艺工法相结合，总结相关经验规律，使超挖现象逐步得以改善，尽量做到不欠挖少超挖。

8.3　特长隧道贯通测量技术及误差分析

在隧道施工中，由于地面控制测量、联系测量、地下控制测量以及细部放样的误差，使得两个相向开挖的工作面的施工中线不能理想地衔接而产生错开的现象，就是所谓的贯通误差。贯通误差在线路中线方向上的投影长度称为纵向贯通误差；在垂直于中线方向的投影长度称为横向贯通误差；在高程方向的投影长度称为高程贯通误差。

对于山岭隧道来说，纵向误差只要不大于定测中线的误差，能够满足铺轨的要求即可。高程误差影响隧道的坡度，但其容易满足限差的要求。而横向误差如果超过了限差，就会引起隧道中线几何形状的改变，甚至在洞内建筑物侵入规定限界而使已衬砌部分拆除重建，给工程造成损失。

8.3.1 隧道贯通误差测量方法

隧道施工一般采用精密导线进行洞内控制测量，实际贯通误差的测定方法说明如下：

（1）中线法测量平面贯通误差。

采用中线法测量隧道贯通误差，是从进口端和出口端导线上分别将贯通面里程点放样钉设在实地上，实量两个实际放样点间的横向距离和纵向距离即为横向和纵向贯通误差，如图 8.3-1 所示。

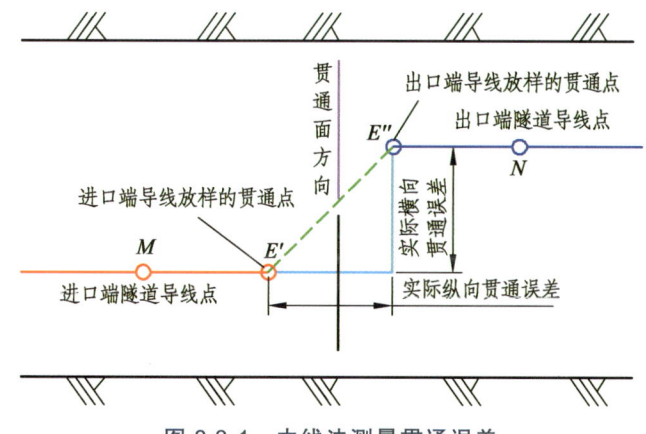

图 8.3-1 中线法测量贯通误差

图 8.3-1 中，M、N 为进口、出口端洞内导线点，E'、E'' 分别为进口端和出口端导线放样出的贯通面里程点（其理论位置应该相同），实量 E'、E'' 在线路中线切线方向上的距离即为纵向贯通误差，在垂直线路中线方向（法向）上的距离即为横向贯通误差。

（2）导线法测量平面贯通误差。

采用导线法测量隧道贯通误差方法如图 8.3-2 所示。

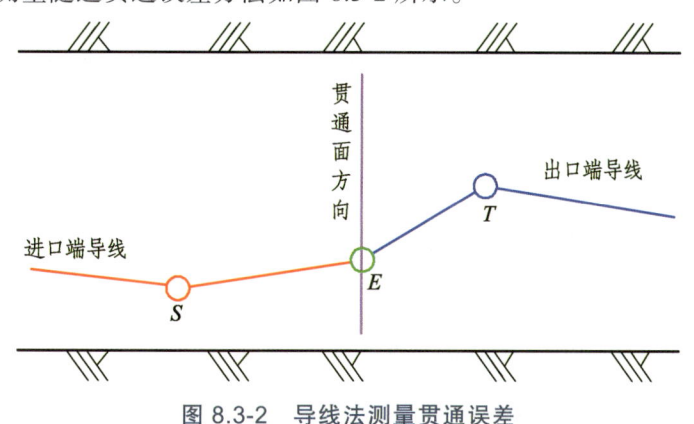

图 8.3-2 导线法测量贯通误差

在贯通面附近任选一点 E，由进口端导线测出它的坐标（$x_{E进}$，$y_{E进}$），由出口端导线测出它的坐标（$x_{E出}$，$y_{E出}$），由此算得实际贯通误差值为 $\sqrt{(x_{E出}-x_{E进})^2+(y_{E出}-y_{E进})^2}$。它在贯通面方向（线路方向）上的投影长度，即实际横向贯通误差 $E_横$；它在线路切线方向上的投影长度，即实际纵向贯通误差 $E_纵$，也可用下式计算：

$$\begin{cases} E_横 = |\Delta x \cdot \cos\delta + \Delta y \cdot \sin\delta| \\ E_纵 = |-\Delta x \cdot \sin\delta + \Delta y \cdot \cos\delta| \end{cases} \quad (8.3\text{-}1)$$

式中：$E_横$，$E_纵$——横向、纵向贯通误差；

δ——贯通面上的方位角；

Δx——$x_{E出}$ 与 $x_{E进}$ 之差，$\Delta x = x_{E出} - x_{E进}$；

Δy——$y_{E出}$ 与 $y_{E进}$ 之差，$\Delta y = y_{E出} - y_{E进}$。

当 Y 轴平行于贯通面时，则 $y_{E出} - y_{E进}$ 即为实际横向贯通误差，$x_{E出} - x_{E进}$ 即为实际纵向贯通误差。

方位角贯通测量的测定方法：测量∠SET，由出口端导线方位角 α_{TE}，推算 SE 边的方位角 $\alpha_{SE出}$，它与进口导线推算的方位角 $\alpha_{SE进}$ 的差值（$\alpha_{SE出} - \alpha_{SE进}$），即为实际方位角贯通误差。

8.3.2 隧道贯通误差分析

1. 隧道贯通允许误差

隧道对向开挖洞口施工中线在贯通面上的横向和高程贯通允许误差应符合表 8.3-1 的规定。

表 8.3-1 隧道贯通允许误差

项目	横向贯通允许误差							高程贯通允许误差
相向开挖隧道长度/km	$L<4$	$4\leqslant L<7$	$7\leqslant L<10$	$10\leqslant L<13$	$13\leqslant L<16$	$16\leqslant L<19$	$19\leqslant L<20$	
洞外贯通中误差/mm	30	40	45	55	65	75	80	18
洞内贯通中误差/mm	40	50	65	80	105	135	160	17
洞内外综合贯通中误差/mm	50	65	80	100	125	160	180	25
贯通限差/mm	100	130	160	200	250	320	360	50

注：本表不适用于利用竖井贯通的隧道。

2. 隧道横向贯通误差分析

（1）对于没有竖井的隧道，横向贯通误差主要来自洞外地面控制测量和洞内导线测量。洞外导线测量误差引起的横向贯通误差可表示为：

$$m_{洞外} = \pm\sqrt{m_{y\beta 上}^2 + m_{yl 上}^2 + m_{y\alpha 上}^2} \tag{8.3-2}$$
$$= \sqrt{(m_\beta/\rho)^2 \sum R_x^2 + (m_l/l)^2 \sum d_y^2 + (m_{\alpha 01}/\rho)^2 \sum R_{01}^2 + (m_{\alpha 02}/\rho)^2 \sum R_{02}^2}$$

式中：$m_{y\beta 上}$、$m_{yl 上}$、$m_{y\alpha 上}$——测角、量边和洞口两端方位角误差引起的横向贯通误差；

m_β——地面导线的测角中误差；

m_l/l——导线边长的相对中误差；

$\sum R_x^2$——各导线点至贯通面的垂直距离的平方和；

$\sum d_y^2$——各导线边在贯通面上投影长度的平方和；

$m_{\alpha 01}$、$m_{\alpha 02}$——洞口两端起始方位角误差；

R_{01}、R_{02}——洞口两端点至贯通面的垂直距离。

洞内导线测量引起的横向贯通误差由测角、测边引起的误差组成。

$$m_{洞内} = \pm\sqrt{m_{y\beta F}^2 + m_{ylF}^2} \tag{8.3-3}$$

式中：$m_{y\beta F}$、m_{ylF}——地下导线测量角中误差和导线边长中误差。

由此可得到导线测量误差引起的横向贯通误差 $m_q = \sqrt{m_{洞外}^2 + m_{洞内}^2}$。

（2）对于有竖井的隧道，横向贯通误差还包括竖井联系测量误差引起的部分。导线测量部分同上，而竖井联系测量误差引起的横向贯通误差包括两部分：投点中误差和定向误差引起的横向贯通误差。

投点中误差主要由仪器设备的标称精度、竖井深度、投点次数和投点条件决定，如采用光学投点，仪器的标称精度为 $1/T$，竖井深度为 L，投点次数为 n，则投点中误差为：

$$m_0 = \pm\left(L\frac{1}{T}\right) \cdot \frac{1}{\sqrt{n}} \tag{8.3-4}$$

定向误差引起的横向贯通误差主要与定向使用的仪器设备标称精度、定向方法、定向次数、定向条件等因素有关。如采用陀螺经纬仪定向，仪器标称精度为 m_l，定向次数为 n，则求得的一次定向中误差为：

$$m_\alpha = \pm m_l \cdot \frac{1}{\sqrt{n}} \tag{8.3-5}$$

若竖井至贯通面的距离为 S，则由定向误差引起的在贯通面上的横向贯通误差为：

$$m_{Y\alpha} = \pm m_\alpha / \rho S \tag{8.3-6}$$

3. 隧道高程贯通误差分析

计算高程贯通误差可以根据水准路线的长度计算。m_H 为洞外或洞内水准测量对高程贯通误差的影响，按下式计算：

$$m_H = \pm m_\Delta \sqrt{L} \tag{8.3-7}$$

式中：L——洞内外高程线路总长；

m_Δ —— 每千米高差中数的偶然误差，对于四等水准 m_Δ = ± 5 mm/km，对于三等水准 m_Δ = ± 3 mm/km。

设隧道总的高程贯通误差中误差的允许值为 M_H，按照等影响原则，洞内、洞外水准测量所产生的高程贯通中误差的容许值均为：

$$m_H = M_H / \sqrt{2} = 0.7 M_H \qquad (8.3\text{-}8)$$

如果隧道通过竖井开挖，可将竖井传递高程的测量误差也作为影响高程贯通误差的一个因素，则一个竖井为：

$$m_H = M_H / \sqrt{3} = 0.58 M_H \qquad (8.3\text{-}9)$$

两个竖井为：

$$m_H = M_H / \sqrt{4} = 0.5 M_H \qquad (8.3\text{-}10)$$

本次研究形成了特长单线隧道测量控制关键技术，主要包括：

（1）特长隧道控制测量技术。

特长隧道控制测量具有跨越地区范围大，地带狭长，工作量较大的特点。以杉阳隧道为例，在进行特长隧道控制测量时，洞外控制测量宜采用 GNSS 控制网测量，洞内控制测量宜采用交叉导线网导线测量，高程控制测量宜采用水准基点测量。

（2）特长隧道超欠挖控制技术。

将三维激光扫描技术应用于隧道超欠挖分析，使用三维激光扫描仪 FARO Focus M70 对开挖完成后的隧道进行数据采集，并运用相应的超欠挖分析软件对激光点云数据进行处理，将分析后的实测数据与设计断面相比较，即可得到此断面上的超欠挖值。

（3）特长隧道贯通误差测量技术。

在进行特长隧道贯通误差测量时，主要进行隧道平面贯通误差测量。宜采用中线法或导线法测量隧道平面贯通误差，并结合允许误差值对隧道贯通误差进行分析，确保施工安全。

第 9 章 特长单线铁路隧道无砟轨道施工技术

9.1 杉阳隧道无砟轨道结构

隧道内弹性支承块式无砟轨道结构由钢轨、扣件、混凝土支承块、微孔橡胶垫板、橡胶套靴、道床板等组成，轨距 1 435 mm，轨底坡 1∶40。隧道道床结构断面如图 9.1-1 所示。

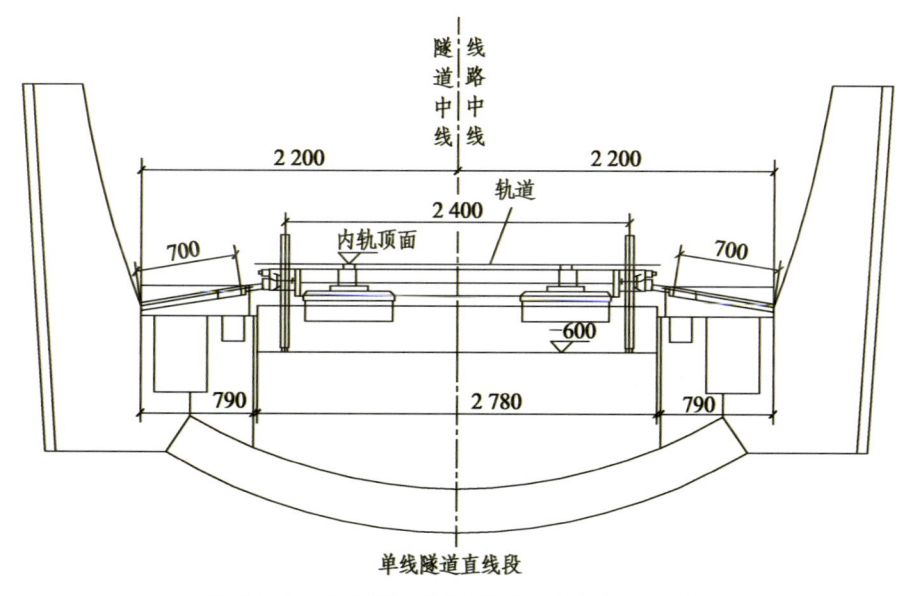

图 9.1-1 隧道道床结构断面图（单位：mm）

1. 钢 轨

正线钢轨采用 60N、100 m 定尺长、U75V 热轧无螺栓孔新轨，在半径 ≤ 1 600 m 的曲线地段采用 U75V 全长热处理钢轨，铺设无缝铁路。

2. 轨枕及扣件

扣件采用 60N 钢轨用弹条Ⅶ型扣件，扣件间距一般为 600 mm，由钢筋混凝土支承块、橡胶套靴、微孔橡胶垫板组成，一般按 1 667 对/km 布置。

弹性支承块、扣件及其零部件应符合《客货共线铁路隧道内弹性支承块式无砟轨道用部件暂行技术条件》（TJ/GW152—2016）的要求，弹性支承块式无砟轨道用部件采用《客货共线隧道内弹性支承块无砟轨道用部件》（图号：研线 1602-I），扣件采用《弹条Ⅶ型扣件》（图号：研线 1201），其中扣件轨下垫板的静刚度为 100 ~ 120 kN/mm。

3. 道床板

隧道内道床板采用C40钢筋混凝土分块浇筑，分块长度根据扣件间距合理确定。距离隧道洞口往内小于200 m范围，道床板分块长度约6 m（5 980 mm）；距离隧道洞口往内大于200 m范围，道床板分块长度约12 m（11 980 mm）。直线地段道床顶面设置1%的人字形横向排水坡。曲线地段道床横坡根据超高协调处理。

道床板宽度为2 780 mm，道床板结构高度为341 mm。道床板结构高度指直线上钢轨或曲线上内轨中轴线线下道床厚度。

4. 伸缩缝设置

道床板分块处设置伸缩缝，缝宽20 mm，用闭孔聚乙烯塑料泡沫板填充，硅酮密封胶抹面，在硅酮密封胶与混凝土接触面刷涂界面剂。道床板分块遇隧道变形缝时可适当调整长度和扣件间距，使道床伸缩缝与变形缝对齐，伸缩缝位于扣件间距正中。曲线地段道床板伸缩缝垂直于线路中心线布置。

5. 道床板配筋

道床板配筋采用双层配筋，纵向采用24根ϕ16钢筋，横向采用ϕ12钢筋，架立筋采用ϕ10钢筋。

6. 道床板钢筋绝缘

道床板内的纵、横向钢筋（包括架立筋）相交处及纵向钢筋搭接处设置绝缘卡进行绝缘处理。所有的电气绝缘应在立模前全部施工完成，在道床板混凝土浇筑前应进行轨道电路传输距离的测试，绝缘钢筋的绝缘电阻实测值应大于2 MΩ。

7. 道床板与板下结构连接

道床板浇筑在隧道仰拱回填层上，仰拱回填层或钢筋混凝土底板表面需进行凿毛处理。凿毛处理应符合下列规定：

（1）应凿除已浇筑混凝土表面的水泥砂浆和松弱层。凿毛后露出的新鲜混凝土面积不低于75%，并均匀分布。人工凿毛时，混凝土强度不低于2.5 MPa，机械凿毛时，混凝土强度不低于10 MPa。

（2）经凿毛处理的混凝土表面应用水冲洗干净，但不得存积水。

（3）为加强道床与基础的连接，距洞口200 m往外分板长度约6 m地段，在道床与仰拱回填层或底板间每隔一个扣件间距植入4排YG2 M16×245型胀锚螺栓；距洞口200 m往内分板长度约12 m地段，在道床与仰拱回填层或底板间每隔一个扣件间距植入4排YG2 M16×245型胀锚螺栓。横向间距均按0.7 m对称布置，纵向间距根据轨枕间距情况调整，使其位于轨枕间距正中间。胀锚螺栓植入仰拱回填层或结构底板的深度为135 mm，露出部分为110 mm。胀锚螺栓应进行防腐处理，其施工技术参照《YG型胀锚螺栓施工技术暂行规定》（YBJ204）。隧道变形缝两侧6 m范围必须保证每一个扣件间距植入4排YG2 M16×245型胀锚螺栓。

8. 有砟与无砟过渡段

有砟轨道与弹性支承块式无砟轨道衔接处铺设 20 m 长有砟轨道与无砟轨道过渡段，有砟轨道过渡段与相邻有砟轨道相同。

9. 排水设置

直线地段采用双面排水方式，道床顶面设 1%的折线（轨枕范围内为平坡）横向排水坡。曲线地段道床根据超高协调设置。

9.2 无砟轨道施工测量关键技术

9.2.1 CPⅢ控制测量技术

1. 准备工作

因为 CPⅢ控制网对精度及稳定性提出了很高的要求，那么在 CPⅢ控制网测量之前，需要保证完成了线下工程施工，并且评估了沉降变形。在建网之前，需要第二次测量全新的 CPI 和 CPⅡ控制网，并且为了达到高等级控制点的要求，就需要加密 CPI 控制网，采用的方式是 CPI 约束或者 CPⅡ同精度插点方式，要保证 CPⅡ控制网有着符合相关要求的精度，最后在对 CPⅢ网进行约束平差时，除了要将复测和加密方法应用进来之外，还需要将通过评审的 CPI、CPⅡ成果充分纳入考虑范围。

2. 合理布设 CPⅢ的控制点

在布设 CPⅢ控制点的过程中，需要将施工以及运营维护等方面充分纳入考虑范围，通常情况下，每一对控制在 60 m 左右，保证在 80 m 以下，要保证相邻 CPⅢ控制点的高度大致相同，要结合轨道面高度来控制布设高度，选择的设置位置应该足够的稳固和可靠，并且测量起来比较的便捷。通常情况下，如果是一般路基地段，那么就可以在接触网杆基座布置，同时浇筑 CPⅢ点基座与接触网杆基础。完成了 CPⅢ点的布设工作之后，需要采取一系列的保护措施，避免受到后续施工的影响。

3. CPⅢ控制网观测

将自由测站边角交会法应用到 CPⅢ控制网测量中，在 CPI 或 CPI 控制点上附合，通常情况下，每一个 CPI 或者 CPⅡ控制点的联测距离，需要控制在 600 m 左右；每一个 CPI 或 CPⅡ控制点的观测次数都应该保持在 3 次以上，并且自由测站到 CPI 或 CPⅡ控制点的距离在 300 m 以内，严格控制自由测站到最远一个 CPI 点的距离，保证在 180 m 以内。

4. CPⅢ控制网技术要求

将全圆方向观测法应用到 CPⅢ平面网的观测中，如果将分组观测方式应用过来，需要将同一归零方向应用进来，并且对一个方向进行重复观测。通常情况下，要同时进行 CPⅢ

网距离观测和水平方向观测,并且严格控制半测回和测回间的距离偏差均在 1 mm 以内。完成测量之后,需要进行简单的计算和对比,通常情况下,需要将自动化全站仪应用到这个过程中。

5. CPⅢ区段间搭接

结合具体的工程情况,可以将分段测量应用到CPⅢ平面网中,每一段CPⅢ控制网的距离应该控制在 4~8 km。对相邻测段的搭接,需要保证对 6 对以上的 CPⅢ 点进行重复观测。

6. CPⅢ测量注意事项

要对全站仪进行严格检查,这是CPⅢ观测中非常关键的内容。在作业之前,需要严格结合相关要求来检验全站仪补偿器、自动照准及轴系误差等,保证各个指标都达到稳定状态并且符合相关要求,才可以进行作业。在观测之前,需要将其放在空气中一定时间,促使其对温度适应,并且要合理调整相关的气象元素,如温度、气压及相对湿度等,对于温度及气压的改正,需要保证精度精确到 0.2 ℃ 和 0.5 hPa。经过研究发现,测量结果还会受到阳光、大风及强光源的影响,那么在 CPⅢ 测量时,就需要选择在夜间没有风的情况下进行。为使测量不会在很大程度上受到仪器轴系误差的影响,那么选择的三脚架就应该有着较大的自重,并且要控制仪器安装的高度,尽量保证视准轴能够一致于 CPⅢ 棱镜高度。

9.2.2 轨道施工测量技术

1. 轨排粗调

根据轨道道床类型,每隔 5 m 在曲线内侧距离线路中心线 1.3~1.7 m 的隧道侧壁上埋设用于轨排粗调的轨排基准标。首先,自由设站后视 4 对 CPⅢ 点,逐点测量各个轨排基准标的三维坐标(一站测量范围为测站距轨排基准标 5~90 m,最远不得超过最远端 CPⅢ 的距离);其次,借助配套软件可以直接计算得到基准标的顶面标高、里程以及偏距的理论值;最后,在现场实际施工中可以使用活动角尺等工具量取基准标与曲线内轨的高差值和偏距值,通过与设计要素计算成果对比,辅助道尺进行轨排高低、轨向、轨距、超高调整。

2. 轨排精调

轨排精调是在轨排粗调的基础上,进一步调整轨道的几何尺寸与线性,控制轨道实际位置与理论位置的偏差值,并通过对轨排水平、超高、轨向、高低、轨距等几项控制值进行调整,使轨排的空间定位满足设计及规范要求。

轨排精调采用轨道精调测量系统外业测量软件,观测至少 4 对 CPⅢ 点,每一测站观测的 8 个 CPⅢ 点中需要确保至少有 6 个参与平差,每一测站结束换站时要确保下一测站能够满足 4 个以上 CPⅢ 点具备重复观测条件。轨检小车以朝向全站仪的方向推进,由远端向全站仪方向开始测量,所有测站测量距离在 5~60 m 之间,同时需满足最远不得超过最远端 CPⅢ 的距离的条件。棱镜采用对称放置方式，放置间隔为 2 m，逐点进行外业测量。外业测量结束后，采用 CPⅢ 数据处理软件自动平差，可以获得各测站坐标和各测点相对于线路中心的关系。结合设计参数可以分别给出各点所对应的里程值、高低值、超高量、实际偏距和轨距偏差量，可以方便工人现场采用较为简单直接的工具对轨排的平面、高程、轨距、超高等各项控制性指标进行调整，直至满足轨排精调要求，如图 9.2-1 所示。

需要注意的是，在调整过程中，轨排在高低或里程任一方向上的调整都会影响到其他方向，因此在完成首次轨排精调后需要再进行第二次轨排精调，确保调整结果满足要求。在轨排精调过程中，每次换站后，需要对上一测站范围内不少于 5 个轨枕进行测量，两个测站所测得的相同轨枕偏差应满足 2 mm 限差要求。

图 9.2-1 轨排精调

3. 轨道精调

轨道精调不同于轨排精调。轨排精调是在道床混凝土浇筑之前，利用支架来调整轨排的定位，满足轨排定位的设计与规范要求。而轨道精调是在整体道床混凝土已浇筑完成，混凝土模板拆模后开展的工作，主要是通过测量每根轨枕处钢轨的空间位置、计算与设计值之间的偏差量，对超过设计及规范允许的部分采用轨道精调件（轨距块、调高垫板）进行微调。轨道精调是在道床浇筑完成后开展的精细化调整工作，是轨道交通工程最终能实现高平顺性的关键，对后期线路运营过程中的舒适性、安全性有较大影响。

轨道精调的测量、计算和调整方法：

（1）利用轨检小车按 0.125 m 的间隔逐点处理轨道的空间位置，可以直接输出各个测点处的各项实际几何参数（包括左轨向、右轨向、左高低、右高低、轨距、轨距变化率、扭曲、水平、超高）。

（2）在配套程序导入预先输入的轨道设计参数，可以获得各个测点所对应中线和左右轨的各项理论几何参数（包括平面坐标、高程、平面里程、轨面里程）。

（3）将各测点的实测参数和设计参数进行对比，可以得到出每个轨枕点在横竖两个方向的偏差和两根钢轨的轨距与水平偏差。

（4）针对偏差值超过设计及规范允许的部位，采用轨道精密快速检测系统提供的调整方案，对相应部件进行更换。

9.3 无砟轨道施工工艺流程及质量控制技术

9.3.1 无砟轨道施工工艺流程及操作要点

弹性支承块式无砟轨道采用轨排框架法施工，施工基本工艺流程如图 9.3-1 所示。

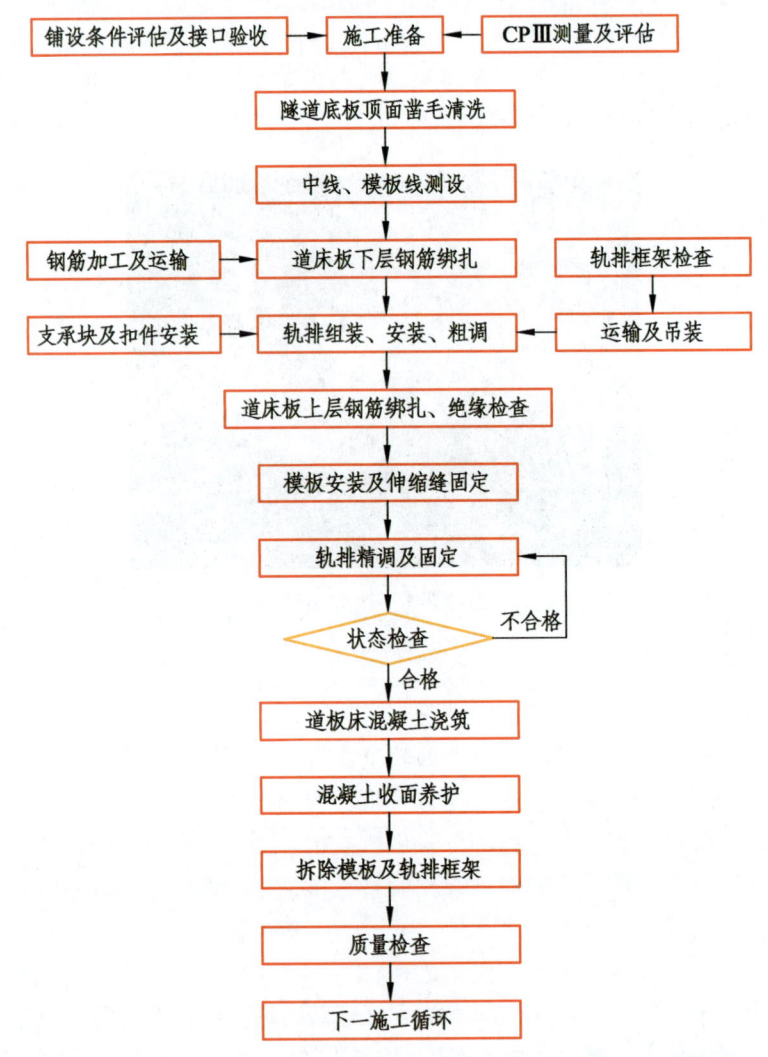

```
铺设条件评估及接口验收 → 施工准备 ← CPⅢ测量及评估
                            ↓
                    隧道底板顶面凿毛清洗
                            ↓
                      中线、模板线测设
                            ↓
钢筋加工及运输 → 道床板下层钢筋绑扎     轨排框架检查
                            ↓              ↓
支承块及扣件安装 → 轨排组装、安装、粗调 ← 运输及吊装
                            ↓
                 道床板上层钢筋绑扎、绝缘检查
                            ↓
                    模板安装及伸缩缝固定
                            ↓
                      轨排精调及固定 ←──┐
                            ↓           │
                         状态检查 ──不合格─┘
                            ↓合格
                     道板床混凝土浇筑
                            ↓
                      混凝土收面养护
                            ↓
                    拆除模板及轨排框架
                            ↓
                         质量检查
                            ↓
                       下一施工循环
```

图 9.3-1 弹性支承块式无砟道床轨排框架法施工基本工艺流程

1. 清理基底

铺设无砟轨道结构的隧道基底应具有足够的强度、刚度及防水能力。在无砟轨道施工前应对隧道基础沉降做系统的评估，确认其后期沉降符合《客运专线铁路无砟轨道铺设条件评估技术指南》（铁建设〔2006〕158 号）的规定，每座隧道开始无砟轨道施工前，按照《无砟轨道施工条件验收记录表》内容条件确认验收。仰拱面在基底加固过程中必须逐段清理到位，确保排水畅通。检查仰拱填充层混凝土施工缝，对道床板宽度范围内基底混凝土进行凿毛处

理并用高压水冲洗干净，保湿 2 h 以上且无杂物和积水。凿毛面积不得小于 75%，凿毛深度不小于 5 mm。

2. 测量放线

（1）依据 CPⅢ 控制点，在基础面上测放出轨道中线控制点，直线地段每隔 10 m、曲线地段每隔 5 m 测设并标记一个轨道中线控制点，用钢钉精确定位，红油漆标识，用墨线弹出轨道中心线。

（2）定位出道床板底层最外侧纵横向钢筋和模板位置，以线路中心线和单线中心线进行放线校核。

（3）在最外侧纵横向钢筋位置线上用红色记号笔按设计纵横向钢筋间距标识出所有纵横向钢筋的位置。

3. 道床与基础连接

为加强道床与基础连接，距洞口 200 m 往外分板长度约 6 m 地段，在道床与仰拱回填或底板每间隔一个扣件间距植入 4 排 YG2 M16×245 型膨胀螺栓；距洞口 200 m 往内分板长度约 12 m 地段，在道床与仰拱回填或底板每间隔一个扣件间距植入 4 排 YG2 M16×245 型膨胀螺栓。横向间距均按 0.7 m 对称布置，纵向间距根据轨枕间距调整，使其位于轨枕间距正中间。胀锚螺栓植入仰拱回填层或结构底板的深度为 110 mm，露出部分为 135 mm。胀锚螺栓应进行防腐处理，其施工技术参照《YG 型胀锚螺栓施工技术暂行规定》（YBJ204）。隧道变形缝两侧 6 m 范围必须保证每一个扣件间距植入 4 排 YG2 M16×245 型膨胀螺栓。

（1）准备：检查混凝土表面是否完好，定位钻孔位置，钻孔前必须用钢筋探测仪对结构体内钢筋进行探测，避免伤及主要受力钢筋，并保证调整后的植筋位置不影响后续轨枕施工。

（2）钻孔：按照图纸要求，根据提供孔深及孔径进行钻孔；施工中应严格按照图纸中标识的位置进行钻孔。

（3）清孔：采用压缩空气清孔，用金属毛刷刷三遍，吹三遍，保证孔壁清洁无浮尘、明水或泥浆。

（4）注入植筋胶：从孔底开始注胶，注至孔体积的 2/3 即可。

（5）固化：在规定时间内禁止扰动安装好的钢筋。

4. 钢筋安装

道床板纵向钢筋采用 24 根 HRB400ϕ16 钢筋，横向钢筋采用 HRB400ϕ12 钢筋，架立筋采用 HRB400ϕ10 钢筋。根据道床板钢筋布置图画出道床板底层钢筋网边线及钢筋位置控制点，用钢卷尺量出底层钢筋间距并标记；按梅花形布置预制好的混凝土垫块，不少于 4 块/m²；布置纵、横向钢筋，按照设计图纸架设道床下层钢筋网，在纵横向钢筋（包括架立筋）搭接点设置绝缘夹，并用绝缘线绑扎牢固。架设上层纵横向钢筋，对上层纵向与横向钢筋（含架立筋）搭接点设置绝缘夹，并用绝缘线绑扎牢固。

重点注意支承块周围钢筋间距、支承块与套靴间隙及顶层钢筋保护层厚度，确保符合设计要求。施工时应先核实道床板实际厚度，当实际厚度在允许偏差范围内时，应合理调整钢筋笼内钢筋相应尺寸，确保保护层厚度满足设计要求。

钢筋绑扎完成后，将伸缩缝横模板摆放就位。

5. 轨排组装、运输

轨排可现场组装或基地组装。将待用轨枕使用龙门吊与轨枕专用吊具吊放在轨排组装平台上，吊装时需低速起吊、运行。按照组装平台上轨枕块的定位线及卡具人工匀枕，轨枕方正。

清除轨枕两预埋铁座间承轨面泥污和预埋铁座内砂浆，安装 T 形螺栓、轨距挡板及轨下垫板；标准轨距时，轨距挡板外侧采用 7 号，内侧采用 11 号。在轨排组装前应用木槌或橡胶锤逐个对支承块及橡胶套靴的组装状态进行复检，检查合格后方可进入组装轨排工序。

吊装轨道排架，人工配合龙门吊，将轨道排架平稳、缓慢地放置于轨枕上。按单股钢轨左右位置调整配置表安放合适规格的绝缘轨距块；标准轨距时，绝缘轨距块外侧采用 14 号，内侧采用 10 号。将 T 形螺栓螺纹部分涂油，安装弹条、平垫圈和螺母，拧紧螺母以紧固弹条。上紧扣件，弹条的紧固以弹条中部前端下颚与绝缘轨距块接触为准，紧固扭矩约为 150 N·m。对轨排螺栓安装质量及轨枕间距进行检查，检查合格后龙门吊吊起组装好的轨排至预定地点进行定位铺设。轨排组装时，支承块的轨底坡应指向线路中线，轨枕标记应设于钢轨外侧，不得挂反轨枕块。

重点注意排架及扣件部件组装先后顺序、轨距挡板及绝缘轨距块内外侧区分、轨下垫板正反、紧固扭矩的现场控制。

6. 轨排架设

龙门吊从组装平台上吊起轨排运至铺设地点，如图 9.3-2 所示，按中线和高程粗略定位，误差控制在高程 -10 ~ 0 mm、中线 ± 10 mm。相邻轨排间使用夹板联结，每接头安装 4 套螺栓，初步拧紧，轨缝留 6 ~ 10 mm。每组轨排按准确里程调整轨排端头位置。

采用轨向锁定器固定轨排的水平方向，轨向锁定器的一端支撑至轨排的横梁上，另一端支撑在隧道侧壁或设置在隧道底板上的钢筋棍上。

图 9.3-2 安装轨排

7. 轨排粗调

利用轨道中线点参照轨排框架上的中线基准器进行排架中线的定位调整，左右调节轨向锁定器进行调整。旋动竖向支撑螺杆进行高程方向的粗调。

使用轨道排架横向、竖向调整机构完成轨排的粗调工作，按照先中线后水平的顺序循环进行，粗调后的轨道位置误差控制在高程 −5～−2 mm、中线 ±5 mm。对两个轨排架，粗调顺序为：1→4→5→8→2→3→6→7→1→2→3→4→5→6→7→8。粗调完成后，相邻两排架间用夹板联结，接头螺栓按 1→3→4→2 顺序拧紧。轨排粗调顺序如图 9.3-3 所示。

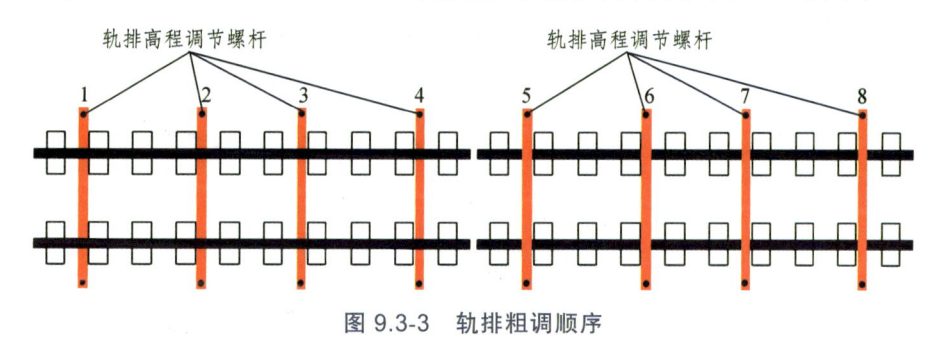

图 9.3-3 轨排粗调顺序

8. 模板安装

（1）模板检查。模板安装前应先进行以下工作：检查模板平整度、模板清洗情况、脱模剂涂刷情况，更换损坏或弯折的模板。

（2）安装横向模板。

（3）安装纵向模板，纵向模板采用与框架配套的模板，出厂前统一编号，确保轨排框架顺利安装。

重点注意纵向模板倒角位置处理，确保线条顺直、美观。横向伸缩缝应选用适当材料，确保不变形同时满足后续工序的施作。

9. 伸缩缝安装

道床板伸缩缝间采用闭孔聚乙烯塑料泡沫板填充，并用硅酮填缝密封材料密封，硅酮填缝密封材料与混凝土接触面刷涂界面剂，板缝宽 20 mm，如图 9.3-4 所示。施工道床伸缩缝时应确保伸缩缝垂直于线路中心，位于两支承块间且居中，不得歪斜。伸缩缝密封后，密封面应与道床顶面平齐，不得凸出于道床表面。道床伸缩缝如遇到隧道变形缝时应对齐，伸缩缝位于支承块间且居中，不得歪斜，可适当调整板长，板长调整范围宜为 ±1.2 m，弹性支撑块间距一般为 600 mm，隧道变形缝前后调整地段间距不应大于 625 mm，且不宜小于 570 mm。

10. 轨道精调

（1）采用全站仪观测 4 对连续的 CPⅢ点，自动平差、计算确定设站位置，如偏差大于 0.7 mm 时，应删除 1 对精度最低的 CPⅢ点后重新设站。改变测站位置后，必须至少交叉观测后方利用过的 6 个控制点，并复测至少已完成精调的 1 组轨排，如偏差大于 2 mm 时，应重新设站。全站仪设站如图 9.3-5 所示。

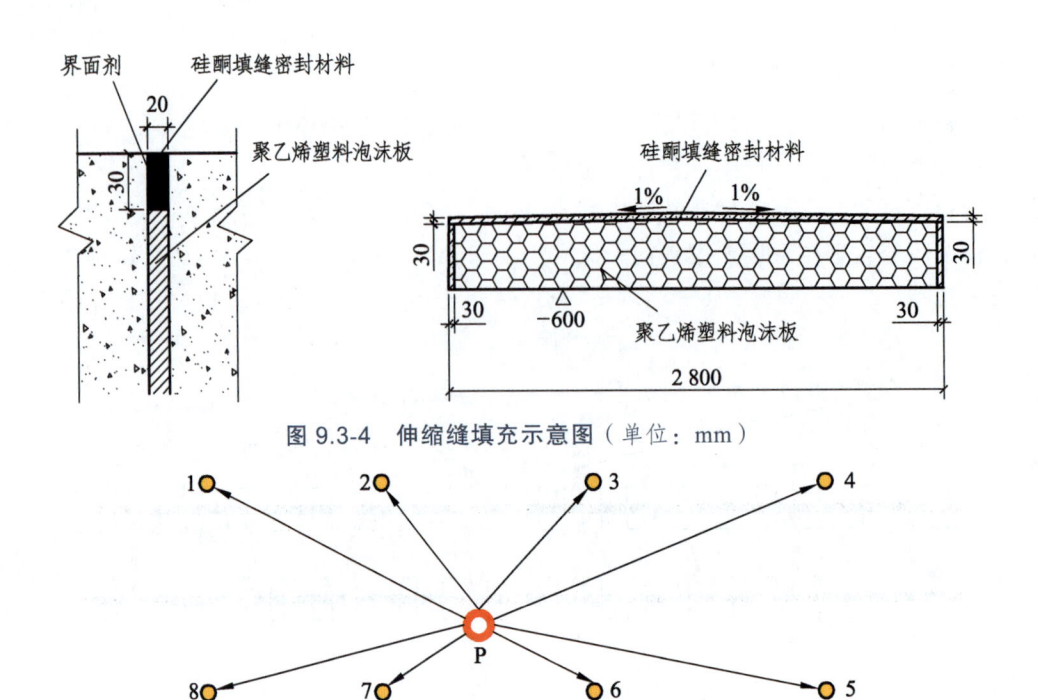

图 9.3-4　伸缩缝填充示意图（单位：mm）

图 9.3-5　全站仪设站示意图

（2）测量轨道数据。轨道状态测量仪放置于轨道上，安装棱镜。使用全站仪测量轨道状态测量仪棱镜，小车自动测量轨距、超高、水平位置，接收观测数据，通过配套软件，计算轨道平面位置、水平、超高、轨距等数据，将误差值迅速反馈到轨道状态测量仪的显示屏幕上，指导轨道调整。

（3）调整中线。用开口扳手调节左右轨向锁定器，调整轨道中线，一次调整2组，左右各配2人同时作业。在调整过程中，全站仪一直测量轨道状态测量仪棱镜，接收观测数据，通过配套软件，将误差值迅速反馈到轨道状态测量仪的显示屏幕上，直到误差值满足要求后调整结束。紧扣一侧将中线调整到位，在仪器监控下拧紧松扣一侧，在此过程中，不得扰动已调整好的中线。

（4）调整高程。用套筒扳手，旋转竖向螺杆，调整轨道水平、超高（旋松超高调整器，调整轨排倾角，使轨排框架至设计标高，旋紧两侧竖向螺杆，使竖向螺杆与地面垂直）。调整后人工检查螺杆与混凝土是否密贴，保证螺杆底部不悬空。调整螺柱时要缓慢进行，旋转120°高程变化1 mm。

（5）轨道精调注意事项。

① 精调顺序为先中线后高程，同粗调顺序。

② 调整轨向调整器，调整轨道中线，一次调整2组，两侧同时进行调整。

③ 调整竖向调节螺杆，调整轨道水平、高低。调整螺杆时要缓慢进行，调整后检查螺杆是否受力，如未受力则拧紧调整附近的螺杆。

④ 轨排第一遍精调完成后偏差应在1 mm以内，相邻轨排用接头夹板进行连接，鱼尾板

处扣件应安装到位。钢轨接头处应平顺，不得有错牙或错台。再次对轨排进行精调，精调完成后采用轨道几何状态测量仪逐根轨枕进行检测调整，确保轨道几何形位允许偏差符合《客货共线铁路轨道工程施工技术规程》（Q/CR 9654—2017）表 6.6.11-1 的规定。

⑤ 轨排精调到位后，应安装固定装置，防止混凝土浇筑时轨排横向移位及上浮，并采集数据作为最终的精调数据。

⑥ 精调合格后，应对线路进行保护，禁止在轨排上进行任何作业或行人。

⑦ 轨排精调好后，应及时浇筑混凝土。如间隔时间过长，或环境温度变化超过 15 °C，或受到外部条件影响，应重新检查或调整轨排。

11. 混凝土浇筑

（1）施工准备。浇筑前清理浇筑面上的杂物，浇筑前洒水润湿、不得有积水。对钢轨、扣件、螺杆调整器和轨枕等采取防护措施，不得污染。对调节螺栓安装保护套，便于混凝土浇筑后拆卸。对浇筑道床板范围的支承层或底座及轨枕洒水湿润，但应保证不积水。混凝土浇筑前应提前报检，并经现场监理检查确认满足浇筑条件后方可开始浇筑。混凝土道床板浇筑前应将绑扎钢筋的绝缘卡绑扎带露出部分剪除，并清理干净。浇筑时应防止撞击道床模板及绝缘卡。道床板外形尺寸允许偏差应满足以下要求：平整度 3 mm/m，顶面宽度 10 mm，高差 ± 5 mm。

（2）检查和确认轨排复测结果。复测轨排几何状态、钢筋状态、模板状态、接地及绝缘性能，满足要求后方可进行混凝土浇筑。

（3）混凝土拌和与运输。道床板混凝土由拌和站集中拌制，施工时采用料斗方式浇筑。利用混凝土运输车将混凝土运至施工现场后，检测每车混凝土的坍落度、含气量及温度指标，合格后方可卸料。

（4）混凝土布料。由一端向另一端连续进行，如图 9.3-6 所示，将每一根轨枕下布满混凝土，不可从一侧自流到另一侧。下料过程中须注意及时振捣，下料应均匀缓慢，不得冲击轨排。

图 9.3-6　混凝土浇筑施工

（5）混凝土振捣。混凝土浇筑宜按"之"字形浇筑顺序进行均匀布料，混凝土应从轨枕一侧经轨枕底部漫流至另一侧，以便排出轨枕底下的空气，如图 9.3-7 所示。为减少八字角位置裂纹及轨枕块周边离缝,宜采用二次振捣工艺,第一次采用$\phi 50$振捣棒在轨枕之间振捣,第二次采用$\phi 30$振捣棒在轨枕四周进行振捣,二次振捣工艺如图 9.3-8 所示,现场振捣如图 9.3-9 所示。

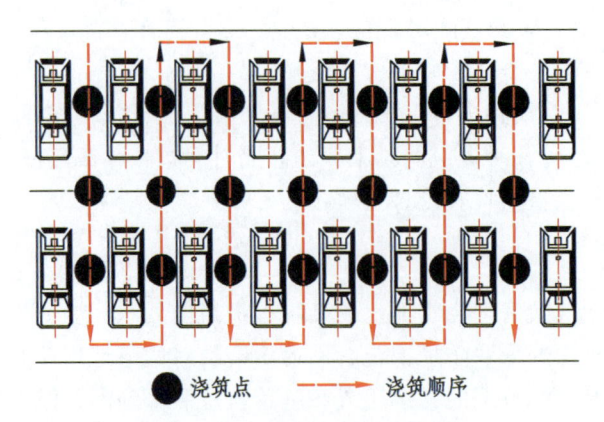

图 9.3-7 混凝土浇筑示意图

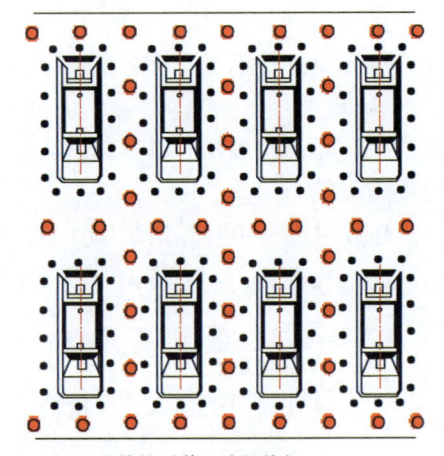

图 9.3-8 道床板混凝土振捣工艺

图 9.3-9 混凝土振捣施工

（6）混凝土浇筑高度。道床板混凝土浇筑高度主要控制指标为混凝土到橡胶套靴的距离，要求混凝土距离橡胶套靴帽檐底部最小处为 2 mm。

（7）抹面。①道床板混凝土浇筑完成后，收面至少分三次进行，在混凝土入模振捣后应及时采用木抹完成粗平，随后采用钢抹抹平，最后在混凝土初凝前进行抹面压光。抹面时应采用原浆抹面压光，不得洒水润面或采用干水泥吸水。②收面过程中，应按设计要求设置排水坡，并严格控制道床板顶面的标高和平整度。③收面完成后，应及时覆盖洒水或蓄水养护，对风大的地段应采取遮挡措施，防止道床板表面产生裂纹或龟裂现象。④道床板表面低于橡胶套靴帽檐底部 2 mm，收面要保证套靴帽檐外露，严禁混凝土掩埋橡胶套靴，如图 9.3-10 所示。

图 9.3-10　混凝土抹面施工

（8）清理轨排。抹面完成后，采用毛刷和湿润抹布及时清刷轨排、轨枕和扣件上的灰浆，防止污染（禁止用水清刷轨排）。

（9）数据采集复核。完成混凝土浇筑之后、初凝前，再次用精调小车采集轨道几何形态数据。

（10）混凝土初凝后，松开支承螺栓 1/4～1/2 圈，随即松开扣件和鱼尾板螺栓，避免温度变化时钢轨伸缩对混凝土造成破坏。

（11）混凝土浇筑注意事项：

① 在全部混凝土施工过程中，用精调小车配合全站仪监控轨道几何参数，如有变化，按精调规则及时调整复位并固定。

② 按要求对每车混凝土进行坍落度、含气量等指标的检查。

③ 施工时应严格控制混凝土的入模温度，尤其是距洞口 200 m 范围内的道床板混凝土温度（控制在 5～30 ℃）。浇筑混凝土时，应将支承块、工具轨及扣件表面加以覆盖，避免污染。保持支承块和橡胶套靴连接缝的密封状态，防止混凝土进入套靴内。

④ 道床板混凝土振捣密实后，顶面应设置 1% 的人字坡；曲线地段根据实设超高具体确定，顶面排水坡不小于 1%，人工整平、抹光。

⑤ 下料时应及时振捣，防止集料过多导致轨排上浮，避免振捣器碰撞轨枕和钢筋等。

⑥ 混凝土浇筑量、振捣时间应合理匹配，保证浇筑时枕底密实。

12. 混凝土养护

（1）自然养护时，应在混凝土浇筑完毕后 1 h 内对混凝土进行保温保湿养护。混凝土自然养护期间，应重点加强混凝土的湿度和温度控制，混凝土芯部温度与表面温度、表面温度与环境温度之差均不应大于 15 ℃。

（2）当环境温度低于 5 ℃ 时，禁止洒水养护，可在混凝土表面喷涂养护液养护，并采取适当保温、保湿措施。

（3）混凝土采用喷涂养护液养护时，应确保养护液对混凝土结构表面不产生侵蚀、不造成混凝土表面色差，并应确保不漏喷。

（4）拆除工装后，采用全覆盖补水养护，养护时间应满足《铁路混凝土工程施工质量验收标准》第 6.4.8 条的要求，一般不少于 28 d。各工作面应按照施工计划及养护时间配足养护材料。

13. 轨道排架拆除、配件清理

（1）道床板混凝土正式施工前，应根据施工条件及环境，提前对拆除螺杆调节器、模板及轨排框架或工具轨的时机进行工艺试验，确定相关工艺参数，形成作业指导书。

（2）道床板混凝土正式施工时，应按试验确定工艺参数及作业指导书要求，及时松开螺杆调节器、扣件和钢轨连接夹具，释放应力。

（3）模板拆除时，应松开纵横向模板的连接，人工配合吊装设备按施工方向从后向前依次逐块拆除模板。

（4）拆除轨排框架，应先拆除框架调节器螺杆后再拆除扣件。拆除时按施工方向从后向前依次逐个进行。轨排框架拆除后，及时检查框架的几何尺寸，清除轨底及轨面上附着的混凝土或其他污染物。

（5）拆除螺杆调节器、模板及轨排框架或工具轨时应避免对道床板混凝土的碰撞。

（6）拆除下来的螺杆调节器、模板及轨排框架或工具轨应及时清理干净或涂油，并分类存放，小件集中转运，不得堆放在道床板上。

（7）每循环端部预留 1~2 榀排架，便于与下一循环精调搭接。

14. 套靴与道床混凝土间隙封闭

（1）道床板养护完成后，应将表面清理干净，将套靴与道床混凝土四周的间隙采用硅酮填缝密封材料封闭，间隙处应干燥清洁，无灰尘杂物等。

（2）应采用专门施工机具进行填缝密封材料的施工，封闭速度应缓慢均匀，尽量避免气泡的产生，以保证切合效果。

（3）对于曲线超高段，应从高处分段封闭，使填缝密封材料顺序流向低处。

（4）填缝密封材料封闭完毕实干前，应采取有效的防护措施，防止水、杂物等落入，并避免下一步工序对填缝密封材料的损坏。

9.3.2　无砟轨道质量控制技术

（1）加强施工组织，围绕施工精品工程开展人员培训、无砟轨道工程施工研究等项目的QC攻关活动。

（2）全面落实安全、质量、技术责任制，工程质量与员工绩效工资考核挂钩。

（3）做好开工准备、施工图纸复核及技术交底，严格按施工组织设计、方案报监理及业主批复后实施。

（4）建设测量网，施工前对控制网进行复测及加密，以满足施工的需要。施工控制网加密：平面按 CPⅢ要求采用五等导线精度要求加密，高程加密按精密水准测量精度要求加密（精密水准精度介于二等与三等水准之间）。

（5）弹性支承块的储运和铺设要求。

① 检查轨枕的型号是否与设计相符，扣件系统安装是否与设计要求相符，外观有无破损或气泡。

② 轨枕采用自卸吊车运输至施工现场；轨枕间隔存放在指定位置；每垛轨枕按4层存放，每层5根，两垛连放；轨枕层间用 5 cm×6 cm 方木垫平；最底层方木应两层叠放，以便于随车吊倒运。

（6）灌注混凝土。混凝土性能非常重要，要控制其坍落度、流动性、自密实度以及在不同温度环境下的技术参数变化。灌注为单方向进行，并且通过抽样试验来监控整个灌注过程。由于混凝土灌注层钢筋较密，不易振捣，还要着重注意骨粒的大小。灌注24 h后脱模，夹具可拆除。在灌注过程中，轨枕两端用罩子盖住，防止新鲜混凝土粘在轨枕表面，影响美观。

（7）完善工程内业资料管理。一是专人对技术文件与资料实行集中统一管理，保证技术文件的完整性、正确性、及时性和先进性；二是妥善保管各类工具书、图纸，备足各类工程日志、测量记录、施工记录供施工中及时填写签认；三是对设计文件（含变更设计）进行登记、审核，未经审核的设计文件不得下发使用；四是建立资料档案袋，保存各类技术资料和施工记录，作为验工计价、竣工文件之用，对所存资料特别是施工原始记录要认真复核，凡签证不全或不符合规定者及时补齐或纠正；五是跟随工程进度做好竣工文件的收集及编制，工程竣工及时向相关单位移交资料。

（8）防止钢筋骨架上浮的措施。

① 保证螺杆调节器的锥度，经常检查，如发现螺杆调节器下部粘有混凝土块或下部磨平要及时清理或更换，以免振捣时混凝土进入螺杆调节器的下部，使整个骨架抬高。

② 振捣时不要碰螺杆调节器的托盘与钢筋骨架，以免骨架跳动，使其抬高。

③ 在轨排桁架钢筋上加地锚钢筋，间隔一根轨枕进行点焊防止轨排上浮。

（9）混凝土施工质量保证措施。

①原材料管理措施。

（a）水泥：使用质量稳定的转窑水泥；不使用受潮和过期水泥，不同品种与不同标号的水泥不相互混用；水泥进场必须有质量证明文件（出厂检验报告），按品种、标号、包装、出厂日期进行检查，并按有关规定进行复检试验。

（b）水：采用洁净饮用水。

（c）砂石：除符合现行《普通混凝土用砂质量标准及验收方法》和《普通混凝土用碎石或卵石标准及验收方法》的规定外，采用级配最佳的砂石材料。其中，砂含泥量不得大于2%，碎石含泥量不得大于1%，所含泥土不得呈块状或包裹在石子表面，吸水率不大于1.5%。

（d）外加剂：选用通过权威部门认证且有大量成功业绩的产品，不使用含氯离子的外加剂，选用高效减水剂。

② 混凝土施工工艺管理措施。

（a）施工配合比设计：为保证混凝土的质量，由中心试验室进行施工配合比设计，同时对混凝土整个拌制过程专门派人监督管理，并做好详细记录。施工配合比由试验最终确定，严格控制水灰比和水泥用量，选择级配良好的石子，以减少空隙率，使混凝土的收缩率降至最低。

（b）混凝土拌和：配合料混合均匀，颜色一致，称量准确。其允许偏差：水泥、水、外加剂掺合料均为±1%，砂石为±2%。经常测定骨料含水率，雨天施工时增加测定次数，并根据含水率情况及时调整配比。搅拌时间根据外加剂的技术要求确定。对混凝土搅拌建立岗位责任制，设置专职管理人员，其主要职责：监督检查各种材料到货质量证明文件；材料外观质量、材料计量情况；混凝土搅拌时间，抽样和试验（坍落度）。

（c）混凝土供应及运输：混凝土的水平运输主要为搅拌车，垂直运输主要为混凝土泵，吊车辅助；确保混凝土从搅拌至浇筑间隔时间不大于要求时间；保证搅拌站有足够的时间安排，合理安排施工场内线路，以保证罐车进出互不干扰。

（d）混凝土的浇筑：成立混凝土专业作业班组，从事混凝土浇筑工作，班内按卸料、入模、振捣及收面分工定人定岗，建立岗位责任制。混凝土班组组建原则：选择有丰富混凝土施工经验的技术工人；对组建后的班组人员不定期进行混凝土浇筑技术质量培训，考核合格者上岗。混凝土浇筑实行质检工程师现场监督制。

合理确定结构分段，降低混凝土收缩量，结构施工缝设在受剪力或弯矩最小处。

模板选择刚度大、表面平整光滑、无变形翘曲的模板。立模前进行受力检算，保证选用合适模板支架，且支架稳定，无松动、跑模、超标准的变形下沉等现象。

采用输送泵现场布料、输送过程中，受料斗保持足够混凝土。采取逐窗浇筑，保证混凝土自由倾落高度小于2 m，最前端设置水平溜槽，防止混凝土产生离析。

混凝土采用振捣器及附着式振动器振捣，振捣时间不小于30 s，达到以下三个条件结束振捣：混凝土表层开始泛浆；不再冒泡；混凝土表面不再下沉。

混凝土灌注应连续进行，间歇时间不超过技术规程规定。

（e）混凝土的养生及保护：混凝土的浇水养护时间，对采用硅酸盐水泥、普通硅酸盐水泥或矿渣硅酸盐水泥拌制的混凝土，不得少于14 d，对掺用缓凝型外加剂或有抗渗性要求的混凝土，养生期不少于21 d；浇水次数应能保持混凝土处于湿润状态；混凝土的养护用水应与拌制用水相同；混凝土强度未达设计要求强度前，严禁在结构表面堆积重物；对结构不同部位，采取不同拆模时间，禁止拆模过早。

（10）隐蔽工程质量保证措施。

结合 GB/T 19002 标准管理和程序文件，建立健全工程质量检查和验收制度，把责任落实到人，是保证隐蔽工程质量的关键。

① 隐蔽工程检查采用自检、专检、互检、抽检相结合。施工班组在班中、下班前应对当天工程质量进行自检，对不符合质量要求的由质检工程师命令返工。

② 各工序工作完成后，由分管工序的技术负责人、质量检查人员组织工班长按技术规范进行检验，凡不符合质量标准的，坚决返工处理，直到再次验收合格。

③ 工序中间交接时，必须有明确的质量交接意见，每个班组的各工序都应当严格执行"三工序制度"（检查上道工序，做好本道工序，服务下道工序）。

④ 每道工序完成并经自检合格后，邀请驻地监理工程师验收，并做好隐蔽工程验收记录和隐蔽工程检查签证资料整理工作。

⑤ 所有隐蔽工程必须在获得监理工程师的签证后才允许进行下一道工序的施工，未经签证的工序不得进行下道工序的施工。

⑥ 未通过隐蔽工程验收的项目，返工自检、复检合格后，填写隐蔽工程验收记录，并向驻地监理工程师发出复验申请，并办理相应的签认手续。

⑦ 按要求整理各项隐蔽工程资料，并按文件、资料控制程序进行归档。在工序施工中，应有严格的施工记录，隐蔽工程施工记录应有检查项目、技术要求及检查验收部位等，签认栏应有技术负责人及质量自检人员签名。

参考文献

[1] 中铁二十三局集团有限公司，等. 滇西地区长大软弱围岩单线隧道快速安全施工技术研究报告[R]. 成都，2023.

[2] 关宝树. 隧道工程设计要点集[M]. 北京：人民交通出版社，2003.

[3] 关宝树. 隧道工程施工要点集[M]. 2版. 北京：人民交通出版社，2010.

[4] 赵勇，等. 隧道设计理论与方法 [M]. 北京：人民交通出版社，2019.

[5] 关宝树，赵勇. 软弱围岩隧道施工技术[M]. 北京：人民交通出版社，2011.

[6] 王梦恕，等. 中国隧道及地下工程修建技术[M]. 北京：人民交通出版社，2010.

[7] 苟仲春. 林织铁路坪子上隧道岩溶段地质灾害研究[D]. 成都：西南交通大学，2018.

[8] 刘飞翔，彭学军，汤宇，等. 隧道穿越断层地带施工技术[J]. 工程技术研究，2020，5（22）：54-55.

[9] 蒋博林，吴丽君. 铁路隧道中悬臂掘进机施工试验研究[J]. 山西建筑，2023，49（4）：136-139.

[10] 张星. 杉阳隧道破碎泥页岩段高压囊状水腔处理措施[J]. 铁道建筑技术，2023（5）：167-170.

[11] 邱童春. 螺旋隧道施工通风关键技术研究[D]. 成都：西南交通大学，2019.

[12] 李茹. 高地温隧道施工通风数值模拟及降温技术研究[D]. 焦作：河南理工大学，2018.

[13] 唐兴华. 高地温隧道变温养护条件下支护结构力学特性及设计方法[D]. 成都：西南交通大学，2021.

[14] 王华，孙意，李永志，等. 玉磨铁路新平隧道区域地质分析及隧址优劣评价体系研究[J]. 隧道建设（中英文），2021，41（S2）：58-67.

[15] 杜宇本，蒋良文. 大瑞铁路大保段主要工程地质问题及地质选线[J]. 铁道工程学报，2010，27（4）：23-28.

[16] 徐长春. 高地热、高地应力条件下的隧道的力学行为及工程措施研究[D]. 重庆：重庆交通大学，2009.

[17] 周阳，张卉，桂忠强，等. 岩土体综合导热系数影响因素研究[J]. 中国地质调查，2018，5（1）：89-94.

[18] 朱宇，周佳媚，王帅帅，等. 冰块降温在热带地区高地温隧道施工中的数值模拟研究——以海南省五指山公路隧道为例[J]. 隧道建设（中英文），2020，40（12）：1742-1747.

[19] 吕石磊，朱能，孙丽婧. 极端热环境热应力研究指标及评价[J]. 制冷学报，2006（4）：45-49.

[20] 吴元金. 巷道式通风在香炉坪隧道施工中的技术改良与应用[J]. 隧道建设（中英文），2021，41（S2）：542-550.

[21] 曹正卯. 长大隧道与复杂地下工程施工通风特性及关键技术研究[D]. 成都：西南交通大学，2016.

[22] 张建国. 基于层次分析法的地铁隧道防排水型式及地铁隧道涌水量预测研究[D]. 北京：北京交通大学，2013.

[23] 罗介池. 福格村隧道隧址区渗流场研究与涌水量预测[D]. 成都：西南交通大学，2021.

[24] 陈国顺. 富水软弱带地段深埋隧道受力特征及施工技术分析[D]. 长沙：中南大学，2013.

[25] 牛红培. 关角隧道斜井施工自动化排水技术[J]. 隧道建设，2014，34（8）：784-789.

[26] 杜传鹏. 长大隧道贯通误差分析及程序实现[D]. 成都：西南交通大学，2013.

[27] 朱林. 超欠挖状态下隧道支护结构力学特性研究及围岩稳定性分析[D]. 济南：山东大学，2018.

[28] 于厚文. 川藏线拉林段无砟轨道套靴法可换式支承块施工技术[J]. 价值工程，2022，41（36）：52-55.

[29] 王新鹏. 无砟轨道CPⅢ控制测量数据处理方法研究[D]. 合肥：合肥工业大学，2012.

[30] 陈瑞阳. 浅谈地铁轨道施工中CPⅢ测量技术的应用[J]. 测绘通报，2013(S1)：121-123.

[31] 陈其清. 重载铁路隧道内弹性支承块式无砟轨道道床施工关键技术[J]. 铁道建筑，2014（12）：99-102.

[32] CHEN Z Y, WANG Z X, SU G S, et al. Construction Technology of Micro Bench Cut Method for Weak Rock Tunnel with High In-situ Stress[J]. Geotechnical and Geological Engineering, 2022, 40(3) :1407 .

[33] 李国良，朱永全. 乌鞘岭隧道高地应力软弱围岩大变形控制技术[J]. 铁道工程学报，2008（3）：54-59.

[34] 张文新，孙韶峰，刘虹. 木寨岭隧道高地应力软岩大变形施工技术[J]. 现代隧道技术，2011，48（2）：78-82.